Anonymous

Politisches Wörterbuch für die Deutschen in Österreich

Anonymous

Politisches Wörterbuch für die Deutschen in Österreich

ISBN/EAN: 9783743662735

Hergestellt in Europa, USA, Kanada, Australien, Japan

Cover: Foto ©Suzi / pixelio.de

Weitere Bücher finden Sie auf **www.hansebooks.com**

Politisches Wörterbuch

für die

Deutschen in Oesterreich.

Herausgegeben

von

Mehreren Mitgliedern des Deutschen Vereines

in Wien.

Wien, 1885.
Verlag von A. Pichler's Witwe & Sohn
V. Margarethenplatz 2.

Politisches Wörterbuch.

Abgeordnetenhaus (s. Reichsrath). Dasselbe besteht aus 353 auf 6 Jahre aus 1. dem Großgrundbesitze (in Dalmatien den Höchstbesteuerten); 2. den Städten, Märkten und Industrialorten; 3. den Handels- und Gewerbekammern; 4. den Landgemeinden gewählten Mitgliedern. Folgende Tabelle gibt die Vertheilung:

Land	Großgrundbesitz	Städte, Märkte, Industrialorte	Handels- und Gewerbekammern	Landgemeinden	Zusammen
Nieder-Oesterreich	8	19	2	8	37
Ober-Oesterreich	3	6	1	7	17
Salzburg	1	2		2	5
Steiermark	4	8	2	9	23
Kärnten	1	3	1	4	9
Krain	2	3		5	10
Böhmen	23	32	7	30	92
Mähren	9	13	3	11	36
Schlesien	3	4		3	10
Tirol	5	5		8	18
Vorarlberg	—	1		2	3
Istrien	1	1		2	4
Görz und Gradiska	1	1		2	4
Triest	—	3	1	—	4
Dalmatien	1	2		6	9
Galizien	20	13	3	27	63
Bukowina	3	2	1	3	9
Zusammen	85	139		129	353

Der Großgrundbesitz nimmt also mit seinen Abgeordneten fast den vierten Theil des Hauses ein, ein Verhältnis, welches auch vom Princip der Interessenvertretung weder seiner Bedeutung noch seiner Steuerleistung im entferntesten entspricht. Dafür ist die Vertretung der Landgemeinden verkürzt, was wahrscheinlich der feudalen Vorstellung entspricht, welche den Bauer der gnädigen Fürsorge des Grundadels unterstellt. Der Arbeiterstand endlich ist gar nicht vertreten. Aber auch im Einzelnen finden zahlreiche auffallende Ungleichheiten statt. Der schlesische Großgrundbesitz z. B. zählt so viel Abgeordnete als die schlesischen Landgemeinden, der unbedeutende Großgrundbesitz in Krain entsendet 2 Vertreter, die 100.000 Einwohner Vorarlbergs 3, die circa 20.000 halbbarbarischen Bocchesen einen eigenen Abgeordneten. Auch sind eine Menge kleiner Städte und Märkte, die fast ausschließlich aus Ackerbürgern bestehen, von den Landgemeinden, mit denen sie in Interessengemeinschaft stehen, losgerissen. Ein weiterer Mißstand ist die indirecte Wahl in den Landgemeinden, welche ein politisches Leben in denselben gar nicht aufkommen läßt.

Das Abgeordnetenhaus wählt den Präsidenten und die zwei Vice-Präsidenten selbst; es ist beschlußfähig bei der Anwesenheit von wenigstens 100 Mitgliedern. Die Beschlüsse erfolgen mit einfacher Stimmenmehrheit, bei Verfassungsänderungen dagegen ist Zweidrittelmehrheit erforderlich. Die Abgeordneten sind an Instructionen von Seite ihrer Wähler nicht gebunden, doch erfordert es der Anstand, das Mandat zurückzulegen, sobald sich der Abgeordnete mit dem ausgesprochenen Willen seiner Wähler im Widerspruche befindet. Solche Conflicte würden sich ohne Zweifel häufiger zeigen, wenn der Verkehr zwischen den Abgeordneten und ihren Wählern sich nicht sehr oft auf das unvermeidlichste Minimum beschränken würde. Die Abgeordneten beziehen während der Sitzungsdauer Diäten von 10 fl. und die außerhalb Wiens wohnenden außerdem eine Reisekostenentschädigung von fl. 1·32 für jeden Myriameter Entfernung von dem Wahlorte. Sie können wegen ihrer Thätigkeit im Parlamente überhaupt nicht, und wegen sonstiger strafbarer Handlungen während der Dauer der Session nur mit Zustimmung des Hauses gerichtlich verfolgt werden (Immunität).

Abstinenz, Enthaltung oder Nichttheilnahme, insbesondere Nichttheilnahme an der parlamentarischen Berathung. Die Abstinenz der Ungarn führte zum ungarischen Ausgleich, die der Czechen zur Anerkennung der wichtigsten ihrer Forderungen. Daraus ersieht man, daß die Abstinenz größere Erfolge zu erzielen vermag als eine unfruchtbare Opposition im Parlamente. Soll aber durch Abstinenz etwas erreicht werden, so muß die Bevölkerung entschieden zu ihren Abgeordneten stehen, die Gründe der Abstinenz müssen daher von allgemeinster und einleuchtendster Bedeutung nationaler oder materieller Natur sein, während Verletzungen von Verfassungsformen die Bevölkerung fast gleichgiltig lassen. Eine Abstinenz aus Anlaß der oberösterreichischen Großgrundbesitzwahlen oder einer unrichtigen Entscheidung des Präsidenten des Abgeordnetenhauses würde daher formell vollständig berechtigt gewesen sein, hätte aber wegen der verhältnismäßigen Geringfügigkeit des Anlasses kaum das nöthige Verständnis gefunden. Da unsere Opposition bisher eines entschiedenen, positiven nationalen Programmes ermangelt hat, so hätte eine Abstinenz aus nationalen Gründen fast nur die Billigung der deutschböhmischen Wählerkreise gefunden, aus materiellen Gründen dagegen bot sich eine einzig dastehende Veranlassung in der Nordbahnfrage. Die Erklärung, nicht mitzuthun, wenn jährlich Millionen an eine mächtige Clique verschenkt werden sollen, wäre der ungetheilten Zustimmung der ganzen Bevölkerung sicher gewesen.

Actiengesellschaft heißt eine von mehreren Personen betriebene Unternehmung dann, wenn das Vermögen derselben in eine bestimmte Anzahl von Theilen (Actien) getheilt ist und ein jeder Eigenthümer eines solchen Vermögenstheiles (Actionär) nur mit diesem für die Schulden der Unternehmung haftet. Der Gewinn einer solchen Unternehmung wird verhältnismäßig auf die einzelnen Actien als **Dividende** vertheilt. Nach dieser Dividende, welche die Actie als jährliches Erträgnis abwirft, bemißt sich der Preis der Actie, ihr **Kurs**, und zwar berechnet man gewöhnlich diesen Kurs so, daß man die Dividende als die Verzinsung eines zu 5% angelegten Capitales ansieht. Würde also z. B. auf eine Actie eine jährliche Dividende von 10 fl. gezahlt werden, so würde ihr Wert gleich 200 Gulden sein. Als wirtschaftliche Unternehmungsform hat die Actiengesellschaft große Vortheile. Sie ermöglicht die Theilnahme auch minder Bemittelter an großen Geschäften und das Aufbringen von großen Capitalien überhaupt, da der Einzelne nur einen kleinen Betrag einzuzahlen braucht. Dies bewirkt aber sehr häufig, daß der größte Theil der Actionäre dem eigentlichen Betrieb ferne steht und daher von gewissenlosen Personen ausgebeutet werden kann. Formell allerdings sind die Actionäre allein entscheidend. Sie geben ihren Willen kund in der **General-Versammlung**. Diese hat über den Betrieb der Unternehmung im Allgemeinen zu entscheiden und den Vorstand zu wählen, der gewöhnlich aus einem **Verwaltungsrath** und der **Direction** besteht. Diese leiten eigentlich den Betrieb. Zur Controle der Geschäftsführung kann die General-Versammlung einen **Aufsichtsrath** wählen. Die eigentliche Macht der Actiengesellschaft liegt im Verwaltungsrathe und der Direction. Diese führen die Entscheidung über die einzelnen Gewinn und Verlust der Gesellschaft bestimmenden Geschäfte. Sie sind allein in der Lage, den Stand der Unternehmung richtig zu beurtheilen; sie können den Wechsel günstiger und ungünstiger Umstände benützen, um private Vortheile zu erzielen, bei drohender Gefahr ihr Vermögen durch Verkauf ihrer Actien aus der Unternehmung zu ziehen u. s. w. Die gewöhnlich nur einmal im Jahre einberufene General-Versammlung der Actionäre kann eine genaue Controle nicht üben, da sie weder die nöthige Kenntnis, noch Zeit, noch Einsicht in die Bücher der Gesellschaft besitzt. Sie kann zudem durch willige Werkzeuge des Verwaltungsrathes (Strohmänner!) beherrscht werden. Das gegenwärtig für die Actiengesellschaften in Oesterreich allein maßgebende Handelsgesetzbuch vom 17. December 1862 hat diese Mißstände unberücksichtigt gelassen. Als **Reformforderungen** sind daher, abgesehen von den, die Gründung der Actiengesellschaft betreffenden Punkten (s. Gründungsschwindel) in's Auge zu fassen: 1. Sicherung der Controle der Verwaltung der Gesellschaft seitens der Actionäre durch ein von der Verwaltung unabhängiges, verantwortliches Organ (etwa ein staatliches Amt); 2. Sicherung der Rechte der einzelnen Actionäre, so daß auch die in den General-Versammlungen überstimmten Minoritäten, sowie in bestimmten Fällen auch einzelne Actionäre außerhalb der General-Versammlung Rechte geltend machen können. Der dem Abgeordnetenhause gegenwärtig vorliegende, in Ausschußberathung stehende Entwurf eines neuen Actiengesetzes trifft manche Verbesserungen, geht aber noch nicht weit genug in der Geltendmachung der genannten Forderungen. — Wirtschaftlich bewährt haben sich die Actiengesellschaften auf den Gebieten des Bank-, Versicherungs- und Transportwesens, ferner in der

Gas-, Hütten- und Bergwerksindustrie. In anderen Zweigen halten sie der Privatconcurrenz auf die Dauer nicht Stand. Auch auf den genannten Gebieten aber wird ihre Wirksamkeit im Interesse der Förderung des Gemeinwohles einzuschränken und der Betrieb öffentlichen Körperschaften, dem Staate oder den Gemeinden anzuvertrauen sein.

Altliberale. Diejenigen, die, an den Grundsätzen des Liberalismus festhaltend, sowohl einem raschen Fortschritte in politischer Beziehung als auch energischen Reformen in anderer Beziehung, so auf nationalem und volkswirtschaftlichem Gebiete, abgeneigt sind. Da die Hauptforderungen des Liberalismus zum größten Theile wenigstens im Principe durchgeführt sind, so ist es im Grunde den Altliberalen nur um Erhaltung der bestehenden Formen zu thun, und sie stellen eigentlich einen Bruchtheil der Conservativen dar. Wenige von ihnen nennen sich aber offen conservativ, theils weil das Wort „liberal" besser klingt, theils weil in Oesterreich die Clericalen und Reactionäre die Bezeichnung „conservativ" für sich in Beschlag genommen haben.

Amerikanische Concurrenz. Der Preis unserer Producte wird durch den Weltmarkt bestimmt, für den Preis der Erzeugnisse der Landwirtschaft ist in erster Linie Amerika, dann Rußland, Indien, Rumänien und Australien von Bedeutung. Die Vereinigten Staaten exportiren nach Europa besonders Weizen (1880: 50·3 Mill. Mct., 1881: 32·9 Mill. Mct.), Mais, Butter, Käse, frisches und gepökeltes Fleisch und lebende Thiere. Dadurch wird der Preis unserer Producte gedrückt, der Weizenpreis z. B. stellte sich in Wien 1881: fl. 13·35, 1882: fl. 12·18, 1883: fl. 11·05, 1884: fl. 9·80, so daß unsere Landwirtschaft nicht mehr mit Nutzen produciren kann. Die Ueberlegenheit der Amerikaner bewirken folgende Umstände: Billiges Land, unverschuldete Heimstätten, niedrige Steuern, tüchtige Arbeiter, Verwendung von Maschinen, billiger Transport, reich ausgebildetes Canalsystem, das Fehlen eines kostspieligen stehenden Heeres (27.000 Mann bei einer Bevölkerung von 53 Millionen), gute Finanzwirtschaft (die Schuldzinsen der Union verminderten sich von 150·9 Mill. Dollars im Jahre 1865 auf 59 Mill. im Jahre 1883). Der Zufluß intelligenter, fleißiger, meist mit Ersparnissen versehener Einwanderer (1880: 593.000, 1881: 720.000, 1882: 730.000, 1883: 570.000) vermehrt diese Ueberlegenheit. In Amerika rechnet man für die Landwirtschaft einen Reinertrag von 12%, für die Viehzucht in den westlichen Staaten sogar von 25—33⅓%, während die mitteleuropäische Landwirtschaft es selten über 3% bringt und oft von einem wirklichen Reinertrag gar keine Rede ist. Daß der Druck der amerikanischen Concurrenz nachlassen werde, ist für die nächste Zeit durchaus nicht zu hoffen. Denn noch liegen in der Union fast tausend Millionen Acres (700 Mill. Joch) unbenützt, welche für Viehzucht und zum Theile auch noch für Ackerbau geeignet sind, auch geht man auf dem Boden älterer Cultur zu einer intensiveren Bewirtschaftung über.

Arbeiterkammern. Vertretungskörper für die Lohnarbeiter nach Analogie der Handels- und Gewerbekammern. So sehr, besonders von liberaler Seite, derlei Vorschläge befürwortet werden, so will man doch nicht an die Sache herantreten, offenbar weil man fürchtet, den Arbeitern einen Boden für Organisation und Agitation zu bieten, den man ihnen sonst mittelst engherziger Vereinsgesetze oder gar Ausnahmsmaßregeln entzieht. Und doch hätten solche Arbeiterkammern eine große Bedeutung und wären für die Gesetzgebung geradezu unentbehrlich. Während Handel und Industrie die Presse und die Parlamente zur Verfügung haben, um ihre Wünsche laut und deutlich zu äußern, muß man, um sich über Arbeiterverhältnisse klar zu werden, „Enquêten" veranstalten, bei welchen es von der Parteistellung der Einberufer abhängt, wer zum Wort kommt. Damit hängt dann die unglaubliche Unwissenheit und Rathlosigkeit der Parlamente zusammen, die hervortritt, sobald eine Arbeiterangelegenheit zur Debatte kommt. Andererseits aber muß es als nur gerecht erscheinen, daß die Arbeiter ebenso durch berufene und von ihnen gewählte Vertreter ihr wohlzubeachtendes Votum über Dinge abgeben, die Lebensfragen für sie bilden. In Oesterreich denkt man bei den Arbeiterkammern sogleich an die parlamentarische Vertretung derselben. Die Arbeiter selbst sprechen sich meist dagegen aus, weil sie glauben, daß so unserer sogenannten „Interessenvertretung" das Leben gefristet werden soll. Nachdem aber leider die Einführung des allgemeinen Wahlrechtes voraussichtlich noch lange auf sich wird warten lassen, wäre durch Zuerkennung des Wahlrechtes an Arbeiterkammern ein nicht zu unterschätzendes Auskunftsmittel geschaffen. Die erziehende Wirkung des Wahlrechtes wäre aber durch die Kammerwahlen bis zu einem gewissen Grade zu erreichen.

Arbeiterschutzgesetzgebung. Die glänzende Entwicklung der Industrie in unserem Jahrhundert, welche der Gesellschaft ihr Gepräge aufgedrückt, hat die Production umgewälzt, die Producte gänzlich verändert, vervollkommnet und in's Massenhafte vermehrt; sie hat aber auch den Producenten unter neue Bedingungen gebracht — und das ist die Kehrseite des blendenden Bildes. Nachdem in der modernen Gesellschaft die Arbeitskraft eine Ware ist, wie jede andere, so unterliegt ihr Preis den Gesetzen von Nachfragen und Angebot. Ihr Besitzer, der Arbeiter, ist „frei"; er schließt seinen Arbeitsvertrag mit derselben Freiwilligkeit, wie jeder andere Verkäufer. Nur hat die Ware „Arbeitskraft" die kleine Eigenthümlichkeit, daß ihr capitalloser Besitzer sie nicht auf Lager halten kann, sie losschlagen muß, zu jedem Preise, unter jeder Bedingung — bei Strafe des Hungertodes. — Dazu kommt, daß der Arbeiter in der glücklichen Lage ist, nicht nur die Arbeitskraft von heute, sondern auch die von morgen verkaufen zu können, d. h., daß durch die Ueberarbeit an einem Tage ein Quantum Arbeitskraft vernutzt werden kann, dessen Verbrauch naturgemäß sich auf mehrere Tage vertheilen sollte, weil es nur in mehreren Tagen reproducirt werden kann. Mit einem Worte, der freie Arbeiter kann mit seiner Arbeitskraft Raubbau treiben und er treibt ihn. Dazu kommt, daß bei der hohen Ausbildung unseres Maschinenwesens die Fabriksarbeit so leicht ist, daß die Frau, ja jedes Kind viele Bedürfnisse unserer Industrie befriedigen kann. Kinderarbeit, Frauenarbeit ist aber billiger als die des erwachsenen Mannes, sie verdrängt also die letztere, drückt jedenfalls ihren Preis. Der „Raubbau" beginnt also im frühesten Kindesalter und kennt keinen Unterschied der Geschlechter. Die Industrie verlängert den Arbeitstag auf 13—14, ja 16 Stunden, kennt nicht Tag und Nacht; wo es angeht, läßt sie für den Lohn, der die elendeste Nothdurft einer Familie kaum deckt, Mann und Weib und Kind sich rackern, und consumirt Arbeitergenerationen ohne jede Furcht, daß die Zufuhr an Arbeitskraft je sich verringern könnte. Im Gegentheil: der Fortschritt der Industrie besteht zum großen Theile in der Erfindung arbeitsparender Maschinen und jede solche Erfindung macht Tausende von Arbeiterfamilien überzählig; wirft sie aus dem Proletariat eine Stufe tiefer hinab, in den Pauperismus. Was das Aergste ist, der einzelne Unternehmer ist so wenig frei, wie der einzelne Arbeiter; zwingt diesen der Hunger, so steht jener unter der unerbittlichen Forderung der „freien Concurrenz": billig zu produciren; er muß sie erfüllen bei Strafe des Bankerotts.

Die Folgen dieser Verhältnisse sind in allen Industriestaaten dieselben gewesen: Physische und moralische Degeneration der industriellen Bevölkerung. Die mittlere Lebensdauer des Arbeiters sinkt; die Kindersterblichkeit wird kolossal; Epidemien wirken in den armen Vierteln verheerend, weil die schlecht genährten Körper weniger widerstandsfähig sind und die Ausbreitung der Krankheit durch den Schmutz in den dicht belegten Wohnungen befördert wird; der Hungertyphus decimirt überdies ihre Reihen von Zeit zu Zeit. Das Familienleben ist zerstört; von Erziehung ist keine Rede, an ihre Stelle tritt die Ausbeutung der kindlichen Arbeitskraft durch die Eltern. Die physische Tüchtigkeit des erwachsenen Arbeiters sinkt beträchtlich und rapid, was deutlich und dem Staate empfindlich bei den Recrutirungsresultaten zu Tage tritt. Von 1000 Stellungspflichtigen in Cisleithanien wurden im J. 1870 noch 264 zum Kriegsdienst tauglich befunden, im J. 1873 207, im J. 1878 nur mehr 166.

Aus der Einsicht in diese Verhältnisse einerseits und unter dem Drucke der Arbeiterbewegung andererseits ergab sich in allen Industriestaaten (mit Ausnahme Belgiens) die Nothwendigkeit, Arbeiterschutzgesetze zu schaffen, welche der gänzlichen Verelendung der lohnarbeitenden Classe wehren sollen. Gegenstand dieser Gesetze ist: Verbot der Kinderarbeit, Einschränkung der Arbeitszeit für jugendliche Arbeiter während der so wichtigen Entwicklungsperiode des Körpers, und für Frauen (für beide Kategorien ist Verbot der Nachtarbeit unumgänglich); Bestimmung einer Maximalarbeitszeit auch für erwachsene Arbeiter; Verpflichtung der Unternehmer für gesunde Arbeitsräume zu sorgen, sowie alle Einrichtungen und Vorkehrungen zum Schutze gegen Unfälle zu treffen; Fixirung gewisser Punkte des Arbeitsvertrages in den Vorschriften über die Fabriksordnungen und zuletzt — Organisation der die Durchführung dieser Gesetze überwachenden Behörde — der Gewerbe-Inspection.

Alle diese Punkte wurden successive in allen civilisirten Staaten durchgeführt (zuletzt bei uns durch das VI. Hauptstück der Gewerbe-Ordnung, das eben sanctionirt wurde), natürlich nicht ohne den hartnäckigen Widerstand der Fabrikanten, die bei jedem Schritt vorwärts einerseits die Freiheit des Individuums für bedroht erklären, andererseits den Untergang der Industrie prophezeien. Ihre Hauptwaffe auch bei uns ist der Hinweis darauf, daß die heimische Industrie der ausländischen Concurrenz erliegen müsse, die nicht so eingeschränkt werde. Das Argument ist nicht stichhältig, denn einerseits haben die Hauptindustrieländer, allen voran England und die Schweiz, ein sehr ausgebildetes und strenge gehandhabtes Arbeiterschutzgesetz und zweitens würde daraus nur die Nothwendigkeit einer internationalen Regelung dieses Gebietes folgen. In der That wäre hier eine würdige Aufgabe für die europäische Diplomatie gestellt. Die nächste Zukunft wird und muß übrigens internationale Maßregeln auch auf diesem Gebiete bringen.

Die Hauptstreitpunkte sind die Altersgrenze, unter welcher die Kinderarbeit verboten werden soll, und der Maximalarbeitstag für Erwachsene. (S. Kinderarbeit und Maximalarbeitstag.)

Weniger bekämpft wird der Schutz jugendlicher Personen und der Frauen. Unsere neue Gewerbe-Ordnung gestattet die Verwendung jugendlicher Hilfsarbeiter (14—16 J.) nur zu leichteren Arbeiten und läßt auch diese Einschränkung beim Kleingewerbe fallen. Die Nachtarbeit ist für diese Kategorie sowie für Frauen verboten. Nachdem aber die Brünner Textilindustrie erklärte, ohne die Nachtarbeit der Frauen absolut nicht auskommen zu können, so ermächtigt das Gesetz den Handelsminister Ausnahmen zu machen. Thatsächlich gibt es Industrien, die der Nachtarbeit nicht entbehren können; für diese sollte durchwegs statt der 12stündigen Arbeitsschicht die 8stündige vorgeschrieben werden, so daß ein Arbeiter in je 24 Stunden nur 8 Stunden verwendet werden dürfte. Denn tägliche Erfahrung wie medicinische Wissenschaft lehrt gleichmäßig, daß Nachtarbeit das Nervensystem weit stärker angreift als Tagarbeit. Wenn aber Industrielle erklären, daß ihre Branche auf Nachtarbeit von Frauen und Kindern angewiesen ist, so sprechen sie einfach damit aus, daß ihre Industrie keine Existenzberechtigung in einem menschlich organisirten Staate habe. Hoffentlich wird der Handelsminister von der ihm eingeräumten Befugnis keinen Gebrauch machen.

Die Vorkehrungen für Unfallsverhütung müssen in der Praxis dem Geize und der Beschränktheit der Fabrikanten einerseits, dem Leichtsinne und dem Hängen am Gewohnten der Arbeiter andererseits Stück für Stück abgerungen werden. Wenn uns die Unfallversicherung eine Unfallstatistik geliefert haben wird, die heute gänzlich fehlt, wird sich herausstellen, daß gewerbliche Unfälle bei uns nicht weniger Opfer fordern als anderswo. Im J. 1882 betrug die Zahl der angezeigten Unfälle in England 8501, darunter 444 mit tödtlichem Ausgange. — Man sieht, es handelt sich um stattliche Ziffern.

So lückenhaft unsere Arbeiterordnung noch ist, so sehr sie der Willkür der Executive Spielraum läßt, so wird sie doch Erhebliches leisten, wenn sie energisch durchgeführt wird. Das ist Aufgabe der Gewerbe-Inspection (s. dort). Diese bedarf aber der vollständigen Unabhängigkeit nach oben und unten und der bewußten Unterstützung von Seite der Arbeiter selbst.

Arbeiterversicherung. Zu den am schwersten wiegenden Uebeln, welche unter der heutigen Wirtschaftordnung die lohnarbeitende Classe treffen, zählt ihre Nothlage bei Verdienstmangel, sei dieser nun hervorgerufen durch Krankheit oder sonstige körperliche Unfähigkeit zu arbeiten, oder entstanden durch Arbeitslosigkeit im Falle von Wirtschaftskrisen, Geschäftsstille oder Umwälzungen auf dem Gebiete der Technik, welche Arbeitskräfte einer bestimmten Gattung oder Zahl aufs Pflaster werfen. Die Höhe, oder richtiger gesagt die Niedrigkeit des Lohnes gestattet nur in seltenen Fällen durch Ersparnisse für solche Ereignisse eine nennenswerte Deckung zurückzulegen und zum Theile sind es auch die durch die Classenlage mitbedingten Sitten der unteren Stände, welche ein sorgsames Sparen für die Zukunft in irgend einer Form nur schwer aufkommen lassen. Endlich ist es auch als höchst drückend zu bezeichnen, wenn die Früchte mehrjährigen mühevollen Sparens durch e i n e längere Krankheit, e i n e n Unglücksfall dahingerafft werden. Mancherlei Anstalten sind zwar heute schon vorhanden, den genannten Uebeln zu steuern, so Hilfscassen verschiedener Art auf assecuranzmäßiger Grundlage zum Theile unter Beitragsleistung der Unternehmer, theils ohne eine solche; ferner besteht die gesetzliche Verpflichtung der Lehrherren für ihre Lehrlinge, der Dienstgeber für ihr Gesinde bei Krankheitsfällen in einem bestimmten, ziemlich bescheidenen Maße zu sorgen. Indessen sind alle diese Einrichtungen, welche dem Arbeiter bei vorübergehender oder dauernder Arbeitsunfähigkeit helfen sollen, viel zu dürftig und beschränkt; sie müssen ersetzt werden durch eine nach dem Vorbilde Deutschlands planmäßig durchgeführte, in großem Maßstabe angelegte A r b e i t e r - V e r s i c h e r u n g, aufgebaut auf dem Gedanken der Gemeinschaft aller Volksglieder und unterstützt durch alle geeigneten Mittel, welche die Gesellschaft zu gewähren im Stande ist. Kurz gesagt, die Versicherung muß den Charakter des zufälligen, des privaten Beliebens abstreifen, sie muß zu einem organischen Bestandtheil der Gesellschaftsordnung gemacht werden. Damit ist auch schon die Frage entschieden, ob der Staat zu diesem Zwecke den Versicherungszwang (Cassenzwang) normiren soll; es ist dies einfach selbstverständlich, da es sich ja nicht um Einzelne, sondern um die Hebung einer Classe als solcher handelt. Die Durchführung dieser so gedachten Arbeiter-Versicherung kann jedoch nicht vermittelst e i n e r Anstalt und in e i n e r Form geschehen, so erfordert z. B. die Versicherung gegen die zwar häufigen, oftmals aber nur durch kurze Zeit währenden Krankheiten andere Einrichtungen und Vorkehrungen als die Versicherung für den Fall dauernder Arbeitsunfähigkeit durch Alter oder Unfall. Die Arbeiterversicherung gliedert sich demnach in mehrere specielle Zweige, gewöhnlich nennt man die Versicherung gegen Krankheiten und Unfälle, wozu noch die (aus Billigkeitsgründen nicht blos erst bei gänzlicher Invalidität, sondern überhaupt schon mit einem bestimmten Zeitpunkte zu gewährende) Altersversorgung und Unterstützung für Witwen und Waisen tritt. Die Hilfeleistung bei Arbeitslosigkeit hingegen wird kaum auf dem Wege einer staatlichen Versicherung durchzuführen sein, hier wird man sich auf absehbare Zeiten damit begnügen müssen, mit Hilfe anderer Mittel vorzugehen. Erwähnung verdient hierbei namentlich die Organisation des Arbeiterstandes in Gewerkvereinen, welche bei uns noch mangelt, die aber im Stande wäre, dem Arbeiter zur Zeit der Erwerbslosigkeit (auch im Falle von Strikes) Unterstützung zu gewähren. Daß auch hiezu Vorkehrungen nothwendig sind, erhellt schon daraus, daß der verdienstlose Arbeiter regelmäßig aus dem Versicherungs-Verbande ausscheidet und dadurch wieder allen Wechselfällen des Schicksals preisgegeben ist. — Der Verwirklichung ist in Oesterreich von alledem bis jetzt nur Unfallsversicherung und Krankheits-Versicherung näher gekommen. (Siehe diese Artikel.) Bei der Durchführung der einzelnen Zweige gilt gemeinsam die Forderung, daß die Leistungen an den Arbeiter für den versicherten Fall, wenn auch nicht reichlich, so doch ausreichend sind, daß ferner die dauernde Leistungsfähigkeit der einzelnen Versicherungs-Anstalten außer Frage steht. Die Vertheilung der Beitragsleistungen, welche jenen Anstalten die erforderlichen finanziellen Mittel liefern, muß eine gerechte und billige sein, es muß also jene Classe, welche von der Verwendung der Arbeitskräfte profitirt, die Arbeitgeber, entsprechend beisteuern, bei der Verwaltung und Organisation sind endlich unnöthige Kosten und Weitläufigkeiten zu vermeiden. Jetzt, wo noch keine praktischen Erfahrungen vorliegen, ist es natürlich schwer über die Einzelheiten in der Organisation zu entscheiden; eben aus diesem Grunde darf auch die Durchführung der Arbeiterversicherung nicht durch langwierige Discussionen über diesen Punkt verschoben werden, das letzte Wort hierüber werden ohnehin nicht die gegenwärtigen parlamentarischen Debatten, sondern die Erfahrung sprechen. Nicht ausgeschlossen, sondern empfehlenswert ist es endlich, wenn die Benützung der zunächst für die lohnarbeitende Classe geschaffenen Versicherungs-Anstalten auch kleineren Unternehmern oder anderen, nahestehenden Personenkategorien zugänglich gemacht wird.

Aristokratie, wörtlich die Herrschaft der Besten, thatsächlich die Herrschaft einer bevorzugten Classe, oder auch diese bevorzugte Classe selbst. So lange nur großer Grundbesitz Vorrechte gab, waren die erblichen Großgrundbesitzer auch die gebornen Aristokraten; seitdem sich durch Industrie, Handel und Börsenspiel große Vermögen und dadurch auch große Macht in einzelnen Familien angesammelt haben, spricht man auch von einer Aristokratie des Besitzes. Doch pflegen solche Familien sich auch regelmäßig den Adel zu verschaffen und einen Theil ihres Vermögens im Grundbesitz anzulegen. Wenn auch das Vorhandensein eines bodenständigen Landadels in manchen Gegenden, wie in Preußen, Ungarn von nationaler und politischer Bedeutung sein mag, so ist anderseits eine vom Volke sich loslösende und über dasselbe sich erhebende Aristokratie der Nation und ihrer Freiheit gefährlich. In beiden Fällen aber sind gesetzliche, die Aristokratie begünstigende Formen ungerecht; sie sind aber auch überflüssig, da sich Besitz und Einfluß einer höher stehenden Classe durch ihr eigenes Gewicht geltend zu machen wissen.

Ausgleich. Nach den Wirren des Jahres 1848 wurde die österreichische Monarchie absolutistisch regiert; doch zwang die Nothlage des Reiches die Wiener Regierung dem Volke eine Verfassung zuzugestehen.

Durch das Patent vom 26. Februar 1861, welches in seinen Grundzügen von Schmerling entworfen worden war, wurde zur Vertretung des ganzen Reiches der weitere Reichsrath berufen. Dieser Versuch, eine centralistische Regierung einzuführen, mißglückte, weil die Ungarn sich weigerten, den Reichsrath in Wien zu beschicken. Alle weitern Versuche, die Ungarn, welche unter Deák's Führung kategorisch die Wiedereinführung ihrer Verfassung vom Jahre 1848 verlangten, scheiterten an der zähen Ausdauer der Ungarn und an dem zielbewußten Widerstande ihrer Führer. Nach den österr. Niederlagen im Jahre 1866 endlich verständigte sich, während die österr. Verfassung unter dem Ministerium Belcredi sistirt war, der damals allmächtige Minister Beust mit den Führern der Ungarn. Beust selbst kam nach Pest und verhandelte mit Deák und am 18. Februar 1867 wurde dem „ungarischen Reichstage", wie er nun hieß, die Wiederherstellung der Verfassung vom Jahre 1848 (mit geringen Modificationen) zugesagt. Demnach erhielt Ungarn sein eigenes verantwortliches Ministerium, sein Parlament, municipielle Selbstverwaltung u. s. w., nur die auswärtigen Angelegenheiten und das Reichsheer sollten gemeinschaftlich bleiben, das Zollwesen und die indirecte Besteuerung 2c. nach gemeinsamen Normen behandelt werden. Hiemit zerfiel Oesterreich in zwei Theile: 1. „Die im Reichsrathe vertretenen Königreiche und Länder" (Cisleithanien). 2. Ungarn, oder die „Länder der ungarischen Krone". Zu diesen letzteren gehört außer Ungarn noch Siebenbürgen, Kroatien-Slavonien und das Gebiet von Fiume. Dalmatien wurde, obwohl von altersher zur Stephanskrone gehörig, dennoch bei Oesterreich belassen. Siebenbürgen wurde sofort Ungarn incorporirt, mit Kroatien mußte erst ein Ausgleich geschlossen werden, der das Verhältnis dieses Landes zu Ungarn regelt. Am 8. Juni 1867 erfolgte mit allem Pompe früherer Jahrhunderte die Krönung des Kaisers zum Könige von Ungarn.

Die Gesetze, welche die gemeinsamen Angelegenheiten zwischen Oesterreich und Ungarn festsetzen, wurden als ungarische Gesetze mit Zustimmung des ungarischen Reichstags am 31. August 1867, als österreichische Gesetze mit Zustimmung des im December 1867 auf Grund der neuen Verfassung (December-Verfassung) einberufenen Reichsrathes am 21. December 1867 sanctionirt. Der erst nach Abschluß der Verhandlung, ja auf Grund des Ergebnisses derselben einberufene Reichsrath hatte natürlich keine Gelegenheit mehr, die Bestimmungen dieses Ausgleichs zu beeinflussen und mußte sich auf die rein formelle Annahme beschränken. Wiewohl die Verfassung vom 21. December 1867, welche den Reichsrath Cisleithaniens begründet und für die gemeinsamen Angelegenheiten das Institut der Delegationen geschaffen hat, in gewissem Sinne selbst einen Theil des Ausgleichs ausmacht, versteht man unter „Ausgleichsgesetze" gewöhnlich die Gesetze über die Beitragsleistung zu den gemeinsamen Angelegenheiten, über den Beitrag zur Staatsschuld und das Zoll- und Handelsbündnis, weil diese Verfügungen nur für 10 Jahre Giltigkeit hatten. Die wichtigsten Bestimmungen daraus waren, daß die Zolleinnahmen gemeinsam waren, aus denselben die Steuerrestitutionen (siehe Verzehrungssteuer) bestritten werden und zu den vom Reste nicht bedeckten gemeinsamen Ausgaben (insbesondere Heer und Flotte) Oesterreich 70%, Ungarn 30% beiträgt. Zu den Zinsen der bis dahin aufgenommenen allgemeinen Staatsschuld leistet aber Ungarn nur einen jährlichen Pauschalbetrag von fl. 29,188.000. Da ungeachtet dieser weit geringeren Leistungen Ungarn in den Delegationen mit Oesterreich vollkommen gleichberechtigt ist, enthält der Ausgleich eine Bevorzugung Ungarns. Dieser „Ausgleich" wurde nach einer provisorischen Verlängerung durch die Gesetze vom 27. Juni 1878 mit einigen Modificationen bis Ende 1887 erneuert. Die wichtigsten derselben sind: Die Veränderung der Beitragsquote zu den gemeinsamen Ausgaben (mit Rücksicht auf die mittlerweile erfolgte Incorporirung der Militärgrenze) auf 68·6% für Cis-, 31·4% für Transleithanien, veränderte Vereinbarungen über die Verrechnung der Steuerrestitutionen (zu Gunsten Ungarns), namentlich aber die Einbeziehung der Nationalbank in den Ausgleich, durch welchen sie in die Oesterreichisch-ungarische Bank mit einer besonderen Hauptanstalt in Pest verwandelt, die Ausgabe der zweisprachigen Banknoten bedingt wurde u. s. w. (S. Bank.) Die im Jahre 1887 bevorstehende Erneuerung des Ausgleichs wird eine der wichtigsten Aufgaben des heuer zusammentretenden Reichsraths sein. Es wird ebensoviel Energie als Consequenz bedürfen, um zu verhindern, daß der neue Ausgleich eben so wie die bisherigen zu Gunsten der mit ebensoviel Nachhaltigkeit als Geschick auftretenden Ungarn ausfalle. Die Zahl der zu regelnden Probleme ist mitlerweile durch die Verwaltung Bosniens, die beim Ausgleich kaum wird unbeachtet bleiben können, noch gewachsen.

Ausnahmsgesetz. Hiemit bezeichnet man die in neuester Zeit zur Anwendung gebrachte Suspension gewisser staatsgrundgesetzlich gewährleisteter Rechte für gewisse Bezirke oder gewisse Kategorien von Personen. Es wird namentlich das Vereins- und Versammlungsrecht, die Preßfreiheit, die Freizügigkeit, öfters auch das Institut der Geschwornen mehr oder minder beschränkt. Ein inneres Bedürfnis zu derartigen Maßregeln ist jedoch nur im Falle eines Krieges oder Aufruhrs zweifellos gegeben. Da jedoch diese Maßregeln geeignet sind, die Macht der jeweiligen Regierung ungemein zu erhöhen, so werden auch andere Anlässe, insbesondere Attentate, das Zusammentreffen von Verbrechen zur Begründung von Ausnahmsgesetzen herangezogen. Dieselben sind jedoch entschieden zu bekämpfen, denn

1. zeigt die Erfahrung, daß sie ihren Zweck, die Unterdrückung gewisser Bewegungen, namentlich der socialistischen, nicht erreichen;

2. sie verstoßen gegen die Regel der Gleichheit aller Staatsbürger vor dem Gesetze;

3. sie erschlaffen das Bewußtsein der mühsam erkämpften staatsbürgerlichen Rechte.

Ausverkäufe haben den Zweck, anläßlich eines Concurses, einer Execution oder Liquidirung einer Verlassenschaft, eines Geschäftes Warenlager möglichst rasch zu verwerten, ohne daß hiebei die Erzielung des gewöhnlichen Kaufpreises Bedingung wäre. Da solche Ausverkäufe im Interesse einer geordneten Rechtspflege gelegen sind, ist gegen dieselben kaum etwas einzuwenden, sobald sich der Ausverkauf nur auf die wirklich in der zur Verwertung bestimmten Masse befindlichen Waren beschränkt. Dagegen wäre mit Entschiedenheit den fingirten Ausverkäufen entgegenzutreten, welche von Geschäftsleuten am ordentlichen Wohnsitze selbst eröffnet werden und ohne eine Firmabezeichnung zu führen unter einer ganz allgemeinen Benennung den stabilen Geschäftsleuten in empfindlicher Weise Concurrenz machen, nur minderwertige Waare führen, zumeist eine Benachtheiligung der durch die Reclame angelockten Käufer zu Folge haben und sich der Besteuerung zu entziehen wissen. Im December 1883 wurde im Abgeordnetenhause beantragt, von den Wanderlagern, Ausverkäufern und Hausierern, neben den sonstigen bisher getragenen Steuern eine besondere Abgabe zu Gunsten der Gemeinden zu erheben; das Princip, durch eine erhöhte Besteuerung die durch die billigere Regie erlangten Vortheile bei diesen Betrieben einigermaßen auszugleichen, muß wohl gebilligt werden, die nach preußischem Muster vorgeschlagene Communalsteuer ist aber als nicht im Einklange mit dem österr. Steuersystem stehend zu bezeichnen.

Auswanderung bedingt immer einen Verlust für das betreffende Land und zwar einen relativ größeren Verlust an Arbeits- und Wehrkraft, als an Personenzahl, weil der größte Theil der Auswandernden auf das kräftige Mannesalter entfällt. Dazu kommt noch der Verlust an Nationalvermögen, weil nur Leute mit einigen Mitteln auszuwandern vermögen, während dem Proletariat die Mittel fehlen. Endlich noch der weitere Uebelstand, daß die Auswanderer häufig einen besonderen Industriezweig ins Ausland tragen und dann dem eigenen Lande Concurrenz machen. — Die Auswanderung in größerem Umfange ist immer eine Folge wirtschaftlich oder politisch ungünstiger Verhältnisse. Eine genaue Statistik über die Auswanderung aus Oesterreich fehlt, jedoch hat in der letzten Zeit die Auswanderung der Deutschen aus Ungarn und Böhmen bedeutend zugenommen. Das Ziel der Auswanderer ist noch immer hauptsächlich Nordamerika. Ueber Bremen, Hamburg und Antwerpen wandern jährlich über 200.000 Menschen meist nach Nordamerika aus, wovon ein großer Theil auf Oesterreich entfällt. Entschieden zu warnen ist vor den Auswanderungs-Agenten, welche, um Passagiere für die betreffende Schiffahrts-Unternehmung zu finden, die schönsten Versprechungen machen, welche dann nicht gehalten werden, so daß die Auswanderer dem größten Elende preisgegeben sind. — In neuester Zeit hat der deutsche Colonialverein beschlossen, Auskunftsbureaux zu errichten, um speciell dem Unwesen der Agenten zu steuern.

Autonomie, Selbstbestimmung, als politische Richtung das Bestreben, gegenüber der Centralgewalt die kleineren Verwaltungsgebiete möglichst unabhängig zu stellen. Ein nothwendiges Gegengewicht gegen die Allmacht des Staates ist die Autonomie der Gemeinden, und es wäre diese um so segensreicher, wenn die autonomen Gemeinden ihre Thätigkeit auch auf das wirtschaftliche Gebiet erstrecken, größere Gemeinden also namentlich das Transport-, Beleuchtungs-, Versicherungs- und Hypothekenwesen übernehmen würden. Die Erweiterung der Autonomie der Länder hingegen wäre für die Stellung der Deutschen in Provinzen mit slavischer Majorität gefährlich, und es muß daher, obwohl der Deutsche durch Naturell und Geschichte der geborene Autonomist ist, aus nationalpolitischen Gründen die engste Zusammenfassung der deutsch-österreichischen Länder angestrebt werden.

Bank, Institut zur Befriedigung des Creditbedürfnisses. Banken nehmen die Mittel dazu zum Theil aus eigenem, größtentheils aber aus fremdem Capital, das ihnen geliehen worden ist, weil die Eigenthümer selbst keine productive Verwertung dafür wissen. Banken vermitteln außerdem den Geldverkehr im Lande und nach dem Auslande. Sie sind im Gegensatz zu Sparcassen Erwerbsanstalten und wollen nicht blos die Zinsen für die ihnen geliehenen Capitalien und ihre Verwaltungskosten decken, sondern auch einen Gewinn machen. Die Fülle des den Banken zu Gebote stehenden Capitales ermöglicht große Unternehmungen und große Gewinne. Da die an der Spitze der Institute stehenden Verwaltungsräthe und Directoren sich gewöhnlich persönlich an den Unternehmungen betheiligen und die Gelegenheit benützen wollen, für sich große Vermögen zu gewinnen, werden die Banken leicht zu gewagten und häufig auch gewissenlosen Geschäften getrieben. So zu Börsespeculationen (s. Börse), wobei im Falle des Mißglückens die dirigirenden Personen sich gewöhnlich rechtzeitig zurückziehen können und nur Actionäre und Publicum den Schaden tragen. Eben so verderblich sind die Gründungsunternehmungen (s. Gründungsschwindel). Eine dritte Art von Bankgeschäften, in welchen berechtigte Unternehmungslust in trauriger Weise auszuarten pflegt, bildet die Vermittlung von Staats- und anderen öffentlichen Anlehen, namentlich dann, wenn die Banken die ganze Staatsschuld zu einem festen Preise übernehmen und dann die Schuldverschreibungen um einen höheren Preis an das Publicum verkaufen, wobei eben die Differenz ihren Gewinn ausmacht. Reiche Staaten haben eine derartige, den Staat drückende Vermittlung nicht nöthig, sie wenden sich direct an das Publicum. Staaten ohne guten Credit greifen dagegen gerne zur Vermittlung der Banken, da sie von diesen immer Geld erhalten. Zwar vielleicht nur 50 fl. für 100 fl., welche sie schuldig zu sein erklären, aber das Geld ist ihnen sicher. Die Banken wieder sind nicht so unvernünftig, die Schuldverschreibungen zu behalten, sie verkaufen so rasch als möglich mit Profit an das Publicum. Zahlt der Staat einmal keine Zinsen, dann ist dieses geprellt. Man denke an die schamlose Ausbeutung des europäischen Publicums anläßlich des Verkaufes der Türkenlose! Die Schädigung des Publicums durch die früher erwähnte Wirtschaftsführung der Banken ist zum Theil selbstverschuldet, zum Theil kann sie durch gesetzliche Maßnahmen verhindert werden. Die Abhängigkeit aber, in welche creditbedürftige Staaten von einigen Geldinstituten und deren nicht immer patriotische Leiter gerathen, kann nur durch eine Gesundung der Finanzwirtschaft, welche die Creditaufnahme auf Ausnahmsfälle und directe Verbindung mit dem Publicum beschränkt, behoben werden. Und mit Recht sollen Regierungen verurtheilt werden, welche aus Leichtsinn oder unlauteren Motiven jene Abhängigkeit vermehren. Nicht die ungeheueren Vermögensvortheile, welche solche Geldgeber aus ihrer Stellung ziehen können, sind verderblich; demoralisirend wirkt ihr Beispiel durch rücksichtslose und erfolgreiche Verfolgung von Sonderinteressen bei Gelegenheiten, in welchen sonst der Patriotismus die Selbstsucht zurückzudrängen pflegt; demoralisirend wirkt es, das Wachsen auch der gesellschaftlichen Stellung und Macht der Unternehmer zu sehen, welches schamlosem Erwerb, wenn er nur Erfolg hat, alle jene Ehren verheißt, welche die Gesellschaft einst zur Belohnung der Besten geschaffen hat. Diesen Auswüchsen entgegenzutreten, ist mit eine Aufgabe der Socialreform.

Bank, Oest.=ung., einzige Bank, welche in Oesterreich=Ungarn das Recht hat, **Banknoten** auszugeben, d. h. Anweisungen, welche sie verspricht, bei Vorweisung an ihrer Casse bar einzulösen. Dies Recht wird aus dem Grunde monopolisirt, weil solche Anweisungen erfahrungsgemäß wie Geld circuliren, also leicht in den Verkehr bringen und dadurch die Gefahr einer übermäßigen Ausgabe und Schädigung weiter Kreise, falls die Banken ihre Noten nicht einlösen, entsteht. Der Gewinn der Notenbanken besteht darin, daß nicht alle Noten, welche sie ausgeben, gleich wieder zur Einlösung kommen, so daß sie nicht so viel Baarvorrath halten müssen, als die Notenausgabe beträgt. Da sie aber alle Noten als Darlehen ausgeben und dafür Zinsen bekommen, beziehen sie offenbar mehr Zinsen, als sie an dem Baarvorrath, den sie halten, verlieren. Die Note hat so sehr den Charakter des Geldes, dessen Verwaltung doch Staatssache ist, daß man mit Recht Verstaatlichung der Notenbanken fordert. So lange man aber eine gewissenhafte Bankverwaltung besitzt und nicht unbedingtes Vertrauen in den Staat haben kann, wird man sich, wie in Oesterreich, mit der Staatscontrole begnügen. Die Oest.=ung. Bank war bis zum Jahre 1878 Oesterreichische Nationalbank, seit dieser Zeit functionirt sie in beiden Staaten als Notenbank. Ihr Privilegium währt noch bis 31. December 1887. Der nächste Reichsrath wird also darüber zu entscheiden haben. Der Staat schuldet der Bank noch aus früheren Zeiten 80 Millionen, zu deren Tilgung die Hälfte des eine 7%ige Dividende der Bankactien übersteigenden Ueberschusses des Reinerträgnisses verwendet wird. Für jenen Betrag, um welchen die Summe der umlaufenden Noten 200 Millionen Gulden übersteigt, muß die Bank Gold oder Silber halten. Die anderen Beträge müssen durch Wechsel und andere Wertpapiere gedeckt sein. Die Verpflichtung der Bank, ihre Noten einzulösen, ist aber, solange die Staatsnoten Zwangskurs haben (s. **Papierwährung**) suspendirt. Die Verwaltung der Oest.=ung. Bank ist eine umsichtige, sie könnte die Baarzahlung jederzeit aufnehmen.

Bäuerliches Erbrecht. Die Sitte, den bäuerlichen Besitz einem einzigen Erben ungetheilt zu übergeben und den Uebernehmer so zu stellen, daß er auf dem Gute wohl bestehen könne, hat sich überall erhalten, wo ein aufrechter Bauernstand existirt, im Deutschen Reiche also besonders im Norden, Nordwesten und Südosten, in Oesterreich am vollständigsten auf dem Gebiete des bajuvarischen Stammes, aber auch größtentheils bei den Franken, Sachsen und Tschechen der nördlichen Provinzen. Dagegen herrscht einerseits bei den Franken und Schwaben des Deutschen Reiches, andererseits auf den italienischen und polnisch-ruthenischen Gebieten Oesterreichs die Naturaltheilung vor. Zwischen der Sitte, den Hof ungetheilt zu vererben, und den Bestimmungen des gemeinen Rechtes bestand also ein Widerspruch, welcher in einigen Gebieten des Deutschen Reiches, in Oldenburg, dem bremischen Landgebiet, in Braunschweig, Lauenburg, Hannover, Westphalen, Brandenburg und Schlesien zur Wiedereinführung eines auf die ungetheilte Vererbung und Begünstigung des Uebernehmers gerichteten Anerbenrechtes (Höferechtes) geführt hat. Nach dem Muster des westphälischen Gesetzes hat auch die österreichische Regierung eine Vorlage gemacht.

Nach dieser Vorlage soll der Eigenthümer in seiner Verfügung über den Hof oder über einzelne Theile desselben weder unter Lebenden noch von Todeswegen beschränkt sein. Dagegen soll, wenn eine letztwillige Bestimmung fehlt, der Hof sammt Zugehör nur einer Person, dem Anerben, zufallen. Die Landesgesetzgebungen haben zu bestimmen, ob die Miterben auf Grund einer Schätzung oder unter Zugrundelegung eines Vielfachen des Katastral-Reinertrages ihre Antheile erhalten sollen, und ob im Falle einer Schätzung ein Betrag zu Gunsten des Uebernehmers, ein „Voraus", Präzipuum, abgezogen werden soll, welcher jedoch ein Drittel des lastenfreien Wertes nicht übersteigen darf. Ebenso soll es der Landesgesetzgebung überlassen bleiben, landwirtschaftliche Besitzungen mittlerer Größe als untheilbar zu erklären.

Abgesehen von dem letztgenannten Punkte (s. d. A.: Freitheilbarkeit) ist die Tendenz des Gesetzes der Natur des bäuerlichen Betriebes entsprechend; auch ist es bei der Verschiedenheit der Verhältnisse zu billigen, daß die meisten Bestimmungen der Landesgesetzgebung überlassen werden.

Die landwirtschaftlichen Güter tragen durchschnittlich 3 Perzent des Verkehrswertes, der Zinsfuß des Leihkapitals aber ist doppelt so hoch. Daraus folgt, daß eine die Hälfte des Verkehrswertes erreichende Verschuldung eine Verzinsung erfordert, welche die ganze Grundrente aufzehrt. Wenn also auch nur ein einziger Miterbe vorhanden ist und dieser die Hälfte des Verkehrswertes als Antheil auf der Realität liegen läßt, so bezieht er arbeitslos und ohne Risiko die ganze Grundrente, und der Uebernehmer muß sich ausschließlich für seinen Miterben plagen. Je mehr Miterben, um so ungünstiger und ungerechter das Verhältnis. Da nun im Allgemeinen ein landwirtschaftliches Gut sich nicht theilen läßt wie ein Laib Brod, sondern diese Theilung in natura nur bei großen Gütern oder auch bei einem sehr intensiven, gartenmäßigen Betriebe ökonomisch gerechtfertigt ist, da es ferner nicht angeht, nach jedem Todesfalle das Gut zu verkaufen und den Kaufpreis unter die Erben gleichmäßig zu vertheilen, so ist der Uebergang an einen Erben der in den meisten Fällen der dem öffentlichen und dem Privatinteresse entsprechende Vorgang; entspricht aber ein anderer Vorgang besser, so ist dies ein Ausnahmsfall, und dann hat eben der Erblasser eine ausdrückliche Bestimmung zu treffen. Findet aber der Uebergang an einen Erben statt, so ist der Verkaufswert ohne jede Bedeutung, denn da nichts verkauft wird, so gibt es auch keinen Verkaufswert zu theilen. Eine solche Theilung wäre nicht dem gleichen Rechte Aller entsprechend, sondern wäre eine offenbare Ungerechtigkeit gegen den Uebernehmer. Bei dem Erbgange hat nichts stattgefunden, als der Uebergang der Grundrente von dem vorigen auf den jetzigen Besitzer. Gegenstand der Theilung kann also gerechter Weise nur die Grundrente sein. Da aber den weichenden Geschwistern in der Regel mit einer kleinen, ewigen Rente wenig gedient wäre, so ist das diese Rente abwerfende Kapital der gerechte Antheil. Ein Gut z. B. mit 10.000 fl. Verkehrswert trage 300 fl. Theilen wir bei 3 Erbberechtigten den Verkehrswert in 3 Theile zu 3333 fl. und belasten den Uebernehmer mit 6666 fl., so ist dieser verloren, hat er aber nur zwei Drittel der Rente, d. i. 200 fl. jährlich auszuzahlen, so kann er die Rentenansprüche bei einem Zinsfuße von 5 Perzent mit 4000 fl. ablösen und kann wenigstens bestehen. Es wird daher Aufgabe der Landesgesetzgebungen sein, einen womöglich den örtlichen Gepflogenheiten angepaßten Modus zu finden, durch welchen den weichenden Erben die gebührenden Antheile an der Rente, resp. dem entsprechenden Kapitale gesichert werden, und der Uebernehmer nicht ein Opfer sogenannter Gleichberechtigung, thatsächlich aber ein Opfer der Ungerechtigkeit und des Unverstandes werde.

Wenn sich die von dem Standpunkte der Gleichberechtigung erhobenen Bedenken durch die Erwägung erledigen, daß dieser Gleichberechtigung gerade durch die gleiche Theilung der Rente entsprochen werde, so ist ein anderer Einwand noch leichter zu widerlegen. Man sagt, die bestehende Sitte mache das Gesetz überflüssig. Im Gegentheile, wenn zwischen Sitte und Gesetz ein Widerspruch besteht, und die Sitte das Vernünftigere ist, wenn gegenwärtig noch gegen das Gesetz niedrige Schätzungen stattfinden, so muß sich wohl das Gesetz nach der Sitte richten. Auch die Bemerkung ist unrichtig, daß die höhere Belastung durch ein höheres Heiratsgut ausgeglichen werde. Denn abgesehen davon, daß auch die Bauernheiraten nicht reine Geldheiraten sind, wandert auch ein großer Theil der Erbportionen theils indirekt (durch Putz, Trunk 2c.), theils direkt (durch Wegziehen) auf Nimmerwiedersehen in die Städte. Endlich ist noch zu bedenken, daß eine Verminderung der Erbtheile die soziale Stellung der weichenden Geschwister selten ändert, während sie hinreicht, den Uebernehmer auf dem Hofe zu erhalten und den Geschwistern in Krankheit oder Alter Rückhalt und Zuflucht zu bieten.

Bauunternehmer nennt man insbesondere jene Leute, welche den Bau von Eisenbahnen gegen Zahlung einer Pauschalsumme im Ganzen übernehmen. Ist die Pauschalsumme hoch genug, d. h. bleibt für den Bauunternehmer ein genügender Gewinn übrig — gut; wenn nicht, so stellt der Bauunternehmer den Bau ein und die Eisenbahnunternehmung — gleichgiltig, ob Staats- oder Privatbahn — muß entweder den Bau selbst fortführen, oder dem Bauunternehmer weitere Summen zahlen. Diese Uebelstände sind so bekannt, daß in der letzten Zeit das Geschäft der Bauunternehmung etwas zurückgegangen ist.

Umsomehr Aufsehen erregte Anfang 1883 die sogenannte Kaminski=
Affaire. Trotzdem das Abgeordnetenhaus ausdrücklich die Regierung
aufgefordert hatte, den Bau der galizischen Transversalbahn nicht
einer Generalunternehmung zu übergeben, wurde dieser Bau doch unter
Vermittlung des polnischen Abgeordneten Kaminski dem Baron
Schwarz in Bausch und Bogen übergeben. Als dieser die vereinbarte
Provision nicht zahlen wollte, hatte Kaminski die Unverfrorenheit den
Rechtsweg zu betreten. Dadurch kam der Scandal zu Tage. Die ein=
geleitete strafgerichtliche Untersuchung verlief im Sande. Dasselbe
Schicksal dürfte auch die parlamentarische Untersuchung haben, da die
Regierung sich beharrlich weigert, die Acten vorzulegen.

Befähigungsnachweis. Seit der Gewerbegesetznovelle
vom 15. März 1883 besteht für den Antritt eines handwerks=
mäßigen Gewerbes das Erforderniß, den Befähigungsnachweis
beizubringen, nämlich ein Lehr= und ein Arbeitszeugniß für das
betreffende Gewerbe; nur in gewissen, im Gesetze des Näheren auf=
gezählten Fällen findet hievon eine Ausnahme statt. Handelsgewerbe
und fabriksmäßig betriebene Unternehmungen unterliegen jenem Erfor=
dernisse nicht; die bisherigen Bestrebungen, das Geltungsgebiet des
Befähigungsnachweises auch auf diese auszudehnen (s. Artikel Gewerbe=
tage, Kaufmannstag) haben bis jetzt keinen Erfolg gehabt. — Die
Einführung des Befähigungsnachweises geschah namentlich infolge
einer Bewegung in kleingewerblichen Kreisen, welche ihren beredtesten
Ausdruck in den Gewerbetagen (siehe da) fand. Der Regierungsentwurf
einer neuen Gewerbeordnung aus dem Jahre 1880 hatte der Forderung
nach dem Befähigungsnachweis noch keine Rechnung getragen; erst
im Gewerbe=Ausschusse des Abgeordnetenhauses kam dieselbe auf Grund
eines Referates des Grafen Belcredi zum Durchbruch. Im Berichte
dieses Ausschusses, welcher bereits das Princip des Befähigungsnach=
weises in seiner heutigen Gestalt und Ausdehnung festhält, wird der=
selbe als ein „höchst nothwendiger Schutz der redlichen Arbeit und der
bestehenden Gewerbsbetriebe gegen Konkurrenz= und Schleuderproduktion,
ein Schutz gegen Unerfahrenheit, ungenügendes Können und Vermögen,
sowie Leichtsinn beim Antritt des Gewerbes, sowie ein Schutz der Con=
sumenten, der Käufer vor unsolider Waare" bezeichnet. Die liberale
Partei übte eine scharfe Kritik an dieser Begründung; sie betonte, daß
der Befähigungsnachweis gar nicht zur Erreichung jener Ziele führe,
da die Konkurrenz unlauterer Personen bei der so leichten Umgehung
jener Forderung nicht zu beseitigen sei, und daß keinerlei Gewähr da=
für bestehe, daß der ehemalige Lehrling und Geselle nicht später als
Meister unsolid arbeite oder sonst sich zweifelhafter Mittel bediene.
Diese Einwendungen entsprachen der Erfahrung und sind als stichhältig
anzusehen. Mit verhältnißmäßig nicht in's Gewicht fallender Ausnahme
pflegen ferner nur Solche an den Betrieb eines handwerksmäßigen Ge=
werbes zu schreiten, welche bereits als Lehrling und Geselle für das=
selbe eine Ausbildung erfahren haben, an eine Verschärfung der Erfor=
dernisse für den Befähigungsnachweis darf aber nicht gedacht werden,
weil dies nur eine sozialpolitisch verwerfliche Begünstigung der jewei=

gen Meister auf Kosten der Arbeiter darstellen würde: es erhellt daraus, daß der Befähigungsnachweis überhaupt nicht von beträchtlicher Wirkung für den Gewerbestand im Ganzen genommen sein kann. Gleichwohl führt er häufig zu Plackereien und harten Bedrückungen in **individuellen Fällen**; er erschwert z. B. den Uebergang aus einem Gewerbszweige zu einem andern lohnenderen, trifft also gerade die ohnehin bedauernswerten Angehörigen nothleidender Gewerbszweige; er macht die Abgrenzung der verschiedenen Gewerbsbefugniß zu einer erhöhten Nothwendigkeit, was bei der steten kommerziellen und gewerblichen Entwicklung immer schwieriger fällt und eine nie versiegende Quelle von Streitigkeiten abgibt, wodurch die Gewerbetreibenden sich wechselseitig verfolgen und einander das Leben verbittern und vertheuern. Er wirkt endlich sogar indirekt für's Allgemeine **schädlich**, weil er die Aufmerksamkeit des Gewerbestandes von dem wirklichen Ursprunge der unzweifelhaft bestehenden Bedrängnisse ablenkt, und dadurch, daß die an ihn geknüpften Erwartungen sich nicht erfüllen, zu immer weitergehenden Maßregeln in der bezeichneten Richtung drängt. Die gewerbliche Partei, welche für das Zustandekommen des Gesetzes vom 15. März 1883 so lebhaft eintrat, gesteht nämlich jetzt selbst schon zu, daß der so heiß verlangte Befähigungsnachweis völlig unzureichend ist und läßt es an neuen Forderungen und Verheißungen nicht fehlen (s. Gewerbetage). Dem größten Theile des Auslandes sind derartige Bestrebungen geradezu unverständlich; in Deutschland freilich zeigt sich eine ähnliche, von den Konservativen und der Zentrumspartei unterstützte Bewegung in Handwerkerkreisen, ohne jedoch bis jetzt annähernd gleiche Erfolge wie in Oesterreich errungen zu haben.

Bevölkerung. Die Bevölkerung Oesterreichs betrug nach der Volkszählung vom 31. December 1880 21,981.821 Personen oder 73 auf dem Quadrat-Kilometer. Am dichtesten ist die Bevölkerung in Niederösterreich mit 118 per Quadrat-Kilometer (Wien), daran schließen sich Schlesien, Böhmen und Mähren mit 110, 107 und 97, während Salzburg nur 23 Einwohner per Quadrat-Kilometer hat. Bei der letzten Volkszählung wurde auch die Umgangssprache erhoben, wobei in den slavischen Ländern mit dem größten Hochdrucke gearbeitet und jede deutsche Minorität unterdrückt wurde. Trotzdem ergab die Volkszählung ein bedeutendes relatives Uebergewicht der deutschen Nation, indem sich 8,008.864 Personen oder 36·75% der Gesammtbevölkerung zur deutschen Umgangssprache bekannt. Den Deutschen zunächst stehen die Tschechen mit 23·77 und die Polen mit 14·86%, während die große slovenische Nation 5·23% der ganzen österreichischen Bevölkerung umfaßt, was sie nicht hindert, Ansprüche zu stellen, welche einer zehnmal so großen Anzahl entsprechen würden. — Im Vergleiche mit der Bevölkerung des Deutschen Reiches repräsentiren die Deutschen in Oesterreich 17·7% der deutschen Nation, also keineswegs bloße „Sprachinseln", wie wohl behauptet wird. — Nach der Confession ist weitaus der größte Theil der Bevölkerung, nämlich 91·35%, katholisch; 4·54% sind israelitisch, in Galizien sogar 11·52%. Das Deutsche Reich hat nur 1·2% Israeliten.

Börse, Markt für Kauf und Verkauf im Großen. Gewöhnlich versteht man damit die Effectenbörse, Markt für Wertpapiere (Actien, Obligationen der Staaten, öffentlicher Körper und Gesellschaften, Wechsel, Valuten), ein im Zustande capitalistischer und creditwirtschaftlicher Production nothwendiges Organ zur Vermittlung der Uebertragung der Wertpapiere aus den Händen der Verkaufslustigen in die der Kauflustigen. Die Bewegung auf der Börse wird bestimmt durch die Kauf- und Verkaufsaufträge der außerhalb stehenden Capitalbesitzer, welche Geldvorräthe nutzbringend in Wertpapieren a n l e g e n wollen oder solche veräußern müssen, und durch die S p e c u l a t i o n, welche nicht kauft, um Capitalien anzulegen, oder verkauft zur Gewinnung eines baren Geldbestandes, sondern stets kauft u n d verkauft, um durch die Differenz der wechselnden Preise der Wertpapiere einen Gewinn zu erzielen. Die ersteren Geschäfte sind berechtigt, die Börsen zu ihrer Durchführung nützlich. Die Speculationsgeschäfte sind als verwerflich zu bezeichnen, sofern sie sich nicht in folgenden Grenzen halten. Der wirkliche Wert der Wertpapiere wird durch Größe und Sicherheit der zu erwartenden Verzinsung bestimmt. Steigen diese Momente, so steigt der Wert und Preis der Wertpapiere und umgekehrt. Aufgabe der Speculation wäre es nun, vor dem Zinsenzahlungstermin alle Einflüsse, welche den Zins bestimmen, zu berechnen und den gegenwärtigen Wert eines Wertpapieres mit Rücksicht auf den künftigen Termin festzustellen. Erwartet man Besserung der Verhältnisse, so kauft man bei niedrigen Preisen (Kursen), um bei den später eintretenden höheren zu verkaufen (H a u s s e), bei drohender Verschlimmerung verkauft man zu den gegenwärtigen höheren Preisen, um später, bei gesunkenen, wieder zu kaufen (B a i s s e). Soweit die Speculation so geartet ist, wird sie eine den thatsächlichen Verhältnissen entsprechende Preisbildung der Wertpapiere herbeiführen, das Entgegenarbeiten von Hausse- und Baisse-Speculation wird rapide Kursveränderungen möglichst verhindern. Die Baisse-Speculation kann in allzu optimistischen Zeiten rechtzeitig auf die gefährliche Lage einzelner Institute oder des ganzen Capitalmarktes aufmerksam machen, die Hausse-Speculation hingegen wieder in Zeiten, wo die Unternehmungslust aufhört, belebend wirken. In der Wirklichkeit tritt diese berechtigte Speculation zurück und das Börsenspiel führt zu Ausschreitungen und Verderbnissen, welche auf das Eindringlichste zu Reformen mahnen, wenn nicht der sittliche Gehalt unseres Volkes zu Grunde gehen soll. 1. Die Börsenspeculation ist eine Verlockung für Unfähige und Leichtsinnige, in der Erhoffung großer Gewinne, ihre wirtschaftliche Existenz auf's Spiel zu setzen. 2. Da die Speculanten Preisschwankungen haben müssen zur Realisirung ihrer angestrebten Gewinne, werden auch unredliche Mittel nicht gescheut, um Preissteigerungen oder -Senkungen herbeizuführen (glänzende Prospecte aussichtsloser Unternehmungen, erkaufte Zeitungsreclame, Verbreitung erfundener oder gefälschter Nachrichten, künstliche Erzeugung von Angebot und Nachfrage, indem Speculanten selbst oder durch Mittelspersonen große Kauf- oder Verkaufsaufträge geben, während sie endgiltig verkaufen, beziehungsweise kaufen wollen. 3. Demoralisirung der Charaktere durch Einführung der genannten Praktiken, durch die Leichtigkeit, mit der im Glücksfall, auf den Jeder hofft, große, oft ungeheuere Vermögen erworben werden, und Verbreitung einer laxen Moral und wirtschaftlichen Gewissenlosigkeit von dem finanziellen Centralpunkt der Börse auf die übrigen Gebiete der Volkswirtschaft, namentlich durch das Medium einer durch den Zusammenhang mit betrügerischen Speculanten verderbten Presse. Die Hilfsmittel gegen diese Schäden sind nur zum Theil durch direct gegen die Börse gerichtete Vorschriften zu hoffen. Die verderbliche Speculation eines gewinnsüchtigen Publicums muß zum großen Theil durch Verbreitung besserer wirtschaftlicher Ueberzeugungen von innen heraus geheilt werden, zum Theil durch ein strenges Vorgehen gegen die Presse, welche absichtlich oder auch unabsichtlich, aber leichtsinniger Weise betrügerische Reclame macht (s. Presse). Betrügerische Speculation wird ferner vielfach eingeschränkt werden können durch strenge Vorschriften bezüglich der Gründung von Actiengesellschaften (s. Actiengesellschaft u. Gründungsschwindel). Eine Besserung wäre auch zu hoffen durch corporative Organisation der Börse und Ausbildung eines Börseverwaltungsrathes mit Strafbestimmungen für Ausschreitungen. Die großen Gewinne, welche auf der Börse gemacht werden, sind als zu fassendes Steuerobject in der Gegenwart hervorgetreten und werden auch zu besteuern sein, obwohl man sich über den Ertrag einer solchen Steuer manchen falschen Hoffnungen hingibt (s. Börsesteuer).

Börsensteuer. Ein allgemeiner Ausdruck für alle Abgaben, welche die auf der Börse (s. dort) abgeschlossenen Geschäfte oder alle Geschäfte ähnlicher Art, d. i. insbesondere Speculations-Geschäfte (Kost-, Report-, Lombardgeschäfte u. ähnl.) treffen sollen. Eine ausgiebige Börsensteuer wird allgemein mit Recht verlangt, weil der Gewinn aus Börsengeschäften bei der Einkommensteuer nicht zu treffen ist, von Manchen auch deswegen, um das Börsenspiel überhaupt zu unterdrücken. Der Durchführung stehen aber wesentliche Schwierigkeiten entgegen, weil man den Gewinn, den man besteuern will, nicht ermitteln kann und auch nicht weiß, wieviel Percent vom Umsatz, den man allenfalls erheben kann, er ausmacht; andererseits bei der Geschicklichkeit der betheiligten Personen in der Umgehung der Steuer eine einigermaßen beträchtliche Steuer zur heimlichen Abschließung der Geschäfte führt. Eine wesentliche Umgestaltung der Finanzverhältnisse durch die Börsensteuer ist ohnehin nie zu erwarten, weil die Anzahl Jener, die Börsengeschäfte betreiben, im Verhältnisse zur Gesammt-Bevölkerung doch nur gering ist. Dessen ungeachtet muß die Einführung der Börsensteuer mit aller Energie erstrebt werden, weil die bisherige Besteuerung (Erwerb- und Einkommensteuer der Börsenbesucher und fixe Gebühr für die Schlußzettel) ganz ungenügend ist. Nach den jüngst vom Gebühren-Ausschusse gestellten Anträgen sollte eine Scalagebühr für Schlußzettel in Verbindung mit allgemeinem Schlußzettelzwang eingeführt werden. Die Nothwendigkeit und Zweckmäßigkeit letzterer Maßregel ist problematisch, vielmehr wäre, da die im Deutschen Reiche eingeführte Modalität, die Geschäfte nur dann, wenn Schlußzettel ausgestellt werden, zu besteuern, aus nahe liegenden Gründen unzulänglich ist, ein ganz anderer Modus, etwa die

Besteuerung durch ein obligatorisches Abrechnungs-Bureau oder die Aufbringung einer bestimmten Gesammt-Summe, die dann durch die Börse selbst auf die Einzelnen vertheilt wird, in's Auge zu fassen. Zur Börsensteuer gehören auch die Gebühren auf Kost- und Vorschußgeschäfte und deren Prolongation, die in dem erwähnten Gesetzvorschlag ebenfalls neu geregelt werden sollten. Daß Diejenigen, welchen die gegenwärtige geringe Belastung dieser Geschäfte zum Nutzen gereicht, einer solchen Reform abgeneigt sind und durch die ihnen zur Verfügung stehende Presse jedes derartige Project als eine dringende Gefahr für die Volkswirthschaft darzustellen bemüht sind, ist leicht einzusehen; ihr Widerspruch darf aber von einer als vernünftig anerkannten Reform nicht abschrecken.

Brotfrage. Die Vorgänge, die sich bei der Deckung des Brotbedarfes in Wien (und in ähnlicher Weise auch anderwärts) abspielen, stünden, was die Approvisionirung betrifft, geradezu beispiellos da, wenn es nicht — eine Viehmarkt- und Fleischfrage gäbe. Nach neueren Erhebungen beträgt z. B. der Gestehungspreis mancher der gewöhnlichsten Gebäcksorten ungefähr die Hälfte ihres Absatzpreises, es findet ein Schwanken des Brotpreises (nach dem Gewichte berechnet) fast bis zum Doppelten je nach der Kaufstelle statt. Es entsteht daher naturgemäß die Frage, was muß ein leichtausbackender Bäcker gewinnen, da gewiß auch der schwerausbackende sein Auskommen findet. Kein Wunder daher auch, daß das Sinken der Getreidepreise dem Landwirte erheblichen Verlust, dem Publicum keinen Nutzen bringt und nur die Taschen der Zwischenpersonen füllen hilft. Die Wiener Bäcker und ihr publicistisches Organ haben sich zwar in letzter Zeit wiederholt genöthigt gesehen, die Brotfrage zu behandeln; was aber auf dieser Seite in Anregung gebracht wurde, betrifft lauter Dinge, die für die Bäcker selbst von unzweifelhaftem, großem Vortheile wären, für das Publicum hingegen nur von geringem oder sehr mittelbarem Interesse: so die Verkürzung der Antheile der Mittelspersonen, Abstellung des Gebäckumtausches u. A. m. Alle diese Vorschläge umgehen, wie leicht einzusehen, den Kern der Frage, die übermäßige Höhe der Bäckerprofite. Daß dem so sei, ist nach dem früher Angeführten nicht zu bezweifeln, die gemeine Volksmeinung hat es überdies schon längst bejaht. Die hieraus erwachsenden Uebelstände werden noch dadurch verschärft, daß selbst bei angemessenem Gewinn die Differenz zwischen Rohstoff- und Brotpreisen wegen des irrationellen Betriebes der Müllerei und des Bäckergewerbes zu hoch ausfallen müßte. — Es leiden endlich bei dem heutigen Stande der Dinge geradezu die hygienischen Anforderungen, notorisch ist der erbärmliche Zustand vieler Bäckerlocale, notorisch das Kneten des Teiges mit Händen und Füßen statt mit einer Knetmaschine und Anderes mehr. Daneben hat gerade der letzte Bäckerstrike im Frühjahre 1883 gezeigt, daß die Arbeiter jenes Gewerbszweiges just nicht auf Rosen gebettet sind, es drangen da Klagen über eine 14—18stündige und noch längere Arbeitszeit, Wochenlöhne von 2—3 Gulden, Nöthigung verheirateter Gesellen Kost und Nachtquartier beim Arbeitgeber zu nehmen und Aehnliches in die Oeffentlichkeit. Alles dieses muß eine Aenderung erfahren und die Brotfrage, um die es sich hier zunächst handelt, muß einer Lösung zugeführt werden. Es müssen also für die verschiedenen Brotsorten vernünftige Preise eingeführt und demnach die Gewinne der Bäcker auf jenes Maß reducirt werden, welches ihren Leistungen entspricht. Auf welche Weise der Brandschatzung des Publicums gesteuert werden könne, ist natürlich keine einfache Sache zu sagen: nöthig ist vor Allem, daß sich das allgemeine Interesse diesem Gegenstande zuwende, das Publicum die Bäcker zu controliren anfange und bei jenen kaufe, welche verhältnismäßig billigere Waare liefern. Daneben ist die Einführung einer Brottare, die Belebung der Concurrenz durch mit Gemeindemitteln herzustellende Brotfabriken in Erwägung zu ziehen. Energische Mittel sind gegenüber der heutzutage geradezu dreisten Ausbeutung der Bevölkerung durch eine Handvoll Personen am Platze.

Budget, die ziffermäßige Uebersicht über die vermuthlichen Einnahmen und Ausgaben eines Haushaltes während einer bestimmten Zeitperiode. Eine solche Uebersicht über den Haushalt des Staates (auch **Staatsvoranschlag** oder **Etat** genannt) wird von der Regierung in jedem Jahre dem Reichsrathe, und zwar zuerst dem Abgeordnetenhause, vorgelegt. Dieselbe enthält eine Zusammenstellung der Ausgaben, welche die Regierung in den einzelnen Zweigen der Verwaltung im kommenden Jahr leisten will, sowie der Einnahmen, welche ihr dafür zur Verfügung stehen oder welche sie durch die Steuern vom Volke hereinzubringen beabsichtigt. Das Abgeordnetenhaus setzt einen Ausschuß zur Prüfung und Begutachtung des Budgets ein (**Budgetausschuß**), in welchem einzelne Referenten über die verschiedenen Posten der Einnahmen und Ausgaben Bericht erstatten. Nach der Durchberathung im Ausschuß erstattet derselbe einen allgemeinen Bericht an das Abgeordnetenhaus, worauf das Budget mit Rücksicht auf die finanzielle Lage des Staates und die Regierungspolitik im Allgemeinen (**Generaldebatte**) und sodann unter Bezugnahme auf alle einzelnen Ausgabe- und Einnahme-Posten (**Spezialdebatte**) besprochen wird. Dies gibt den Abgeordneten Gelegenheit, das Vorgehen der Regierung im Einzelnen zu kritisiren und zu tadeln, Aufklärungen zu verlangen, die Wünsche der Bevölkerung im Einzelnen z. B. über die Errichtung dieser oder jener Schule, des Baues dieser oder jener Bahn u. s. w., zum Ausdruck zu bringen. Schon aus diesem Grunde ist es Pflicht der Abgeordneten sich eifrig an der Debatte zu betheiligen. Rege Theilnahme an der Budgetdebatte ist aber insbesondere darum von Wichtigkeit, weil in derselben das Recht der Volksvertretung zur jährlichen Bewilligung der Einnahmen und Ausgaben zum Ausdrucke kommt. Das Abgeordnetenhaus kann sowohl einzelne Posten der Einnahmen und Ausgaben verweigern oder in ihrer Höhe abändern, als auch dem ganzen Budget seine Zustimmung versagen. Dies Letztere ist der stärkste Ausdruck des Mißtrauens gegen eine Regierung und würde nothwendig den Rücktritt derselben zur Folge haben. Wenn das Budget bewilligt worden ist, wird es dem Herrenhause vorgelegt und dort durchberathen. Nach durchgeführter Berathung und Bewilligung wird das Budget Gesetz (s. **Finanzgesetz**). Die Regierung ist an die bewilligten Einnahmen und Ausgaben gebunden. Sie darf keine anderen Einnahmen erheben und keine **anderen** Ausgaben machen und bei den letzteren auch nicht **mehr** leisten als bewilligt worden ist. Die Volksvertretung schafft daher die Ordnung im Staatshaushalt. Sie ist mitschuldig, wenn diese Ordnung doch nicht zu Stande kommt, wenn sie unnöthige Ausgaben oder drückende Einnahmen bewilligt, wenn sie der Regierung nicht auf die Finger sieht und sie nicht zwingt, sparsam zu sein. Da es schwer ist, auf längere Zeit hinaus alle Ausgaben zu bestimmen, muß man, je länger der Zeitraum ist, für den das Budget gilt (**Budgetperiode**), der Regierung umsomehr Spielraum lassen. Darum soll die Budgetperiode kurz sein. In Oesterreich ist sie mit Ausnahme einzelner Posten, z. B. für Bauten, **ein Jahr**. Nicht gerechtfertigt ist es, wenn das Budget, wie dies jetzt regelmäßig der Fall ist, erst in dem Jahre den Abgeordneten vorgelegt wird, für welches es gilt. Dadurch ist es oft nicht möglich die Regierung von Ausgaben zurückzuhalten, die Berathung des Budgets geschieht schlenderisch, bei den wichtigsten Debatten wird zum Schluß gedrängt u. s. w. Das Budget sollte immer im Herbste eines Jahres für das nächste Jahr berathen werden.

Bündnis mit dem Deutschen Reiche. Schon im Frühjahre 1867 schlug Bismarck durch den baierischen Diplomaten Grafen Tauffkirchen Oesterreich eine völkerrechtliche Allianz mit dem Norddeutschen Bunde vor. Beust wies diesen Vorschlag zurück. Ein neues Anerbieten erfolgte am 12. September 1870 durch einen von Bismarck veranlaßten Brief des bairischen Prinzen Luitpold an seinen Schwager Erzherzog Albrecht, doch auch diesmal umsonst. Erst als Bismarck im Jahre 1879 Rußland zwang, seine Eroberungen auf der Balkan-Halbinsel fahren zu lassen und Oesterreich dadurch einen weltgeschichtlichen Beweis seiner Freundschaft gab, gelang der Abschluß eines Bündnisses auf fünf Jahre. Bismarck hatte vorgeschlagen, „ein öffentliches, **verfassungsmäßiges Bündnis** gegen eine Coalition herzustellen, das durch Mitwirkung aller constitutioneller Factoren zu Stande gekommen, auch nur durch ein solches Zusammenwirken, also nur mit Zustimmung, in Deutschland des Kaisers, des Bundesrathes und des Reichstages, in Oesterreich des Monarchen und der Vertretungskörper Cis- und Transleithaniens auflösbar sein sollte". Diesen Thatbestand ließ Fürst Bismarck durch das Buch von Moriz Busch „Unser Reichskanzler" im Sommer 1884 bekannt machen. Graf Andrassy sprach sich im Herbste 1884 dahin aus, daß „eine solche Inarticulation des Bündnisses in die Gesetze der beiden Reiche" dem österreichischen Cabinete unthunlich erschienen sei. Noch deutlicher sprach sich Fürst Bismarck am 14. März 1885 im Deutschen Reichstage aus: „Der Abgeordnete Richter ist wie in vielen Dingen so auch darin mit dem Abgeordneten Windthorst einverstanden, daß er der Regierung empfiehlt, darauf Bedacht zu nehmen, länger dauernde Verträge, **eigene politisch-pragmatische Verträge** (mit Oesterreich) abzuschließen. Es ist eigenthümlich, daß ich gerade mit diesen beiden Herren der Dritte im Bunde sein kann; ich bin nicht dagegen und Sie müssen das aus den Zeitungen schon entnommen haben, **daß ich vor Jahren Oesterreich den Vorschlag machte oder**

es angeregt habe, ob es nicht möglich sein würde, pragmatische Einrichtungen, sei es auf dem Zollgebiete, sei es auf anderen Gebieten, zu treffen und dadurch die Lücke zu verdecken, von welcher der Abgeordnete Windthorst bedauert, daß sie durch die Ereignisse von 1866 entstanden sei. Ich habe aber bei näherer Prüfung gefunden, daß, abgesehen von den Schwierigkeiten, die bei uns eintreten könnten, in dem österreichischen Staate die Verhältnisse noch sehr viel schwieriger sind, und daß eine dortige Regierung, die ganz bereit sein würde, darauf einzugehen, doch zweifelhaft sein muß, ob sie die nöthigen Bewilligungen der Körperschaften, deren sie bedarf, dazu finden würde. Also darum brauchen die beiden Herren mit mir nicht Händel zu suchen. Nur ist nicht Alles, was die Herren hinwerfen, so leicht auszuführen."

Alle diese Aeußerungen beweisen, daß das Programm der deutschnationalen Partei in Oesterreich vollständig mit den Grundideen des Fürsten Bismarck übereinstimmt. In einem ähnlichen Sinne wurde von deutsch-nationalen Politikern in Oesterreich die Forderung gestellt, es solle ein staatsrechtliches Bündniß zwischen Oesterreich und Deutschland aufgerichtet werden. Nun ist es klar, daß sich ein bundesrechtliches Bündnis in demselben Augenblick in ein staatsrechtliches verwandelt, in welchem 1. die einseitige Möglichkeit eines der Verbündeten aufgehoben wird, den Vertrag zu lösen und 2. eigene gemeinsame Organe bestellt werden, welche nicht blos als Bevollmächtigte der beiden vertragsschließenden Staaten, die jeden Augenblick andere Instructionen ertheilen können, fungiren, sondern welche als selbstthätige, selbstentscheidende Organe gewisse staatliche Aufgaben zu erfüllen haben. Der deutsche Bund vor 1866 war allerdings als eine unlösliche Vereinigung gedacht; aber er besaß keine eigenen Organe, welche ohne Vollmacht handeln konnten, keine Executive, keine gemeinsame, parlamentarische Vertretung. Dagegen ist das Verhältnis zwischen Oesterreich und Ungarn alle zehn Jahre kündbar; aber es bestehen in dem gemeinsamen Heer und den gemeinsamen auswärtigen Angelegenheiten wichtige und kräftige Organe einheitlichen Staatslebens. Das nächste Ziel aller Deutschen muß darin bestehen, nach der Idee des Fürsten Bismarck den Bund zwischen Oesterreich und Deutschland zu einem nach menschlichem Ermessen unlöslichen zu machen, damit für immer das Unheil vermieden werde, daß Deutsche gegen Deutsche zum Schwerte greifen. Gleichzeitig damit ist anzustreben, daß im Handel und Verkehr, in Maß, Münze und Währung, in den wichtigsten Zweigen des Handels-, Wechsel-, Eisenbahn- und Verkehrsrechtes gleiche Einrichtungen getroffen werden. Die Zollunion der beiden Reiche ist eines der wichtigsten, wenn auch leider noch in weiter Ferne stehenden Ziele aller national fühlenden Deutschen. Um aber eine möglichste Gleichförmigkeit der Gesetzgebung zu erzielen, wird es nothwendig sein, gemeinsame Ausschüsse niederzusetzen, welche, sei es in Wien oder Berlin oder an einem dritten Orte, tagen, und daselbst jene gesetzgeberischen Arbeiten vorbereiten, welche den Parlamenten der beiden Reiche vorzulegen sind. Welche Vollmachten diesen Ausschüssen zu übertragen sind, wäre eine Sache späterer Erwägung und Entwicklung. Jedenfalls werden die Verhältnisse auf der Balkanhalbinsel dahin wirken, daß sich das Verhältnis zwischen Oesterreich und Deutschland befestigt, denn dort liegen dieser beiden Reiche **gemeinsame Angelegenheiten**. Nach der Verdrängung Rußlands vom Balkan sind Deutschland und Oesterreich die einflußreichsten Mächte in Belgrad, Sofia und Constantinopel geworden und sie können den Balkan durch gemeinsame Anstrengungen immer mehr in ihren Machtkreis ziehen.

Canäle. Alle künstlichen Schiffahrtsstraßen. Der Vortheil der Canäle gegenüber den anderen Transportmitteln liegt in den sehr geringen Beförderungskosten und in der Möglichkeit, noch größere Mengen als per Bahn zu befördern. In innigem Zusammenhang mit den Canälen steht die Flußregulirung, da nur durch Regulirung der Flüsse die nöthigen Wassermengen für die Canäle geschaffen werden können. So wie in Oesterreich nur die Donau auf einer kurzen Strecke bei Wien regulirt ist, so fehlen auch künstliche Wasserstraßen vollkommen. — Schon seit längerer Zeit werden nun zwei große Canalanlagen geplant, der Donau-Oder- und der Donau-Elbe-Canal. Beide bieten zwar bedeutende technische Schwierigkeiten, allein die großen volkswirtschaftlichen Vortheile, welche eine solche Entwicklung unserer Verkehrsstraßen gewähren würde, rechtfertigt die Investition selbst von sehr bedeutenden Summen. Insbesondere würde der Donau-Oder-Canal durch die Verbindung Wiens und der mährischen Industrie-Gegenden mit dem schlesischen Kohlenbecken außerordentliche Vortheile bieten. Der Donau-Elbe-Canal würde fast ausschließlich Landwirtschaft treibende Gegenden durchziehen, daher wahrscheinlich einen weit geringeren Verkehr haben und speciell für Wien kaum einen nennenswerten Vortheil bieten. Trotzdem dürfte unter den heutigen Verhältnissen doch der Donau-Elbe-Canal mehr Aussicht auf Verwirklichung haben, einmal wegen der gegen Wien feindlichen Stimmung der maßgebenden Kreise, dann auch deshalb, weil dieser Canal die ausgedehnten Herrschaften der Schwarzenberg im südlichen Böhmen durchziehen würde. — Die neuerdings geplanten Flußregulirungen in Galizien haben mit der Schiffahrt nichts zu thun, sondern lediglich eine locale Bedeutung wegen der Ueberschwemmungen. Deshalb erscheint auch jeder Aufwand von Reichsmitteln für diese Regulirungen ganz ungerechtfertigt.

Cartelle. Vereinigungen von Unternehmern zum Zwecke der Einschränkung der Concurrenz. Durch die Cartelle wird entweder blos ein nicht zu unterschreitendes Minimum für den Preis der betreffenden Ware festgesetzt, oder es wird auch die Menge der Production geregelt, und für die einzelnen Theilnehmer eine bestimmte Quote davon festgesetzt. Für den Unternehmer bieten die Cartelle mannigfache Vortheile, insbesondere, weil er dadurch vor den verderblichen Folgen einer bis auf's Aeußerste getriebenen Concurrenz bewahrt wird. Die Gesammtheit hat aber zweifellos nur Nachtheil davon, da die Preise der Waren gesteigert werden, während die Qualität häufig verschlechtert wird. Am verwerflichsten sind die Cartelle dort, wo sie den Zweck haben, den Arbeitslohn herabzudrücken. — Außer im Bergbau und der Eisenindustrie sind die Cartelle namentlich entwickelt bei den Eisenbahnen. Der größte Theil des durchgehenden Frachtenverkehres ist heute cartellirt. Durch die Eisenbahncartelle werden nicht nur die Tarife bestimmt, sondern es wird auch der Verkehr unter die verschiedenen betheiligten Linien nach einem bestimmten Schlüssel aufgetheilt, sei es, daß die Waren thatsächlich verschieden instradirt werden, sei es, daß nachträglich eine Abrechnung stattfindet. Leider halten bisher auch die Staatsbahnen an dem Princip der Cartelle fest.

Centralismus, die nach der größtmöglichsten Einheit des Gesammtreiches strebende Richtung. Die centralistischen Bestrebungen Maria Theresia's und Kaiser Josef II. fanden ihren constitutionellen Ausdruck wieder in dem Februarpatente Schmerling's v. J. 1861, scheiterten aber in ihrer Ausdehnung auf das ganze Reich an dem Widerstande der Ungarn. Seit dem Ausgleiche mit Ungarn beschränkte sich der Centralismus auf die Reichsrathsländer und war die Richtung der herrschenden Partei bis zum Jahre 1879. Diese Richtung bekämpfte die auf Erweiterung der Landes-Competenz abzielenden Sonderbestrebungen der slavischen Nationalitäten, ließ aber auch unter den Deutschen die beste Kraft, die nationale, nicht aufkommen. Nachdem trotz des centralistischen Regimes die Slavisirung fortwährende Fortschritte gemacht hat, mußten sich die Anhänger des Centralismus in den letzten Jahren denn doch den nationalen Gedanken auch bei den Deutschen gefallen lassen, sind aber in ihrer Mehrheit noch weit davon entfernt, die Consequenzen desselben zu ziehen, die nur in einer engeren Zusammenfassung D e u t s ch - O e st e r r e i ch s bestehen können.

Clericale, eine Partei, welche den Einfluß der Geistlichkeit zum maßgebenden im Staate machen will. Sie verlangt daher nicht nur Unabhängigkeit in allen inneren Angelegenheiten der katholischen Kirche, sondern auch die Leitung und Beaufsichtigung des Schulwesens und die Unterstellung der Eheangelegenheiten unter die kirchliche Gerichtsbarkeit. In Oesterreich ist die ehemals mächtige, germanisatorische und centralistische clericale Partei seit dem Tode des Cardinal Rauscher vollständig desorganisirt, und an ihre Stelle ist eine Partei getreten, welche den Slaven und Feudalen unbedingt Gefolgschaft leistet. Die Befürchtung, den Widerspruch ihrer Wähler hervorzurufen, scheint einige Führer der Partei zu veranlassen, sich abzusondern und wieder zu den Principien Rauscher's zurückzukehren. Von den clericalen Führern ist die hinter ihnen stehende Bevölkerung wohl zu unterscheiden. Diese verlangt gar nicht nach clericaler Führung, sondern sie fordert einerseits Achtung ihrer religiösen Gefühle, anderseits wirtschaftlichen Schutz und mehr Schonung in der Besteuerung. Eine national-reformatorische Partei, welche ihr dieses bietet, würde in ihr nicht nur Anhang, sondern auch die verläßlichste Grundlage finden.

Coalitionsrecht. Im Kampfe um die Lohnhöhe kommt es zu Coalitionen, d. i. Verbindungen der Arbeitgeber oder der Arbeiter untereinander, um durch gemeinsames Vorgehen günstigere Bedingungen zu erzwingen. Diese Verabredungen waren früher in Oesterreich strafbar. Das sogenannte Coalitionsgesetz vom Jahre 1870 gipfelt darin, daß die betreffenden Bestimmungen des Strafgesetzes aufgehoben wurden, aber diesen Verabredungen, sowie den dabei übernommenen Verpflichtungen die rechtliche Wirkung abgesprochen wird. Nachdem die Strikecasse ihre Beiträge selten einklagen würde, hat diese Beschränkung wenig Bedeutung. Der §. 3 bedroht Denjenigen, der durch „Mittel der Gewalt oder der Einschüchterung Arbeitgeber oder Arbeitnehmer an der Ausführung ihres freien Entschlusses, Arbeit zu geben oder zu nehmen, hindert oder zu hindern versucht", mit Arrest von 8 Tagen bis zu 3 Monaten. Diese Bestimmung ist so weit gefaßt, daß in der Praxis jede Ueberredung des Arbeiters zum Mitthun als „Versuch der Einschüchterung" gelten kann, und für die Arbeiter das Coalitionsrecht fast gleichbedeutend ist mit einem Coalitionsverbot. Eine Revision dieses Gesetzes wäre also bringend geboten. Es wäre dies gerade die Aufgabe der liberalen Parteien, welche ja die Regulirung der Lohnhöhe ausschließlich dem „freien Spiele der wirtschaftlichen Kräfte" zuweisen.

Concurrenz. Mit der Proclamirung der Rechtsgleichheit aller Personen im Staate ergab sich als unmittelbare Folge das Recht der **freien Mitbewerbung**, deren Wesen darin zu suchen ist, daß es Jedermann gestattet sei, seine eigenen wirtschaftlichen Kräfte, seine eigene Arbeit, sein eigenes Vermögen nach jeder Richtung und mit aller Macht geltend zu machen. Von diesem Standpunkte gewährt das Recht kein Mittel gegen die Unterdrückung des schwächeren Concurrenten durch den stärkeren, da über seine eigene Kraft unbedingt zu verfügen, ein Recht der Person ist. Die Erfahrungen, welche aber unter der capitalistischen Productionsweise die schrankenlose Ausnützung der freien Concurrenz zu Tage fördert, haben das berechtigte Verlangen nach Schutz der wirtschaftlich Schwächeren erzeugt und alle in dieser Richtung ergriffenen Maßnahmen laufen auf eine Beschränkung der freien Concurrenz hinaus, so insbesondere auf dem Gebiete des Agrarwesens und der Regelung des Verhältnisses des Unternehmers zum Arbeiter (siehe die einschlägigen Artikel). Neben der in dieser Weise gesetzlich geregelten Concurrenz macht sich ein **unredlicher**, von Gewinnsucht getragener **Wettbewerb** immer mehr breit, je geringer der auf redliche Weise erzielte Gewinn durch eine veränderte Geschäftslage wird und je mehr unsolide Elemente sich in Handel und Gewerbe eindrängen. Er äußert sich in der mannigfachsten Weise; so durch Täuschung des Publicums über die Herkunft der eigenen Ware, indem derselben durch täuschende Mittel der Schein verliehen wird, als stamme sie von einem anderen Producenten (Usurpation der Firma, der Bezeichnung des Etablissements, Nachahmung der Fabriksmarke, der Verpackung u. s. w.); durch Anmaßung nicht zustehender Auszeichnungen für Person oder Ware; einer über das Erlaubte hinausgehenden Reclame — endlich durch unredliche Herabsetzung eines Mitbewerbers oder seiner Ware. — Allen diesen Formen des unredlichen Wettbewerbes (Concurrence déloyale) treten heute schon bestehende Gesetze entgegen. Von viel einschneidenderer Bedeutung ist aber jene Concurrenz (Schmutzconcurrenz), die ungestraft von den unsaubersten Schädlingen der Gesellschaft hervorgerufen, nicht nur das Publicum übervortheilt und selbstsüchtig ausbeutet, sondern auch den ehrlichen Concurrenten zu ähnlichem Vorgehen zwingt, soll derselbe nicht seiner Ehrlichkeit seine Existenz opfern. Mit der zunehmenden Verderbnis des geschäftlichen Lebens, insbesondere des Warenhandels hat sich eine systematische Fälschung von Allem und Jedem, was sich an einer Ware fälschen läßt (Maß, Gewicht, Qualität, Stückzahl), Einführung von Fabricationsweisen, welche nur auf die Täuschung des kaufenden und consumirenden Publicums berechnet sind, Herstellung einer geschlossenen Kette von Mitschuldigen (Fabrikant, Großhändler, Detaillist, Krämer) zu diesem Zwecke, Uebergehen eines Artikels nach dem anderen aus der ehrlichen in die betrügliche Production und die völlige Unmöglichkeit für den einzelnen Fabrikanten die reelle Erzeugung eines Artikels noch fortzuführen, wenn die auf Täuschung berechnete einmal eingerissen ist, herausgebildet. Die unsauberen Elemente suchen aus dem Kleinverkehr mit dem Publicum diejenigen schwachen Seiten eines Geschäftszweiges aus, an denen letzterer auf dem Vertrauen des Käufers beruht, wenden sich mittelbar und unmittelbar der Production des betreffenden Artikels zu, um auf der betrüglichen Ausbeutung der Geschäftserfahrungen den Vortheil und das Erträgnis ihres neuen Unternehmens zu begründen. Durch Billigkeit des Preises suchen sie den ehrlichen Concurrenten zu vernichten und entschädigen sich durch den Minderwert der Ware. Dieser liegt darin, daß bei Artikeln, welche nicht vorgewogen, vorgezählt oder vorgemessen, sondern in bestimmten Aufmachungen von herkömmlichen Umfange dem Verkehre übergeben werden, der Inhalt gegen die übliche oder angegebene Menge verkürzt wird, daß durch künstliche Beschwerungen bei Waren, welche gewogen werden, ein höheres Gewicht erzielt wird, daß Scheinqualitäten hergestellt werden, welche nur die äußeren Merkmale aber nicht die inneren Eigenschaften der Ware tragen (insbesondere Lebensmittelverfälschungen) u. s. w. Es genügt ein solches Vorgehen eines einzigen gewissenlosen Fabrikanten in einem Geschäftszweige, um den ehrlichen Vertrieb der Fabricate dieses Zweiges zu untergraben, es genügt die Verführung einer kleinen Zahl von Händlern, welche bei österreichischen Gewerbsleuten für den Export die bekannten Bestellungen in verminderter Menge oder nicht entsprechender Güte machen, um die Zukunft der heimischen Exportindustrie zu gefährden. Eine Fälschung, die allgemein geworden ist und eine Zeit hindurch fortdauert, drückt den Preis der ganzen Warengattung allmälig herunter; um daher den Fälschern noch neuerdings Nutzen zu gewähren, muß sie von Zeit zu Zeit gesteigert werden. — Da alle diese Vorgänge sich mit Leichtigkeit einer Ahndung als Betrug nach dem Strafgesetze entziehen und eine Kräftigung der kaufmännischen Moral aus sich selbst heraus wohl kaum erwartet werden kann, muß die Specialgesetzgebung eingreifen. Ein Anfang ist auf diesem Gebiete gemacht durch die im Abgeordnetenhause in Verhandlung stehenden Gesetzentwürfe 1. über die Verpflichtung der Mengenangabe bei Waren, welche in geschlossenen Packstücken in den Kleinhandel kommen, 2. über die Strähnlänge und Feinheitsbezeichnung bei Garnen und Zwirnen, endlich 3. über die Maßregeln gegen Verfälschung von Lebensmitteln, deren baldige Erledigung eine Lebensfrage für den Kampf gegen die Schmutzconcurrenz bildet.

Concurs ist jener Zustand eines Schuldners, in welchem ihm kraft richterlicher Verfügung die Vermögensverwaltung entzogen und das vorhandene Vermögen zur gemeinsamen Befriedigung der Gläubiger verwendet wird. Die gegenwärtige österreichische Concursordnung vom Jahre 1868 bedeutet einen großen Fortschritt gegenüber dem früheren Rechtszustande und beruht auf dem Gedanken der Selbstverwaltung der Gläubigerschaft, während früher das Gericht in alle Verhältnisse bevormundend eingriff. Eine wichtige Ergänzung erhielt das Concursrecht durch das sogenannte Anfechtungsgesetz vom 16. März 1884, das die Tendenz hat, Schmälerungen der Concursmasse, welche noch vor der Concurseröffnung vorgenommen wurden, hintanzuhalten. Dennoch weist dieser für den Personalcredit so wichtige Zweig der Gesetzgebung noch einzelne Mängel auf. Die Praxis, durch welche fast ausnahmslos Advocaten zu Masseverwalter bestellt werden, hat eine bedeutende Vertheuerung des Concursverfahrens zur Folge. Dem wäre theilweise dadurch abzuhelfen, daß das Honorar des Verwalters in Percenten von der vorhandenen Masse ausgemessen wird. Auch unsere strafgesetzlichen Bestimmungen über betrügerischen und fahrlässigen Bankerott sind ungenügend und bedürfen einer Verschärfung.

Conservativ, wörtlich: erhaltend, im öffentlichen Leben jene Richtung, welche die Erhaltung des Bestehenden, insbesondere der bestehenden Formen anstrebt. In diesem Sinne ist der Bauer conservativ, der treu am Alten und Hergebrachten hängt und Neuerungen abhold ist, der Staatsbeamte, der die Formen, in die er sich eingelebt hat, als etwas für den Staat Unentbehrliches betrachtet, der Reiche, der sich seines Besitzes freut und sich in dieser Freude durch keinerlei Aenderungen stören lassen will, der an Jahren Vorgerückte, dem die Empfänglichkeit für neue Eindrücke verloren gegangen ist, und in diesem Sinne ist das conservative Element die nothwendige Ergänzung des fortschrittlichen. In Oesterreich hat aber das Wort „conservativ" eine ganz andere Bedeutung bekommen. Hier nennen sich die Klerikalen, die ein konfessionelles und ein Standesinteresse vertreten, conservativ, ebenso die Feudalen, welche die entschiedensten Rückschrittler sind, ja man spricht sogar von einer conservativen Majorität im Reichstage, obwohl deren wesentlichste Bestandtheile rein national sind. In Folge dessen tragen wahrhaft conservative Männer Bedenken, sich so zu nennen und nennen sich lieber verfassungstreu, altliberal oder schlechtweg liberal, was vielfachen Anlaß zu Konfusionen gibt.

Consulatswesen. Die große Aufmerksamkeit, welche die europäischen Länder ihrem ausländischen Verkehre, namentlich dem Waren-Exporte, zuwenden und zuwenden müssen, hat auch dem Consulatswesen eine erhöhte Bedeutung verschafft. In Oesterreich-Ungarn hat es in letzter Zeit an Anstrengungen nicht gefehlt, die Consulate in gesteigertem Maße zum Dienste für den Handel heranzuziehen, namentlich, die Consulatsberichte rascher zu publiciren, den Informationsdienst besser zu organisiren ꝛc. Die Nützlichkeit der Consular-Institution für Oesterreich wird jedoch dadurch beeinträchtigt, daß verhältnismäßig nur wenige Handelsniederlassungen im Auslande seitens seiner eigenen Staatsangehörigen bestehen und deshalb Angehörige fremder Staaten zu Consuln bestellt werden müssen, was natürlich keine genügende Wahrung der österreichischen Interessen in sich schließt. Um so mehr besteht gerade für Oesterreich Anlaß, allgemeiner als bisher eigene **Berufsconsuln** aufzustellen, welche sich vollständig dem Consulatsdienste und der Wahrung der vaterländischen Interessen widmen. Höchst ersprießlich wäre es ferner, wenn dem Consularstande nicht blos diplomatisch herangebildete, sondern auch kaufmännisch geschulte Kräfte zugeführt würden. Endlich wäre es vortheilhaft, die Vertretung der Handelsinteressen (Nachrichtendienst ꝛc.) in bedeutenden auswärtigen Plätzen nicht lediglich den Consuln zu überlassen, sondern zu diesem Zwecke auch Vereinigungen der auswärts ansässigen Kaufleute zu bilden, also Handelskammern im Auslande zu errichten, wie eine solche bereits in Constantinopel besteht und andere Länder (England, Frankreich, Italien) bereits gegründet haben, theils im Begriffe stehen zu gründen.

Consumvereine. Am 31. December 1881 bestanden 235 Consumvereine (davon 132 auf Grund des Genossenschaftsgesetzes eingerichtet); ihre Mitglieder gehören zum größten Theile den Kreisen der Arbeiter und Kleingewerbetreibenden an. Der Verkaufserlös betrug bei 98 Vereinen, von denen Angaben vorlagen, im Jahre 1881 circa $5^{1}/_{2}$ Millionen Gulden. — Sie befassen sich zumeist mit dem Vertriebe von Nahrungsmitteln, zum Theile auch von Schnittwaren, Kohlen und anderen Gegenständen des Hausbedarfes. Sie leiden oftmals durch zu leichtes Creditiren, auch lastet der Steuerdruck auf ihnen empfindlich. (Vergl. Artikel Erwerbs- und Wirtschaftsgenossenschaften.) Leider ist zu constatiren, daß zum guten Theile in Folge der eben hervorgehobenen Umstände diese so höchst nützlichen Institute für den Kampf gegen die Vertheuerung und Verfälschung der Unterhaltsmittel, sowie gegen das wucherische Creditiren beim Verkaufe von solchen (was ihnen die Anfeindung von gewissen interessirten Kreisen zuzieht — siehe Artikel Kaufmannstag) nicht recht gedeihen wollen.

Dalmatien. Diese österreichische Provinz ist aus dem ehemals Jahrhunderte lang zu Ungarn gehörigen eigentlichen Dalmatien, mit dem Gebiete von Ragusa und einem Theile von Albanien im J. 1814 zu Oesterreich geschlagen worden und wurde 1816 zu einem „Königreiche" erhoben. Die Bevölkerung, welche circa 460.000 Personen beträgt, besteht aus 87% Slaven (im nördlichen Theile Kroaten, im Innern Morlaken). Die Bewohner der Küste, namentlich der Städte, sind meist Italiener (12%). Von Deutschen leben in Dalmatien circa 4000, Juden 800, Albanesen 1000. Die Italiener sind das gebildete Element in Dalmatien, während die Cultur im Innern sehr tief steht. (Nur etwa 28% der schulpflichtigen Kinder besuchen die Schule.)

Der Feldbau, die Viehzucht, sowie die Industrie stehen auf sehr tiefer Stufe, der Handel beschränkt sich nahezu ganz auf den Transit nach Bosnien und der Herzegowina und liegt größtentheils in den Händen der Italiener. Obwohl die Italiener historisch und culturell das hervorragendste Element in Dalmatien sind, werden sie bei der herrschenden Strömung von ihren slavischen Mitbewohnern hart bedrückt und aus allen Stellungen verdrängt.

Oesterreich hat nur insoweit ein Interesse an Dalmatien, als es die Häfen nicht in feindseligen Händen wissen will und als sich von dort die Mehrzahl der Matrosen für die Marine recrutiren.

Die Bevölkerung Dalmatiens ist niemals mit der österreichischen in eine organische Verbindung getreten und obwohl Oesterreich mancherlei für die Hebung der Cultur und des Verkehrs gethan hat, konnte es in Dalmatien sich keine Sympathien erwerben. Dalmatien gehört zu den „passiven" Provinzen. Seine Bevölkerung macht 2·1 % der Gesammtbevölkerung, doch trägt es nur 0·8 % der Staatssteuern und von den directen Steuern gar nur 0·2 %. Trotzdem ist es an der Vertretung mit 2·6 % betheiligt (9 Abgeordnete). Seine Verwaltung allein kostet viel mehr, als der ganze Steuereingang beträgt.

Die Dalmatiner wünschten (Deputation 9. October 1861) die Herstellung des „dreieinigen" Königreiches, wobei Dalmatien von Cisleithanien getrennt und mit Transleithanien in der Weise vereinigt werden soll, daß Dalmatien sich autonom verwaltet (Landtag von Dalmatien 1872). Die Deutschen in Oesterreich haben gewiß keine Ursache, sich diesem Wunsche der Dalmatiner zu widersetzen, vielmehr liegt es in ihrem Interesse, diese ihnen in keiner Hinsicht congeniale Provinz, mit der sie weder geographische Lage noch sonstige Beziehungen verbinden, in ihren gewünschten Selbstständigkeitsbestrebungen zu unterstützen.

Deficit, wörtl. Abgang, ein Zurückbleiben der Einnahmen hinter den Ausgaben, zeigt sich entweder schon bei Aufstellung des Voranschlages oder entsteht erst im Laufe des Jahres durch erhöhte unvorhergesehene Ausgaben oder durch Versiegen von Einnahmsquellen. In beiden Fällen muß der Staat entweder Schulden machen oder seine Einnahmen aus Steuern erhöhen. Wenn das Deficit sich im Laufe der Jahre wiederholt, chronisch wird, müssen einschneidende Maßregeln getroffen werden. Ein solches Auftreten des Deficits ist ein Beweis, daß der Staat die ihm zugemutheten Aufgaben nicht erfüllen kann. Eine leichtsinnige Fortsetzung des Schuldenmachens würde von einem Jahre auf das andere helfen, schließlich aber den Staat unter der Last der Zinsen, die er zu zahlen hat, erdrücken. Oesterreich leidet in Folge einer die eigenen Kräfte überschätzenden Großmachtspolitik seit jeher am Deficit. Sinnloser Ländererwerb hatte in unserem Reiche fremdartige Bestandtheile zusammengekittet, deren Erhaltung uns in alle politischen Händel Europa's und dadurch in Kriege verwickelte. Ueberflüssige Ausgaben auf der einen, Mangel an Hebung der inneren wirtschaftlichen Kräfte auf der anderen Seite waren die Folge. Die Lasten solcher, dem Besitze nun schon längst wieder verlorener Provinzen (Niederlande, italienische Provinzen), sowie der Erhaltung einer conservativen Politik in Europa gewidmeten Kriege tragen wir noch heute in unserer Staatsschuld. Aber auch gegenwärtig

ist Oesterreich noch nicht consolidirt, die Ordnung im Staatshaushalt durch Vereinigung widerspruchsvoller Elemente unmöglich (vgl. Staats=
ausgaben und Staatseinnahmen). Nicht von der finanziellen allein, wesentlich von der politischen Ordnung ist die Beseitigung des Deficits zu erwarten. An dem Vorhandensein oder Verschwinden des Deficits im Budget (s. dieses) pflegt man die Erfolge der Regierungspolitik zu messen. Eine entscheidende Beurtheilung ist aber nicht durch die ziffer=
mäßige Gegenüberstellung von Einnahmen und Ausgaben zu gewinnen, da es viele Mittel für den Finanzminister gibt, durch geschickte Gruppi=
rung ordentlicher und außerordentlicher Einnahmen und Ausgaben, durch Uebernahme von auf mehrere Jahre zu vertheilenden Einnahmen in ein Jahr, Vertheilung von in einem Jahre zu leistenden Ausgaben auf mehrere Jahre u. s. w. über die wirkliche Lage der Staatsfinanzen zu täuschen, das Deficit zu verhüllen. Allen Verheißungen zum Trotz hat auch die gegenwärtige Regierung das Deficit nicht beseitigt und schließt das Budget pro 1885 noch mit einem Deficit von 15 Millionen.

Delegationen heißen jene zwei Parlaments=Ausschüsse, von denen der eine vom österreichischen Reichsrathe, der andere vom ungarischen Reichs=
tage zu dem Zwecke entsendet wird, um das den beiden Parlamenten zustehende Recht der Gesetzgebung in den gemeinsamen Angelegenheiten auszuüben. Doch ist im Falle einer Competenzüberschreitung der Dele=
gation das Parlament nicht gebunden. Die österreichische Delegation besteht aus 60 Mitgliedern, von denen 20 das Herrenhaus aus seiner Mitte mit absoluter Stimmenmehrheit wählt, während das Abgeordneten=
haus 40 Mitglieder in der Weise wählt, daß die Abgeordneten der einzelnen Länder aus sich oder aus dem Plenum die auf ihre Provinz entfallende Zahl von Delegirten mit absoluter Stimmenmehrheit wählen. Hiebei entfallen auf Böhmen 10, auf Galizien 7, auf Mähren 4, auf Oesterreich u./E. 3, auf Oesterreich o./E., auf Steiermark, auf Tirol je 2, auf Dalmatien, Salzburg, Kärnten, Krain, Bukowina, Schlesien, Vorarlberg, Istrien, Görz und Gradiska, Triest je 1 Delegirter. So wie die Wahl der Delegirten wird die Wahl der Ersatzmänner vor=
genommen, die Functionsdauer ist ein Jahr, die abtretenden Mitglieder der Delegation sind wieder wählbar. Die Delegationen werden vom Kaiser einberufen, und zwar jedes Jahr; ebenso wird der Versammlungsort vom Kaiser bestimmt. Die österreichische Delegation wählt den Präsidenten, Vicepräsidenten, Schriftführer und anderen Functionäre aus ihrer Mitte. Die Regierungsvorlagen gehen jeder der beiden Delegationen durch die gemeinsamen Ministerien separat zu, und hat jedes Mitglied der Delegation das Recht, im Rahmen des Wirkungskreises der Delegationen eigene Vorschläge einzubringen. Zu allen Beschlüssen, welche gesetzliche Kraft erlangen sollen, ist die Uebereinstimmung der beiden Delegationen und die Sanction des Kaisers nothwendig. Jede der beiden Delegationen verhandelt und beräth für sich in abgesonderter Sitzung. Die Mit=
glieder des gemeinsamen Reichsministeriums sind berechtigt, an allen Berathungen der Delegationen theilzunehmen oder sich vertreten zu lassen und müssen auf Verlangen gehört werden, ebenso hat die Dele=
gation das Recht, an das gemeinsame Ministerium oder an ein einzelnes

Mitglied desselben Fragen zu richten, Antwort und Aufklärung zu verlangen oder Commissionen zu ernennen, denen vom Ministerium die erforderlichen Aufklärungen gegeben werden müssen. Die Sitzungen sind öffentlich, doch kann ausnahmsweise (wenn es vom Präsidenten oder wenigstens 5 Mitgliedern verlangt und von der Versammlung nach Entfernung der Zuhörer beschlossen wird) die Verhandlung geheim geführt werden — ein Beschluß jedoch kann nur in öffentlicher Sitzung gefaßt werden. Beide Delegationen theilen sich die Beschlüsse und erforderlichen Falles auch die Motivirung derselben schriftlich mit, und zwar österreichischerseits in deutscher, ungarischerseits in magyarischer Sprache unter jedesmaligem Beischlusse einer beglaubigten Uebersetzung in der anderen Sprache. Jede Delegation ist berechtigt zu beantragen, daß eine Angelegenheit durch gemeinschaftliche Abstimmung in einer Plenarsitzung beider Delegationen entschieden werde, und muß die andere Delegation, falls ein dreimaliger Schriftenwechsel erfolglos geblieben, hierauf eingehen. Ort und Zeit einer solchen Plenarsitzung bei den Delegationen zum Zwecke der gemeinschaftlichen Abstimmung vereinbaren die beiderseitigen Präsidenten, welche auch in den Sitzungen abwechselnd präsidiren. Den ersten Vorsitzenden bestimmt das Los. Zur Beschlußfassung ist die Anwesenheit von zwei Dritteln der Mitglieder jeder Delegation erforderlich, jedenfalls aber müssen von beiden Delegationen gleich viel Mitglieder bei einer Beschlußfassung anwesend sein. Wenn jedoch auf einer Seite mehr Mitglieder anwesend sind, als auf der anderen Seite, so haben sich so viele Mitglieder der Abstimmung zu enthalten, als zur Herstellung der Gleichheit nothwendig sind. Wer von den anwesenden Mitgliedern sich der Abstimmung zu enthalten hat, bestimmt das Los. Die Plenarsitzungen der Delegationen sind öffentlich (Stgr.-Ges. 21. Dec. 1867, Nr. 146 R.-G.-Bl.)

Demokratie, die Herrschaft des Volkes im Gegensatze zur Herrschaft einer bevorzugten Classe. Die Demokratie hält einerseits die leitende Idee des Liberalismus, die Freiheit, fest, betont aber insbesonders den Grundsatz der Gleichheit. Sie fordert daher die Gleichstellung der minderberechtigten und minderbesitzenden Classen; die Demokratie des Kleinbürgers ist demnach thatsächlich etwas ganz Anderes, als die des Lohnarbeiters. Die österreichische Demokratie ist fast nur in Wien vertreten. Hier entwickelt sie einen bedenklichen Mangel an nationalem Verständnis und in Folge dessen eine ganz und gar nichtdemokratische Schwäche gegen die Regierung; ihre Thätigkeit ist wegen der in den bevorzugten Classen herrschenden Corruption vorzugsweise auf Enthüllungen unreeller Manipulationen gerichtet und deshalb vielfach nützlich. Weil aber in der Bekämpfung der Corruption die Antisemiten noch viel entschiedener sind, so haben sich die demokratischen Führer gezwungen gesehen, Compromisse mit den Antisemiten einzugehen und dadurch das Princip der Demokratie selbst preisgegeben.

Deutschböhmen. Es ist vielfach gar nicht bekannt, daß es in Böhmen zusammenhängendes Gebiet gibt, welches an Ausdehnung und rein deutscher Bevölkerungszahl manches Kronland übertrifft. Der Sprengel Eger mit 19 Gerichtsbezirken hat 427.225 Einwohner; von diesen sind 420.346 zuständige Bevölkerung, von denen sich 418.844 zur deutschen Umgangssprache bekannten. Auf 281 Deutsche kommt also 1 Tscheche, während in dem reindeutschen Oberösterreich auf 196 Deutsche 1 Tscheche kommt. Aehnlich verhält es sich mit dem Sprengel Leipa (10 Gerichtsbezirke), wo auf 261 Deutsche erst 1 Tscheche kommt. In ganz Böhmen gibt es 216 Gerichtsbezirke, von denen 77 rein deutsch sind, d. h. es befindet sich in diesen 77 Gerichtsbezirken gar keine tschechische Gemeinde. Außerdem gibt es 37 gemischte Bezirke, wo deutsche und tschechische Gemeinden vorhanden sind. Diesen 114 deutschen und gemischten Bezirken stehen 102 rein tschechische Bezirke gegenüber. Von den 77 rein deutschen Bezirken bilden 55 (von Eger bis Reichenberg reichend) ein zusammenhängendes Ganze. In den weitaus meisten Fällen wäre eine Auseinanderlegung der gemischten Bezirke möglich in der Weise, daß die deutschen Gemeinden zu deutschen Bezirken und die tschechischen Gemeinden zu tschechischen Bezirken geschlagen würden. Nur in vereinzelten Fällen wäre die Neuerrichtung von Bezirksgerichten nothwendig. Durch eine solche Neugestaltung könnte der Sprachenstreit wenigstens eingedämmt werden, da in den rein deutschen Bezirken keine Nöthigung vorhanden wäre, die tschechische Sprache bei Gericht als gleichberechtigt mit der deutschen der deutschen Bevölkerung aufzudrängen. Eine solche Eintheilung würde die Grundlage der sogenannten administrativen Zweitheilung Böhmens bilden. Wenn die Tschechen darauf nicht eingehen wollen, so liegt der Grund wohl darin, daß sie an der Einbildung des „Königreiches" Böhmen festhalten und der tschechischen Sprache in ganz Böhmen Geltung verschaffen wollen. Dagegen müssen die Deutschen auf das Bestimmteste sich wehren.

Deutscher Schulverein in Wien (I. Kolowratring 8). Dieser Verein wurde im Mai 1880 angeregt mit der Aufgabe zur Wahrung des deutschen Volksthums in Oesterreich an Orten mit sprachlich gemischter Bevölkerung, besonders an den deutschen Sprachgrenzen und in den deutschen Sprachinseln die Bestrebungen zur Erlangung und Erhaltung deutscher Schulen zu unterstützen. Am 2. Juli 1880 wurde bei einem Stande von 3000 Mitgliedern die constituirende Versammlung abgehalten. Der Verein gliederte sich Ende 1884 in 957 Ortsgruppen (in Wien 12, Nieder-Oesterreich 133, Ober-Oesterreich 57, Salzburg 8, Steiermark 89, Kärnten 40, Krain 5, Görz und Triest 2, Tirol und Vorarlberg 16, Böhmen 420, Mähren 130, Schlesien 42, Bukowina 3), deren Aufgabe die Förderung der satzungsgemäßen Bestrebungen des Hauptvereines bildet. Der Mitgliederstand beträgt an 100.000, welche etwa 110.000 fl. an Jahresbeiträgen (wenigstens 1 fl. jährlich) leisten. Die Zahl der dem Schulvereine angehörenden Frauen und Mädchen hat sich seit der 1884 in Graz begonnenen Gründung von Frauen- und Mädchen-Ortsgruppen (in der Zahl von 30) bedeutend gehoben. Aus den Beiträgen der Mitglieder auf Lebenszeit (an 4000 mit Beiträgen von mindestens 20 fl.) ist ein Gründerfonds gebildet, von dem nur die Zinsen zur Verwendung gelangen und der Ende 1884 sich auf 122.200 fl. belief. Namhafte Beiträge fließen dem Vereine als Spenden anläßlich der verschiedensten Gelegenheiten zu (1884: 114.600 fl.). Die gesammten zur Verrechnung gelangten Einnahmen betrugen 1880: 58.700 fl., 1881: 105.500 fl., 1882: 153.100 fl., 1883: 212.000 fl., 1884: 256.100 fl. — Mit Beginn des Schuljahres 1884/5 erhielt der Verein 30 Vereinsschulen mit 58 Classen in 61 Abtheilungen (in Böhmen 17 Schulen, in Mähren 7, in Schlesien 2, in Galizien 1, in Steiermark 1, in Krain 2); 30 Vereinskindergärten mit 39 Abtheilungen (in Böhmen 20 Kindergärten, in Mähren 5, in Schlesien 2, in Steiermark 1, in Krain 1, in Triest 1). Im Jahre 1883 wurden außerdem 34 nicht dem Vereine gehörige Schulen unterstützt, ferner 20 Kindergärten; der Schulverein ertheilt außerdem Excurrendo-Unterricht, ermöglicht katholischen Religions-Unterricht, deutschen Sprachunterricht, Industrial- und Fortbildungs-Unterricht. Er besitzt zur Unterbringung seiner Anstalten 19 Realitäten und hat im Jahre 1883 in 40 Fällen Schulbausubventionen ertheilt; er spendet Schuleinrichtungs-Gegenstände, Schulbibliotheken, Lern- und Lehrmittel, betheilt Lehrer an gefährdeten Posten mit Gehaltszulagen, Ehrengaben und Remunerationen, bestreitet das Schulgeld für arme Kinder und gibt Weihnachtsbescheerungen und kleinere Unterstützungen. Bis Ende 1884 hat er in mehr als 1300 Fällen helfend eingegriffen und mehr als 600.000 fl. für Schulzwecke verwendet. Das Erfordernis für 1885 beträgt bereits jetzt (Ende März) 161.800 fl. Ueber seine Thätigkeit wurden alljährlich in den Hauptversammlungen (in Wien, Linz, Graz), welche sich stets zu begeisterten Nationalfesten gestalteten, Berichte erstattet, welche auch in den vierteljährig erscheinenden „Mittheilungen des Deutschen Schulvereines" abgedruckt sind. Der Schulverein stellt sich als der erste Versuch der Selbsthilfe der Deutschen Oesterreichs zur Erhaltung ihres Volksthums dar und hat als solcher ganz außerordentliche Erfolge aufzuweisen, die allerdings nur dann die Bürgschaft der Dauer besitzen, wenn das Interesse der deutschen Bevölkerung an dieser Schöpfung nicht erlahmt und wie bisher bei seiner Bethätigung jedes politische Sonderinteresse hinter dem allen Parteien unseres Volkes gemeinsamen nationalen Zwecke zurücktritt.

Deutschösterreich. Die Bezeichnung „Deutschösterreich" ist eine wohl oft gehörte, aber sie hat keine amtliche Geltung. „Die im Reichsrathe vertretenen Königreiche und Länder" entbehren eines gemeinsamen Namens, und es wäre auch nicht leicht, einen passenden zu finden. Gebiete, die seit Jahrhunderten bis vor kurzer Zeit zum „Deutschen Reiche" gehörten, sind zusammengeschweißt mit Ländern, die erst vor hundert Jahren erworben wurden, mit denen daher die ersteren, von allem Anderen abgesehen, keine gemeinsame geschichtliche Vergangenheit haben. Diese Länder sind Galizien, Bukowina und Dalmatien. In ihnen befindet sich so gut wie keine deutsche Bevölkerung. Ihre wirtschaftlichen Verhältnisse sind denen der anderen Länder gegenüber vielfach zurückstehend. Sie sind sogenannte passive Länder, d. h. ihre Bedürfnisse sind größer als ihre Einnahmen. Dieses „Mehr" muß also von den anderen Ländern gezahlt werden. Böhmen, Mähren, Schlesien, Nieder- und Oberösterreich, Salzburg, Tirol und Vorarlberg, Kärnten, Steiermark, Krain und das Küstenland, alle jene Länder, welche mit

Ausnahme weniger Landstriche seit altersher mit dem Deutschen Reiche in nationalen, politischen und socialen Beziehungen gestanden haben, müssen heute zusammen nicht nur für ihre Bedürfnisse aufkommen, sondern auch dafür sorgen, daß die Galizianer, Bukowinaer und Dalmatiner Straßen, Eisenbahnen, Flußregulirungen bekommen, die sie sich allein nicht zahlen können. Dagegen wäre am Ende nicht viel einzuwenden, wenn wir so gar viel Geld zu verschenken hätten. Wir haben aber nicht nur kein überflüssiges Geld, sondern in unseren Ländern selbst noch viele schlechte Straßen, Mangel an Eisenbahnen, verheerende Wildbäche und noch vieles Andere, was wir verbessern könnten, wenn wir Geld hätten. Dazu kommt noch, daß die Galizianer durch schlaue Politik es verstanden haben, sich schon beinahe ganz selbstständig zu machen. Eigentlich regieren sie ihr Land, wie sie wollen, kommen aber auch noch in das Abgeordnetenhaus nach Wien, um uns in unsere Angelegenheiten dreinzureden und mit Hilfe der Tschechen, Slovenen und Clericalen über unser Schicksal zu bestimmen. Dieses Verhältnis ist unser unwürdig, und wir müssen mit aller Kraft dahin arbeiten, den drei Ländern Galizien, Bukowina und Dalmatien eine solche Stellung einzuräumen, durch welche sie befähigt werden, in ihren Landesangelegenheiten selbstständig vorzugehen, vermöge welcher ihnen aber auch das Recht aberkannt wird, in unsere ganz besonderen Angelegenheiten bestimmend einzugreifen. Das ist auch der einzige Weg, aus den nationalen Wirrnissen herauszukommen. Wir können dann die übrigen Königreiche und Länder unter dem Namen „Deutschösterreich" enger zusammenfassen und haben in diesen die unbestrittene Mehrheit. Dann wäre es nicht mehr möglich, die nationalen Interessen der Deutschen zu ignoriren. Damit wäre die nationale Stellung der Deutschen für immer gesichert. Unter den ersten Forderungen einer deutschnationalen Partei muß daher stehen: ein Deutschösterreich!

Differenzialtarife, alle jene Tarife, nach welchen bei größeren Distanzen ein niedrigerer Einheitssatz eingehoben wird, als bei geringeren. Meist sind die Differenzialtarife staffelförmig geregelt, so daß beispielsweise bis 100 Kilometer ein Einheitssatz von 3 Kreuzern, von 100 bis 200 Kilometer ein Einheitssatz von 2·5 Kreuzern u. s. w. Giltigkeit hat. Aehnliche Unterschiede ergeben sich, wenn für größere Strecken ein fester Satz ohne Rücksicht auf die Distanz festgesetzt wird. Die Differenzialtarife finden ihre Begründung theils in dem Sinken der Selbstkosten bei steigender Distanz, theils darin, daß die Ware sonst gar nicht auf größere Distanzen transportirt werden könnte. Hingegen sind jene Differenzialtarife unbedingt zu verwerfen, durch welche die gesammte zu zahlende Fracht für eine längere Strecke niedriger ist als für die kürzere. Insbesondere muß dann auf die Beseitigung der Differenzialtarife gedrungen werden, wenn durch dieselben das Ausland gegenüber dem Inland begünstigt wird, wie dies thatsächlich nicht selten, z. B. bei der Nordbahn, der Fall war. — Auf den österreichischen Staatsbahnen besteht gegenwärtig ein staffelförmiger Tarif, wonach bei den meisten Tarifclassen von 100 zu 100 Kilometer ein niedrigerer Einheitssatz eingehoben wird.

Differenzialzölle, im Allgemeinen jede ungleichmäßige Behandlung von eingeführten Waren hinsichtlich der Verzollung. Dadurch soll entweder gewissen Einfuhrswegen ein Vorzug gegen die übrigen gesichert, oder es soll Waren bestimmter Provenienz durch ungünstigere Behandlung der Eintritt in das Zollgebiet erschwert werden. Die Differenzialzölle waren früher außerordentlich mannigfaltig, indem beispielsweise auch von dem auf fremden Schiffen im Allgemeinen oder auf Schiffen einer bestimmten Nation eingeführten Waren höhere Zölle eingehoben wurden (surtaxes de pavillon), während die auf einheimischen Schiffen eingeführten Waren besonders begünstigt wurden. Heute bestehen nur mehr solche Differenzialzölle, durch welche bestimmte Einfuhrwege begünstigt werden sollen. So besteht in Oesterreich ein niedrigerer Zoll für Kaffee, Thee und Petroleum, wenn diese Waren auf dem Wege über Triest eingeführt werden. Dieser Differenzialzoll ist kaum zu rechtfertigen, weil die nördlichen Landestheile dadurch verhältnismäßig schwer geschädigt werden.

Directe Steuern sind die Grundsteuer, Gebäudesteuer einschließlich der 5%igen Steuer vom steuerfreien Zinse, Erwerbsteuer und Einkommensteuer. Eine wichtige Art der directen Steuer, die Capitalrentensteuer, fehlt in Oesterreich fast ganz, da die dritte Classe der Einkommensteuer doch nicht wohl als solche angesehen werden kann (s. Einkommensteuer). Die directen Steuern sind schon seit längerer Zeit in einer Reform begriffen. Dieselbe ist bezüglich der Grundsteuer im Ges. v. J. 1869 enthalten und seit 1880 durchgeführt, die Gebäudesteuer ist seit 1882 in wesentlichen Punkten reformirt und namentlich auch auf Tirol ausgedehnt, welches bisher keine solche Steuer hatte.

Die Grundsteuer beruht auf dem neuen Grundsteuerkataster, in welchem die einzelnen Grundstücke nach ihrem Reinertrage verzeichnet sind. Es ist bestimmt, daß die Grundsteuer jährlich 37·5 Millionen tragen soll, und diese Summe wird nach Maßgabe der Reinerträge auf die einzelnen Grundstücke vertheilt. Sie beträgt 22·7%. Irrungen im Kataster, die bei der Eile der Grundsteuerregelung noch sehr zahlreich vorhanden sind, werden im Evidenzhaltungswege berichtigt. Für diejenigen, welche infolge des neuen Katasters mehr zu zahlen haben als früher, bestehen bis zum J. 1890 Uebergangsbestimmungen, bei Elementarschäden Nachlässe.

Die Gebäudesteuer ist in den größeren Städten Hauszinssteuer, in den kleineren Orten Hausclassensteuer. Die Hauszinssteuer zeichnet sich durch ihre außerordentliche Höhe aus, theils 26²⁄₃, theils 20%. Sie trägt im J. 1882 25·1 Millionen, in Wien allein über 7 Mill. Gewiß ist die Höhe der Zinssteuer zum großen Theile an der fortwährenden Wohnungstheuerung in Wien Schuld. Auch werden Gewerbsräume und Wohnräume nicht, wie es sein sollte, unterschieden.

Die Classensteuer, namentlich in Tirol trotz der erleichternden Uebergangsbestimmungen sehr empfindlich, ist als keine glückliche Steuerform zu bezeichnen, weil die Gebäude nur nach der Anzahl der Wohnbestandtheile, ohne Rücksicht auf Größe und Beschaffenheit derselben, besteuert werden, überdies auf dem Lande oft Zweifel entstehen, was als Wohnbestandtheil anzusehen ist oder nicht. Eine Aenderung dieser Steuer in der Richtung, daß ein Wertanschlag des Hauses zu Grunde gelegt wäre, ist wünschenswert.

Neu gebaute Häuser, sowie Zu- und Umbauten, genießen, wenn rechtzeitig, d. i. 45 Tage nach der Bauvollendung, und vor der thatsächlichen Benützung darum eingeschritten wird, für 12 Jahre Steuerfreiheit sowohl von der Zins- als von der Classensteuer (längere Steuerfreiheit für die Stadterweiterungsbauten in Wien), bei verspäteter Ueberreichung des Gesuchs gilt die Steuerfreiheit nur für eine entsprechend kürzere Zeit (s. Steuerfreiheit). Von diesen Gebäuden sind nur die Communalsteuern zu zahlen. Sind solche Gebäude thatsächlich vermiethet, so sind vom reinen Ertrage 5% Steuer zu zahlen, wobei jedoch die Zinsen der Hypotheken abgezogen werden dürfen.

Die Erwerbsteuer gehört zu den schlechtesten der bestehenden Steuern, weil sie in ihren unteren Stufen zu große Sprünge macht und als höchsten Satz 1575 fl. aufstellt, somit die kleinen Gewerbe häufig drückt und gerade die größten Gewerbe nicht hinlänglich besteuert. Ueberdies gibt das Gesetz keine hinlänglich genauen Anhaltspunkte, mit welcher Quote der Gewerbetreibende zu belegen ist, auch bietet sie nicht die Möglichkeit, bei Erweiterung des Geschäftsbetriebes die Steuer entsprechend zu erhöhen und bei Verringerung zu vermindern. Dadurch, daß ein Drittel der Erwerbsteuer als Einkommensteuer gezahlt werden muß, ist sie mit der Einkommensteuer in unzulässiger Weise vermengt, und macht die Art der Besteuerung nicht nur den Steuerträgern selbst, sondern auch den mit Steuerwesen vielfach beschäftigten Gemeindevorständen u. s. w. unverständlich, was als Hindernis für die Einführung der Einkommensteuer sehr zu beklagen ist. Die Reform der Erwerbsteuer ist daher dringend nothwendig und es wäre zu wünschen, daß der Reichsrath, dem bereits 3mal Vorlagen in dieser Richtung gemacht wurden, diese Angelegenheit endlich zum Austrag bringe (s. Einkommensteuer). Der Ertrag der Erwerbsteuer ist im J. 1882 10·1 Mill. (gegen 8·1 Mill. im J. 1868).

Die Summe der directen Steuern (Grundsteuer, Gebäudesteuer, Erwerb- und Einkommensteuer) betrug im J. 1882 95 Mill. oder fl. 4·26 auf den Kopf der Bevölkerung (gegen 74·11 Mill. oder fl. 3·66 pro Kopf im J. 1868). Zu bemerken ist, daß die directen Steuern in Oesterreich nur 32·8% der ganzen Abgaben ausmachen (indirecte Steuern 48·9%, Gebühren 18·3%), während sie in Deutschland 41·4% (indirecte Steuern 47·2%, Gebühren 11·4%) betragen.

Donau-Dampfschiffahrts-Gesellschaft. Unsere wichtigste Flußschiffahrts-Unternehmung. Ihre Schiffe befahren die Donau von Regensburg bis zur Mündung, die Drau, Save und Theiß und überdies das schwarze Meer. Die Donau-Dampfschiffahrts-Gesellschaft genoß ursprünglich ein Privilegium für die Schiffahrt auf der Donau und ihren Nebenflüssen. Obgleich sie auf dieses Privilegium gegen anderweitige Zugeständnisse verzichtet hat, so besitzt sie doch ein thatsächliches Monopol und beherrscht unumschränkt den ganzen Verkehr auf der Donau. Alle

Versuche, Concurrenz-Unternehmen zu schaffen, sind bisher erfolglos geblieben, während die Donau-Dampfschiffahrts-Gesellschaft ihr Monopol, insbesondere bei Festsetzung der Tarife, in der rücksichtslosesten Weise ausbeutet und dadurch die großen Vortheile, welche die Donau als Verkehrsstraße bieten könnte, ziemlich illusorisch macht. Um diesen Uebelständen abzuhelfen, wäre die Schaffung von Concurrenz-Unternehmen in jeder Weise, selbst mit staatlichen Subventionen, zu fördern.

Dualismus, so heißt das dermalen bestehende Verhältnis zwischen Oesterreich und Ungarn, welches seinem Wesen nach weder eine Real- noch eine Personal-Union ist. Durch die Reihe von Jahren, in welchen Oesterreich absolutistisch und centralistisch regiert worden war, sind eine ganze Reihe von Angelegenheiten so in einander und durch einander verquickt worden, daß eine reine Personal-Union ohne schwere Erschütterungen des ganzen Organismus sich nicht leicht hätte durchführen lassen. Das heutige Verhältnis zu Ungarn läßt sich wohl kaum anders, denn als Uebergangsstadium ansehen und wenn die Personal-Union bis heute noch nicht eingeführt worden ist, so geschah dies mehr im Interesse Ungarns, welches früher langsam seine innere Organisation durchzuführen und sich zu kräftigen gezwungen ist, ehe es die Lasten eines selbstständigen Reiches zu tragen im Stande ist. In Ungarn sowohl, wie in Oesterreich bestehen mächtige Parteien, welche die Personal-Union als das einzig für die Dauer mögliche Verhältnis betrachten. Indessen bietet der bis jetzt bestehende Ausgleich den Ungarn so große materielle Vortheile und solche Präponderanz, daß es schon im wohlverstandenen eigenen Interesse so lange das jetzige Verhältnis aufrecht zu erhalten suchen wird, als durch die Zerrissenheit der diesseitigen Reichshälfte alle seine Forderungen schon im Vorhinein als erfüllt anzusehen sind. Ungarn selbst ist sich bewußt, daß das dermalen bestehende Verhältnis sich nur so lange halten läßt, als die Zerfahrenheit in Cisleithanien ihm die Möglichkeit eines in jeder Hinsicht dominirenden Einflusses sichert. Die ganze Thätigkeit zeigt uns, daß es mit Consequenz dahin arbeitet, sich in allen einzelnen Zweigen auf eigene Füße zu stellen, sein Eisenbahnnetz, seine Handelsbeziehungen, seine Industrie ꝛc. unabhängig zu gestalten. Auch in Bezug auf das Heereswesen ist bereits mehr als der erste Schritt geschehen. So werden, wenn einst die diesseitige Reichshälfte als geschlossenes Ganze ihre Rechte und Interessen zu wahren im Stande sein wird, diese Verhältnisse Ungarn nicht unvorbereitet überraschen (s. Ausgleich).

Eheconsens, eine veraltete Einrichtung, wonach zu jeder Heirat eine Bewilligung der Gemeinde erforderlich war. Die Clericalen verlangen vielfach die Wiedereinführung des Eheconsenses, indem sie behaupten, daß dadurch leichtsinnige Verehelichungen verhindert und nicht, wie bisher, die Kinder häufig der Gemeinde zur Last fallen würden. Diese Agumentation ist jedoch grundfalsch, was auch die Clericalen recht gut wissen, die nur die Bauern ködern wollen. Thatsächlich würden durch die Wiedereinführung des Eheconsenses nur die unehelichen Geburten vermehrt und der einzige Unterschied wäre, daß die Heimatsgemeinde der Mutter statt, wie bisher, die des Vaters für die Erhaltung der Kinder aufzukommen hätte.

Einkommensteuer. Die bestehende Einkommensteuer bezieht sich nur auf drei Arten des Einkommens. 1. Das Einkommen aus erwerbsteuerpflichtigen Unternehmungen, Bergwerken und Pachtungen; 2. aus Gehalten, Pensionen und dgl.; 3. aus Capitalinteressen, Leibrenten u. s. w. Die letzteren werden nur sehr unvollständig erfaßt, da außer bei den zur öffentlichen Rechnungslegung verpflichteten Gesellschaften fast nur die Hypotheken auf steuerfreien Häusern besteuert werden, weil diejenigen, welche die Capitalinteressen beziehen, dieselben nicht einbekennen und die Steuerbehörden nicht wissen können, wer Interessen bezieht. Die Steuer beträgt ad 1 und 3 ohne Zuschlag 5% vom Einkommen (im Gesetz und auf den Fassionen „reines" Einkommen genannt), mit Zuschlag bis 600 fl. 8·5%, über 600 fl. 10%. ad 2 ist der Steuerfuß verschieden, von 1% bei Einkommen bis 1050 fl. bis 10% (ohne Zuschlag) (s. Progressive Steuer und Steuerfreiheit). Der Ertrag der Einkommensteuer war im J. 1882 24·4 Mill. Gulden (gegen 13 Mill. 1868). Das Einkommen soll von den Steuerpflichtigen selbst in der Fassion, die alljährlich zu überreichen ist, angegeben (fatirt, einbekannt) werden. Leider geschieht dies in sehr unvollständiger Weise, was zur Folge hat, daß Viele nicht so viel Steuer zahlen, als sie im Verhältnis zu ihrem Einkommen zu zahlen verpflichtet sind. Schon lange ist eine Reform der Einkommensteuer geplant, dem Reichsrathe liegen bereits zum dritten Male Gesetzentwürfe vor.

Die neue Einkommensteuer soll nicht mehr blos einzelne Arten des Einkommens, sondern alles Einkommen treffen, natürlich mit einem geringeren Steuerfuße als dies gegenwärtig der Fall ist. (Siehe Art. „Steuern" am Schlusse.) Für die Besteuerung der, wie oben erwähnt, nicht hinlänglich besteuerten Einkommen aus Capitalinteressen, soll durch eine besondere Capitalrentensteuer gesorgt werden. Die Durchführung dieser Reform ist, so schwierig sie im Einzelnen sein mag, höchst dringend, da bei den gegenwärtigen Gesetzen eine gerechte Besteuerung nicht zu erreichen ist (vgl. bezüglich der 1. Classe den Art. directe Steuern) und insbesondere die Capitalbesitzer, welche besonders steuerfähige Bürger sind, nicht in genügendem Maße besteuert werden. Die erfolgreiche Durchführung der Einkommensteuer hängt zum großen Theile davon ab, daß sich die Ueberzeugung von der Zweckmäßigkeit und Gerechtigkeit dieser Steuer in weiten Kreisen der Bevölkerung Bahn breche und zu gewissenhafteren Fatirungen führe. Sehr hinderlich ist in dieser Beziehung u. A. die zum großen Theile durch die Fehler der gegenwärtigen Einkommensteuer weit verbreitete Ueberzeugung, daß die Einkommensteuer von Jahr zu Jahr, wie die Grundsteuer oder Erwerbsteuer gleich bleiben solle. Dies ist selbstverständlich bei einer Einkommensteuer nicht möglich. Die Einkommensteuer soll größer werden, wenn das Einkommen größer wird und dafür auch wieder geringer, wenn das Einkommen geringer ist. Sehr heftige Gegnerschaft begegnet die Einkommensteuer natürlich bei allen jenen, welche von der gegenwärtigen Steuer gar nicht getroffen werden und natürlich die Fortdauer dieses Zustandes wünschen.

Bezüglich der in Aussicht genommenen Progression der Steuer s. „Progressive Steuer.

Eisenbahnen. Die Eisenbahnen sind heute das weitaus wichtigste Verkehrsmittel. Durch dieselben ist der Verkehr massenhafter, schneller und sicherer geworden als früher. Die bedeutende Capitalsanlage, welche die Eisenbahnen erfordern, einerseits, die fast untrennbare Verbindung von Fahrzeug und Weg andererseits bringen es mit sich, daß die Eisenbahnen ein natürliches Monopol genießen und eine wirksame Concurrenz ausgeschlossen ist. In der ersten Zeit der Eisenbahnen war die Meinung verbreitet, es sei auf den Eisenbahnen eine Concurrenz verschiedener Besitzer von Fahrzeugen wie auf den Landstraßen möglich. Als dies sich sehr bald als unmöglich erwies, behauptete man die Möglichkeit einer Concurrenz um die Linie, und es wurden sogenannte Concurrenzbahnen gebaut, welche bestehenden Linien Concurrenz machen sollten. Gewöhnlich vereinigten sich diese „Concurrenzbahnen" aber durch Cartelle zum gemeinschaftlichen Kampfe gegen das Publicum, oder die capitalschwächere Bahn wurde so sehr geschädigt, daß eine Fusion eintrat. Um solche Uebelstände zu vermeiden, sowie um die Macht des Privatcapitales einzudämmen, muß der Staat einen möglichst weitgehenden Einfluß auf die Eisenbahnen ausüben. So lange der Bau und Betrieb der Eisenbahnen Actien-Gesellschaften überlassen bleibt, werden immer die Interessen des Privatcapitales in erster Reihe maßgebend bleiben. Auch dort, wo der Staat den Privatbahnen Subventionen gewährt hat, bleibt das wichtigste Ziel der Bahnverwaltung die Erzielung hoher Dividenden, nicht die Pflege der volkswirtschaftlichen Interessen der Gesammtheit. Obgleich eine energische, zielbewußte Regierung auch Privatbahnen gegenüber viel vermag, werden die Uebelstände der Privatbahnen doch nur dort vollkommen vermieden, wo der Staat die Eisenbahnen selbst in die Hand nimmt. Die wichtigsten Vortheile der Staatsbahnen gegenüber Privatbahnen sind folgende: Vollständige Freiheit der Tarifpolitik, so daß dieselbe der übrigen Wirtschaftspolitik angepaßt werden kann; Verwendung des Reinerträgnisses der frequenteren Linien in erster Reihe zur Deckung des Deficites anderer Linien, dann zur Verminderung der Steuerlast (Preußen zieht aus seinen Eisenbahnen ein jährliches Reinerträgnis von mehr als 20 Millionen Mark und zahlt damit den größten Theil der Zinsen seiner Staatsschuld); Stärkung der Staatsgewalt. Die oft aufgestellte Behauptung, die Staatsbahnen seien allzu bureaukratisch und verstehen es nicht, sich den Bedürfnissen des Verkehres anzupassen, mag in einzelnen Fällen begründet sein, ist aber gewiß nicht im Wesen der Sache begründet. Im Allgemeinen ist die Agitation für Privatbahnen und gegen Staatsbahnen aber zum großen Theile auf Vertretung privater Interessen zurückzuführen. Ihre volle Bedeutung erlangen die Staatsbahnen aber nur dort, wo sie nach einheitlichen Principien von einer starken Centralstelle verwaltet werden. Wenigstens gilt dies von den Hauptbahnen, während Nebenlinien statt vom Staate auch von Provinzen oder kleineren Selbstverwaltungskörpern betrieben werden

können, wobei jedoch gleichfalls eine enge Angliederung an die Staats=
bahnen nothwendig ist. Die Organisation der österreichischen Staats=
bahnverwaltung entspricht durchaus nicht den berechtigten Anforde=
rungen. Um den Wünschen der verschiedenen föderalistischen Factoren
Rechnung zu tragen, wurde eine Organisation geschaffen, in welcher
der Einfluß der Centralverwaltung auf die Hauptlinien zu gering, auf
die Nebenlinien zu groß ist. — In Oesterreich hat wiederholt ein
Wechsel in den principiellen Anschauungen über Privatbahnen und Staats=
bahnen stattgefunden. Das gegenwärtig österreichische Staatsbahnnetz, das
über 4000 Kilometer umfaßt, ist theils aus Neubauten (Arlbergbahn,
Transversalbahnen ꝛc.), theils aus der Verstaatlichung einiger garantirter
Eisenbahnen entstanden. Bei der Verstaatlichung wurde für die Ab=
lösungsrente theils das garantirte Reinerträgnis, theils aber eine höhere,
kaum gerechtfertigte Quote zu Grunde gelegt, wodurch natürlich der finan=
zielle Vortheil der Verstaatlichung nicht nur vermindert, sondern in das
Gegentheil verkehrt wurde. In Oesterreich (ohne Ungarn) waren Ende
1883 12.217 Kilometer Eisenbahnen in Betrieb mit einem Anlagecapital
von mehr als zwei Milliarden Gulden Nominale. Bezüglich der
Dichtigkeit des Eisenbahnnetzes, welche in den einzelnen Provinzen
außerordentlich verschieden ist, nimmt Oesterreich unter den europäischen
Staaten den 8. Rang zwischen Dänemark und Italien ein. (Siehe
übrigens auch die Artikel: Bauunternehmer, Differenzialtarife. ꝛc.)

Eisenbahnrath, jene Körperschaft, welche gewissermaßen das
Princip der Selbstverwaltung in der Staatsbahnverwaltung zur Gel=
tung bringen soll. Der Eisenbahnrath besteht aus 50 Mitgliedern,
welche vom Handelsminister theils selbstständig, theils über Vorschlag
der Handelskammern und anderer Corporationen ernannt werden.
Der Eisenbahnrath ist in allen wichtigeren Angelegenheiten, namentlich
bei Festsetzung der Tarife, bei Aufstellung der Fahrpläne und bei Be=
stimmung der Principien für die Vergebung von Lieferungen zu be=
fragen; außerdem kann der Eisenbahnrath in jeder Richtung Anträge
stellen. Seine Beschlüsse haben aber immer nur einen berathenden
Charakter. Soll der Eisenbahnrath wirklich seine Aufgabe, gegenüber
der Verwaltung der Staatsbahnen das Interesse der Bevölkerung zu
wahren, erfüllen, dann muß seinen Beschlüssen entscheidende Kraft bei=
gelegt werden. So lange das nicht der Fall ist, bleibt es immer dem
guten Willen der Beamten überlassen, sich um den Eisenbahnrath zu
kümmern oder nicht.

Eisenbahntarife, von der Eisenbahnleitung festgestellte Preis=
sätze für den Transport von Personen und Gütern. Die Personentarife
sind meist nur nach drei, höchstens vier Classen abgestuft, daneben be=
sondere Preissätze für Retourbillets, Rundreisebillets, tschechische Theater=
züge ꝛc. Weit mannigfaltiger sind die Gütertarife. Für dieselben besteht
eine besondere Classification, in welche alle überhaupt zur Beförderung
gelangenden Güter eingetheilt werden sollen. In Oesterreich bestehen
dermalen zwei Stückgutclassen, drei Wagenladungsclassen, zwei Special=
tarife und ein Ausnahmetarif für Kohlen. Für die Einreihung der
Güter in die verschiedenen Classen sind zwei Momente maßgebend. Je

höher der Wert der Waren, in eine desto höhere Classe werden sie eingereiht, weil man mit Recht annimmt, daß sie desto mehr Fracht bezahlen können. Noch wichtiger sind aber für die Classification die der Eisenbahn erwachsenden Selbstkosten. Dieselben sind umso geringer, je vollkommener die Tragfähigkeit der Waggons ausgenützt werden kann, und je massenhafter der Verkehr überhaupt ist, weil auch dadurch eine vollkommenere Ausnützung der Verkehrsmittel ermöglicht wird. Auf diese Weise erscheint es z. B. ganz gerechtfertigt, daß für Kohlen die Tarife am niedrigsten gestellt werden, weil hier alle Momente zusammentreffen. — Die an sich einfachen Tarifbestimmungen werden vielfach complicirt dadurch, daß auf verschiedenen Eisenbahnen verschiedene Classificationen collidiren, daß vermöge der Cartelle und Ausnahmstarife nicht die wirkliche Länge der Bahnlinie, sondern andere Entfernungen in Rechnung gestellt werden, daß weiters die Differenzialtarife und Refactien (vgl. diese) vielfach zur Anwendung gelangen. Auf diese Weise wird es dem Laien fast unmöglich, sich in den Tarifen auszukennen, und er fällt rettungslos dem Spediteur in die Hände, für den er ein erwünschtes Ausbeutungsobject bildet. Eine Reform unserer Tarife ist in der Richtung nothwendig, daß eine Verminderung und vor Allem eine Vereinfachung eintritt. Der sogenannte natürliche Wagenraumtarif, dessen Einführung schon vielfach versucht wurde, entspricht diesen Anforderungen nicht. Bei demselben soll nur auf die Ausnützung der Tragfähigkeit Rücksicht genommen werden. Dadurch werden wieder die großen Verfrächter, d. h. die Spediteure, gegenüber den kleinen begünstigt. Auch alle anderen Reformprojecte sind entweder undurchführbar oder noch nicht genügend durchgearbeitet. Vorläufig wird anzustreben sein eine Vereinfachung der Classification unter Beseitigung aller Refactien und Ausnahmstarife.

Erbsteuer, hat unter diesem Namen früher bestanden. Gegenwärtig werden die Abgaben vom Nachlasse unter dem Namen Gebühren erhoben und betragen zwischen Eltern und Kindern 1¼%, zwischen Verwandten bis zum 4. Grad 5%, unter Entfernteren oder Fremden 10% (incl. Zuschlag). Die letzten beiden Gebühren sind ganz angemessen, weil Jemand, dem eine Erbschaft zufällt, sehr wohl in der Lage ist, eine Steuer, vielleicht auch noch eine höhere, zu zahlen. Anders steht es jedoch zwischen Eltern und Kindern, weil hier die Erbschaft nicht ein außerordentlicher Glücksfall, sondern der durch den natürlichen Lauf der Dinge nothwendige Uebergang des Vermögens von einer Generation auf die andere ist. Bei großen Erbschaften ist eine und zwar ziemlich ausgiebige Steuer jedoch angezeigt, weil die großen Vermögen von den übrigen Steuern häufig nicht im entsprechenden Verhältnis getroffen werden. Bei kleinen dagegen wäre eine Herabsetzung oder Abschaffung der Gebühr sehr wünschenswert. Daraus ergibt sich das Erfordernis der progressiven Gestaltung der Erbsteuer. Auch ist zu berücksichtigen, daß die Verlassenschaftsgebühr von beweglichem Vermögen leicht umgangen wird, während das unbewegliche nicht zu entziehen ist; die Verlassenschafts-Gebühr trifft daher den Besitz an Grund und Boden stärker als den Capitalbesitz.

Erwerbs- und Wirtschaftsgenossenschaften, als solche gelten Vereine von nicht geschlossener Mitgliederzahl, welche die Förderung des Erwerbes oder der Wirtschaft ihrer Mitglieder mittelst gemeinschaftlichen Geschäftsbetriebes oder mittelst Credit-Gewährung bezwecken; es fallen hierunter: Vorschuß- und Creditvereine, Rohstoff- und Magazinsvereine, Productiv-Genossenschaften, Consumvereine, Wohnungsgenossenschaften u. dgl. — Die gesetzliche Regelung erfolgte durch das Gesetz vom 9. April 1873, welches solche Genossenschaften mit unbeschränkter und beschränkter Haftung (b. i. mit einem bestimmten, in Voraus festgesetzten Betrage) der Mitglieder für die Verbindlichkeiten der Genossenschaft zuläßt. In Deutschland gibt es rechtlich keine Genossenschaften mit beschränkter Haftung, was jedoch, wie allseitig zugestanden, dem Aufkommen des Genossenschaftswesens hinderlich und überhaupt unzweckmäßig ist. Die auf Grund des Gesetzes vom 9. April 1873 errichteten Genossenschaften bilden die sogenannten registrirten, daneben gibt es noch immer sogenannte nicht registrirte, welche auf dem Vereinsgesetze vom 26. November 1852 beruhen und ihre Umwandlung im Sinne des Genossenschafts-Gesetzes noch nicht vollzogen haben. — Der Stand (Ende 1881) ist folgender: Registrirte Genossenschaften: Vorschußvereine 974, Consumvereine 132, andere Genossenschaften 86, zusammen 1192 (davon 574 mit unbeschränkter Haftung); nicht registrirte Genossenschaften (sämmtlich mit unbeschränkter Haftung): 317. Der Mitgliederstand, der, wie man sieht, ausschlaggebenden Vorschußvereine wird auf circa 400.000, der übrigen Genossenschaften auf circa 40.000 beziffert, wobei jedoch nur die registrirten Genossenschaften gezählt sind. — Das Genossenschaftswesen hat in mancherlei Hinsicht eine große Bedeutung, namentlich für die Kleingewerbetreibenden ist es wichtig, weil ihnen das Associationswesen das Mittel abgibt, Rohstoffe, im Großen und dadurch billiger einzukaufen, durch das Halten gemeinschaftlicher Niederlagen und Maschinen an Productionskosten zu sparen, sich Credit zu mäßigen Bedingungen zu verschaffen, kurz, sich gewisse Vortheile des Großbetriebes anzueignen und damit die Concurrenzfähigkeit gegenüber diesem zu stärken. Thatsächlich hat aber das Kleingewerbe in Oesterreich, abgesehen von den Credit-Genossenschaften, von diesen Einrichtungen so viel wie keinen Gebrauch gemacht; auch die Zwangsinnungen werden darüber nicht hinaushelfen. Auch die Landwirtschaft könnte aus dem Genossenschaftswesen erheblichen Nutzen ziehen, thut es aber nur in verschwindendem Maße. Von allgemeinerer Bedeutung sind die Consumvereine; nur für bestimmte Classen geeignet, übrigens ganz unentwickelt sind die Productiv-Genossenschaften (siehe diese Artikel). — Zum guten Theile sind die Hindernisse für die Ausbildung des Genossenschaftswesens in der verkehrten Steuergesetzgebung zu suchen: vollständige Steuerbefreiung der nicht auf Erwerb abzielenden Genossenschaften thut unbedingt Noth; was bei solchen unter Umständen als „Dividende", b. i. als Gewinn erscheint, ist in Wahrheit nur ein Sparpfennig der Betheiligten, indem die Genossenschaft die Preise für die von ihr gewährten Waren, Credite ꝛc. etwas höher als nöthig stellt und auf diese Weise für die Mitglieder ein kleines Capital ansammelt. Bleiben diese Ueberschüsse zum Zwecke der Bildung eines Reservefondes, der Vertheilung von Dividenden ꝛc. nicht steuerfrei (und sie sollen es auch nach den letzten Steuervorlagen der Regierung nicht), so werden die Genossenschaften eben genöthigt, die Preise mit den eigenen Kosten zusammenfallen zu lassen und jene sogenannten Ueberschüsse verschwinden zu machen, damit aber auch einen Hauptvortheil der genossenschaftlichen Vereinigung. — Mancherlei Anläufe zu einer gerechteren Besteuerung der Genossenschaften wurden in der letzten Reichsraths-Session gemacht, doch können sie nicht genügen. (Vgl. auch Artikel Productiv-Genossenschaften.) — Durch die neue Socialistengesetz-Vorlage fühlen sich auch die Erwerbs- und Wirtschaftsgenossenschaften in ihrer Sicherheit und Unabhängigkeit bedroht und haben dies in Petitionen u. dergl. zum Ausdrucke gebracht.

Execution, das Verfahren zur zwangsweisen Befriedigung von Forderungen, ist bei uns trotz seiner Kostspieligkeit wenig erfolgreich. Für Execution in beweglichen Sachen wäre insbesondere die Feilbietung zu Schleuderpreisen durch die Bekämpfung des Ringes der Trödler und durch den Grundsatz, daß unter einem gewissen Theil des Schätzwertes die Sachen nicht zugeschlagen werden dürfen, zu beseitigen. Für unbewegliche Güter sollte festgestellt werden:

1. daß ein Gläubiger, welcher in Folge seines schlechten Ranges keine Aussicht hat, mit seiner Forderung befriedigt zu werden, wegen der Kosten allein das Gut nicht unter den Hammer bringen darf;

2. daß die so kostspieligen Schätzungen der Häuser und Grundstücke zu entfallen haben und der Schätzwert einfach nach der Steuer zu bemessen sei;

3. daß die Forderungen von Gläubigern, welche den ersten Rang genießen, durch die Feilbietung nicht fällig werden, sondern von dem Ersteher zu übernehmen sind.

Ueber die Reform des Strafrechtes vgl. die Artikel Gefängniswesen und Preßdelicte, Schwurgericht.

Feudalismus, das System des mittelalterlichen Lehenwesens; als politische Richtung das Bestreben, Zustände wieder einzuführen, die dem mittelalterlichen Lehenwesen ähnlich sind. Die Feudalen, nur aus einigen adeligen Großgrundbesitzern bestehend, betrachten den ererbten Grundbesitz als ein Amt, das mit Rechten und Pflichten ganz eigenthümlicher Natur verbunden sei. Hiezu rechnen sie den Schutz und die Bevormundung der Landbevölkerung, sowie die Uebernahme der Mühen, Ehren und Einkünfte des Staatsdienstes in Krieg und Frieden. Da die Feudalen an Zahl äußerst gering sind, so suchen sie ihre Interessen als gleichbedeutend mit denen der ackerbauenden Bevölkerung hinzustellen und verbinden sich gerne mit Klerikalen und Konservativen. Ihren größten Feind erblicken sie in dem städtischen Kapital, theils aus Neid, theils weil sie demselben verschuldet sind. Dieser Haß läßt die Feudalen oft ganz auf ihre hochgeborne Stellung vergessen, so daß sie, um Fabritanten und Händler zu ärgern, Sozialreform als Sport betreiben. Ihr publizistisches Organ in Oesterreich ist das „Vaterland".

Fideicommisse. In Oesterreich gibt es 292 Fideicommißbesitzer mit 800 fideicommissarischen Gütern in einer Ausdehnung von 1,140.000 Hektar; hievon entfallen auf Böhmen 58 Besitzer mit 220 Gütern, welche 11·15% der ganzen Bodenfläche des Königreiches einnehmen. Die Bindung so ausgedehnten Besitzes, wie namentlich in Böhmen, zu Gunsten einiger privilegirten Familien und die dadurch bewirkte Verhinderung so vieler Tausender, sich eigenes Land zu erwerben, steht im Widerspruche mit dem Grundsatze der Rechtsgleichheit. Um diesen Widerspruch verschwinden zu machen, suchen die Feudalen auch den Bauern den Gedanken untheilbarer Erbgüter nahe zu legen, ohne bisher damit einen Erfolg zu erzielen. Denn diese sehen ein, daß sie dadurch der Vortheile der Freitheilbarkeit verlustig gingen, ohne die Vortheile des großen Besitzes, dessen Einkommen und Creditfähigkeit, zu gewinnen. Die volkswirtschaftlichen Nachtheile des Fideicommisses treten insbesonders dann zu Tage, wenn der letzte Besitzer ohne successionsfähige Nachkommenschaft bleibt und das Gut auf einen entfernten Seitenverwandten übergehen soll, denn dann wird dasselbe regelmäßig devastirt und namentlich der Wald kahl geschlagen und sehr oft die ganze Gegend der Gefahr von Ueberschwemmungen preisgegeben. Eine Ungerechtigkeit ist auch der Umstand, daß die Fideicommißgüter kein Aequivalent für die bei ihnen wegfallenden Uebertragungen im Kaufwege entrichten, ebenso die eigene Vertretung des Fideicommisses in den Landtagen und im Reichsrathe. Trotzdem die Errichtung und Vergrößerung von Fideicommissen nur durch ein Reichsgesetz erfolgen darf, sind in den letzten Jahre zahlreiche Bauernhöfe denselben zugeschlagen worden.

Finanzgesetz. Darunter versteht man das aus der Berathung des Budgets (s. dieses) hervorgegangene Gesetz über die Einnahmen und Ausgaben des Staates. Erst durch das Finanzgesetz erhält die Regierung die Macht, die Steuern nach den bestehenden Steuergesetzen vom Volke einzuheben und neue Ausgaben zu leisten. Seine Geltung ist auf ein Jahr beschränkt. Wenn zu Beginn eines Jahres das Budget für dasselbe noch nicht durchberathen und das Finanzgesetz daher noch nicht erlassen ist, muß der Regierung durch ein provisorisches Gesetz das Recht zur Forterhebung der Steuern ertheilt werden. Käme das Finanzgesetz nicht zu Stande, so würde der Regierung das Recht zur Steuereinhebung und Ausgabenleistung fehlen.

Föderalismus, in Oesterreich das Bestreben die einzelnen Theile des Staates auf nationaler Grundlage möglichst selbstständig zu gestalten. Nach dem Programm Palacky's v. J. 1848 sollte Oesterreich in acht Theile zerfallen: 1. Deutschösterreich (die Alpenländer und die deutschen Theile Böhmens und Mährens; 2. Tschechisch-Oesterreich (das tschechische Böhmen, Mähren, Schlesien mit der ungar. Slovakei); 3. Polnisch-Oesterreich (wozu auch die ruthenischen Comitate Ober-Ungarns gehören sollten), Illyrisch-Oesterreich (die slovenischen Gebiete); 5. Italienisch-Oesterreich; 6. Südslavisch-Oesterreich (Kroatien, Dalmatien und die Wojwodina); 7. Das magyarische Ungarn und Siebenbürgen; 8. Die rumänischen Theile Ungarns, Siebenbürgens und der Bukowina. Demnach sollte Oesterreich in einen deutschen, einen italienischen, einen magyarischen, einen rumänischen und vier slavische Staaten zerfallen, und der gesammtösterreichische Gedanke war eben so aufgegeben als der historische Zusammenhang einerseits der deutschen Bundesländer, andererseits der Länder der ungarischen Krone. Die Durchführung des Dualismus nöthigte die Tschechen, ihr föderalistisches Programm etwas anders zu gestalten. Darnach bliebe der Bestand Ungarns bis auf weiteres unangetastet, und Oesterreich zerfiele in 4 Theile: 1. Das Königreich Galizien mit der Bukowina; 2. Die Länder der böhmischen Krone (Böhmen, Mähren und Schlesien); die Deutschen dieser Länder sollten nicht ausgeschieden, sondern durch Majorisirung unschädlich gemacht und nach und nach tschechisirt werden; 3. Slovenien, aus Krain, dem Küstenlande, Istrien und den slovenischen Theilen Kärntens und Steiermarks zusammengeschmiedet; 4. Die übrigen Länder. Die Tendenz ist also dieselbe wie im Jahre 1848, nur ist es noch offenbarer auf die Unterdrückung des Deutschthums abgesehen. Der Erreichung dieses Zieles soll vorgearbeitet werden durch möglichste Schmälerung der Centralgewalt und Erweiterung des Wirkungskreises der Landtage. Um ihre eigentlichen Absichten zu verbergen, nennen sich die Föderalisten lieber Autonomisten, auch wohl Conservative. Dieser von der Nationalitätsidee getragenen Tendenz gegenüber ist der centralistische Gedanke ohnmächtig, und es kann nur durch eine ebenso kräftige deutschnationale Bewegung entgegen gearbeitet werden.

Fortschrittspartei, im Allgemeinen die Richtung, welche, im Gegensatze zur conservativen, die Wohlfahrt des Ganzen durch Aenderung und Fortbildung des Bestehenden anstrebt, meist nennt sich aber so der radicalere Flügel der liberalen Partei. Vor Entstehung der Vereinigten Linken vereinigte die Fortschrittspartei im österreichischen Parlamente die nationaleren, freisinnigeren und schutzzöllnerischen Elemente und verdiente daher diesen Namen viel mehr als die frühere Fortschrittspartei Eugen Richter's im Deutschen Reichstage, deren Wesen im Festhalten an abgelebten wirtschaftlichen Vorurtheilen und in der unfruchtbarsten Opposition gegen den Reichskanzler bestand und so den Feinden des Reiches und jedes wahren Fortschrittes in die Hände arbeitete.

Freihäfen nennt man jene Häfen, welche sammt dem zugehörigen Stadtgebiete von dem betreffenden Zollgebiete ausgeschlossen sind, so daß alle Waren zollfrei eingehen können. Dadurch wird einerseits der Handel, namentlich der Zwischenhandel befördert, andererseits werden auch der Industrie in den zollfreien Territorien bedeutende Vortheile gesichert, da dieselbe unverzollte Rohstoffe verarbeiten kann. Ueberdies genießen sämmtliche Bewohner der Hafenstadt eine große Bevorzugung, indem dieselben entsprechend niedriger besteuert sind, als die übrigen Staatsbürger. Diese nicht gerechtfertigte Bevorzugung kann durch Entrichtung einer jährlichen, nach der Anzahl der Bevölkerung bemessenen Abgabe wenigstens theilweise wettgemacht werden, wie dies z. B. in den deutschen Hansestädten der Fall war. Immerhin bedingen aber die Freihäfen eine ungleichmäßige Belastung der Staatsbürger, die nicht zu billigen ist. — Will man den Seehandel durch Zollbefreiung fördern, so kann dieser Zweck eben so vollständig wie durch die Freihäfen, aber mit Vermeidung der Nachtheile derselben, durch Entrepôts erreicht werden. Hierunter versteht man Magazine, unmittelbar am Hafen gelegen, in welche alle Waren zollfrei und unter amtlichem Verschluß eingelagert werden können. Wird die Ware in's Inland eingeführt, so ist dann der Zoll zu entrichten, wird hingegen die Ware wieder ausgeführt, so entfällt selbstverständlich die Verzollung. — Dieses System ist namentlich von England mit bestem Erfolge durchgeführt worden. Deutschland und Oesterreich haben bisher an den Freihäfen festgehalten. In Deutschland ist aber der Anschluß der bisherigen Freihäfen, Hamburg und Bremen, bereits im Zuge und wird in kurzer Zeit durchgeführt sein. In Oesterreich bestehen dermalen noch Triest und Fiume als Freihäfen. Die übrigen Zollausschlüsse, nämlich Istrien mit den quarnerischen Inseln, Proby, Martinschizza, Buccari, Portoré, Zengg und Lobopano, dann Dalmatien, welches bis dahin ein eigenes Zollgebiet bildete, sind seit 1880 in das allgemeine Zollgebiet einbezogen worden. Die Aufhebung der beiden genannten Freihäfen wird heute bereits von den meisten Seiten als nothwendig anerkannt. Ihr Fortbestand hat umsoweniger Berechtigung, als thatsächlich die Industrie daselbst sich nur wenig entwickelt hat, während dem Handel durch Entrepôts dieselben Vortheile gesichert werden. Ueberdies erfordern die österreichischen Freihäfen eine doppelte Zolllinie und damit doppelte Kosten, weil das Tabak- und Salzmonopol auch in den Zollausschlüssen besteht.

Freitheilbarkeit. Theilungen und Abtrennungen von bäuerlichen Besitzungen waren früher an die behördliche Bewilligung gebunden (Bestiftungszwang). Dieser Zwang war aber lästig, ohne deshalb seinen Zweck zu erreichen, denn den Gesuchen um Abtrennung wurde regelmäßig von der Behörde stattgegeben. Die Freitheilbarkeit ist sowohl für jenen Bauer, der seinen Besitz vergrößern oder arrondiren will, eine Nothwendigkeit als für jenen, der nur durch den Abverkauf eines Theiles überhaupt noch aufrechter Bauer bleiben kann. Die Zertheilung in haltlose Zwergwirtschaften ist auch gar nicht Ergebnis des freien Verkehrs unter Lebenden, sondern dort, wo sie eintritt, nur die Folge fehlerhafter Erbtheilungsvorschriften. Sachgemäß ist es demnach, das bäuerliche Erbrecht zu reformiren, die Freitheilbarkeit aber aufrecht zu erhalten. Die von mancher Seite in Aussicht genommene Errichtung von untheilbaren Erbgütern durch einen freiwilligen Act des Besitzers ist vollkommen unpraktisch; denn nicht leicht wird ein Besitzer für sich und seine Nachkommen auf die Freiheit der Selbstbestimmung verzichten, und ohne etwas zu gewinnen, seine Creditfähigkeit ruiniren (s. Heimstätten).

Garantie, die in Oesterreich am häufigsten angewendete Form der Subventionirung von Privatbahnen durch den Staat. Das Wesen der Garantie besteht darin, daß der Staat der betreffenden Actiengesellschaft ein gewisses jährliches, meist im Verhältnisse zum Anlagecapital festgesetztes Reinerträgnis gewährleistet. (In Oesterreich gewöhnlich 5·2%.) Dadurch soll die Actiengesellschaft in die Lage gesetzt werden, ihr Capital sicher zu verzinsen und zu tilgen. — Die Garantie ist vielfach mißbraucht worden, indem das Anlagecapital über die nothwendige Höhe hinaufgeschraubt wurde und so Gründergewinnste erzielt wurden. Auf der anderen Seite sehen sich mehrere Eisenbahngesellschaften trotz der Garantie genöthigt, ihren Actiencoupon zu reduciren. Unter anderen genießen auch die Nordbahn, die Staatsbahngesellschaft und die Karl Ludwig-Bahn eine Garantie für Nebenlinien, obwohl diese Gesellschaften eine Superdividende zahlen, so daß thatsächlich der Staat zu dieser Superdividende beiträgt. — Bis zum Beginne der Eisenbahnverstaatlichung betrugen die jährlichen Ausgaben aus dem Titel der Garantie ca. 20 Millionen, heute nur mehr ungefähr 12 Millionen. Diese Differenz wird jedoch nicht erspart, sondern nach wie vor zur Deckung des Deficits der betreffenden Bahnen verwendet. Das Erforderniß ist sogar etwas größer geworden, weil den Actionären der Elisabethbahn und der Franz Josef-Bahn ein höheres als das garantirte Erträgniß als Ablösung bewilligt wurde. — Außer der Garantie kommen noch verschiedene andere Methoden zur Subventionirung von Verkehrsanstalten zur Anwendung, so fixe jährliche Zuschüsse (beim Lloyd), Gewährung von Bauvorschüssen, Uebernahme von Actien u. s. w.

Gebühren (s. auch Taxen) sind jene Geldleistungen an den Staat, welche zwar nicht als privatwirtschaftliche Zahlung für irgend ein mit demselben gemachtes Geschäft (Kauf, Miethe u. s. w.), aber doch aus Anlaß einer speciellen Leistung der Staatsverwaltung, z. B. Urtheilsfällung eines Gerichtes, Ertheilung einer Licenz u. s. w., gezahlt werden. Im österreichischen Gebührengesetze sind nicht alle Abgaben dieser Art, dagegen aber viele andere Abgaben, die man in der Theorie als Verkehrssteuern zu bezeichnen pflegt, geregelt, nämlich alle Abgaben von Rechtsgeschäften, Urkunden (Quittungen, Rechnungen, Wechseln u. s. w.), Eingaben und Vermögensübertragungen. Ueber die letzteren wird unter dem Artikel „Erbsteuer", über eine besonders wichtige Gruppe der zweiten Art unter dem Artikel „Börsensteuer" gehandelt. Es erübrigen daher hier die Gebühren von Urkunden, Eingaben u. s. w. und die Gebühren vom Besitzwechsel, namentlich der unbeweglichen Güter. Die ersteren werden meistens (bei Urkunden bis zum Betrage von 20 fl.) mittelst Stempel entrichtet, daher häufig schlechthin Stempel genannt, die letzteren, soferne sie unbewegliche Güter betreffen, regelmäßig über Zahlungsauftrag unmittelbar an die Cassa abgeführt (unmittelbare Gebühren).

Bei den großen Meinungsdifferenzen, welche über die Berechtigung und zweckmäßige Einrichtung der Gebühren auch in der Theorie noch bestehen, lassen sich als feststehend kaum mehr als folgende Sätze aufstellen:

a) Eingabenstempel sind im Allgemeinen ganz in der Ordnung, weil es nur billig ist, daß derjenige, welcher der Behörde (dem Gerichte) eine Mühewaltung verursacht, auch zu den Kosten beitrage; auch ist ein mäßiger Stempel schon deswegen zweckmäßig, damit die Behörden nicht übermäßig belästigt werden, was nur wieder größere Kosten und daher eine größere Steuerlast für die übrigen Staatsbürger, welche keine oder weniger Eingaben überreichen, verursachen würde. (Die steuerfreien Eingaben sind in T. P. 44 des Tarifes zum Gebührengesetze aufgezählt.) Als zweckmäßig sind die in der jüngst vorgeschlagenen jedoch an den Ausschuß zurückverwiesenen Gebühren-Novelle beantragten festgesetzten hohen Stempel für Gesuche um Auszeichnungen und Würden und Errichtung von Fidei-Commissen (bis 100 fl.) zu bezeichnen.

Bedauerlich ist, daß die Stempel, welche für gerichtliche Verfügungen entrichtet werden, nicht besonders verrechnet werden können, so daß man nicht weiß, ob die Kosten für die Rechtspflege durch die Gebühren gedeckt werden oder nicht. Das ist aber deswegen nicht möglich, weil für alle stempelpflichtigen Urkunden nur Eine Art Stempel besteht. Mehrere Stempelarten wären für das Publicum viel zu lästig, ja es ist zu wünschen, daß die Verwendung der Briefmarken als Stempel gestattet werde. Die Reform in den Gerichtsgebühren strebt übrigens in den neueren Gesetzgebungen dahin, an Stelle der Stempel, vom Gerichte festzusetzende Pauschalgebühren zu setzen.

b) Die Stempel von Quittungen, Rechnungen u. s. w. sind nur insoferne zu rechtfertigen, als man annimmt, daß durch dieselben die durch die Steuern herbeigeführte unvollständige oder ungleichmäßige Belastung ergänzt oder ausgeglichen wird. Dies geschieht durch die bestehenden Stempel freilich in sehr unzureichender, oft ungerechter Weise. Eine wesentliche Verbesserung des Stempelwesens wird schon aus finanziellen Gründen nur dann zu erwarten sein, wenn die projectirte Einkommensteuer einmal sich fest eingelebt haben wird und daher größere Erträge abwirft.

Stempel auf Fahrkarten u. s. w. stellen eine Belastung des fahrenden ꝛc. Publicums vor und sind ähnlich wie Verbrauchs- oder Aufwandsteuern zu beurtheilen. Dasselbe gilt von dem Stempel auf Versicherungen, dann vom Zeitungs-, Kalender-, Spielkartenstempel, der neuerlich (1880) wesentlich erhöht wurde (s. Transportsteuer, auch Presse). Die beabsichtigte Ausdehnung der Stempelpflicht auf kaufmännische Correspondenz ist nicht zu rechtfertigen.

c) Eine besondere Gruppe von Stempeln sind wieder jene, welche Geschäfte und Urkunden zum Gegenstande haben, welche hauptsächlich bei der Anlage von Capitalien vorkommen. Actienstempel, Couponstempel. Solche Stempel sind begründet, solange die Einkommensteuer gerade diese Vermögenstheile nicht ausreichend erfaßt.

II. Die zweite große Gruppe von Gebühren hat den entgeltlichen Verkehr mit Immobilien zum Gegenstande. Die Gebühr beträgt bei Kauf $3\frac{1}{2}\%$, s. 25% Zuschlag also $4·38\%$. Diese Gebühr enthält eine wesentlich stärkere Belastung des unbeweglichen Vermögens gegenüber dem beweglichen, von welcher bei ähnlichen Geschäften der Stempel oder die Gebühr nach Scala III. circa $\frac{1}{2}\%$ zu entrichten ist. Da die Gebühr gesetzlich auf der Realität haftet, so vermindert sie den Verkaufswerth der Realitäten. Um diese üble Folge abzuschwächen, besteht der Gebührennachlaß, d. h., wenn die Realität in kürzerer Zeit als 10 Jahren verkauft wurde, war nur ein Theil der Gebühr, 1%, $1\frac{1}{2}\%$,

2%, 2½%, 3% zu entrichten. Nach der bereits erwähnten Novelle sollte dieser Nachlaß aufgehoben, dafür aber immer nur 3% entrichtet werden.

Juristische Personen, Klöster u. dgl., aber auch Actiengesellschaften, welche von der Besitzwechselgebühr wenig oder gar nicht betroffen werden, haben dafür alle 10 Jahre ein Gebühren-Aequivalent zu entrichten.

Der Ertrag der Stempel und unmittelbaren Gebühren betrug im Jahre 1882 an Stempel 16·9 Millionen
unmittelbare Gebühr 33·7 „
Zusammen . . 50·6 Millionen.

Gemeindesteuern. Die Gemeindesteuern sind theils Zuschläge zu den Staatssteuern (s. Zuschläge), theils andere Umlagen. Die ersteren sind bei weitem die bedeutenderen. Von selbstständigen Gemeindesteuern sind nur zu erwähnen Hundetare, Spectakelgebühr, insbesondere aber die sogenannten Zinskreuzer, welche von jedem Gulden Miethzins bezahlt werden müssen. Dieselben sind vielfach sehr hoch (Wien) und tragen wesentlich dazu bei, die Wohnungen zu vertheuern, im Uebrigen s. Zuschläge.

Gemeindewald, Gemeindeweide. Die ursprüngliche germanische Bodenverfassung beruht auf dem Gemeineigenthum der Ortschaften, der Gaue, der Hundertschaften, endlich des ganzen Volkes an Grund und Boden. Erst mit der Zeit entwickelte sich aus der gemeinsamen Mark das Sondereigenthum des Einzelnen, und zwar zunächst dort, wo der Pflug und die Sense geht, während Wald und Weide noch im gemeinsamen Eigenthum aller Markgenossen blieben. Von diesem Gemeinwald und der Gemeinweide haben Könige, Adel und Clerus einen großen Theil für sich in Anspruch genommen, ein anderer Theil ging in Einzelbesitz über, so daß die gegenwärtigen, den Ortschaften gehörigen Gemeinschaften nur spärliche Reste des einstigen Gemeineigenthums sind. Immerhin ist ihr Umfang, namentlich in den deutschen Alpenländern noch beträchtlich (in Kärnten z. B. circa 140.000 Hektar). In wirtschaftlicher Beziehung ist die Beibehaltung der gemeinsamen Weiden, wo sie nicht in einträglichere Culturen umgewandelt werden können, also namentlich die Beibehaltung der gemeinsamen Alpenweiden, unbedingt zu empfehlen, nur bedürfen die Rechte und Pflichten der Theilhaber einer Regelung. Dagegen ist die Frage, ob Wald weiter gemeinsam benützt oder aufgetheilt werden solle, nach den örtlichen Verhältnissen verschieden zu beantworten. Da aber auch die Wirtschaft in den Privatwäldern einer strengeren Controle wird unterzogen werden müssen, so fällt im Allgemeinen der Hauptgrund, der gegen die Beibehaltung der Gemeinwälder angeführt wird, nämlich die Schwierigkeit der Beaufsichtigung, weg, denn strengere Aufsicht erfordert aller Wald.

Gemeinsame Angelegenheiten mit Ungarn. Als solche wurden durch den Ausgleich alle jene Angelegenheiten festgestellt, welche „die im Reichsrathe vertretenen Königreiche und Länder" und Ungarn gemeinsam verwalten, d. i.:

1. Die auswärtigen Angelegenheiten, mit Einschluß der diplomatischen und commerciellen Vertretung dem Auslande gegenüber, sowie die in Betreff der internationalen Verträge allenfalls nöthigen

Verfügungen. (Hiebei bleibt jedoch die Genehmigung der internationalen Verträge, insoweit eine solche verfassungmäßig nothwendig ist, den Vertretungskörpern der beiden Reichshälften [österr. Reichsrath und ungar. Reichstag] vorbehalten.)

2. Das Kriegswesen, mit Inbegriff der Kriegsmarine (und Ausschluß der Landesvertheidigung). Jedoch bleibt auch hiebei die Recrutenbewilligung, die Gesetzgebung über die Art und Weise der Erfüllung der Wehrpflicht, Verfügung über Dislocation und Verpflegung u. dgl. den beiderseitigen Parlamenten vorbehalten.

3. Das Finanzwesen bezüglich der gemeinsam zu tragenden Auslagen, die Festsetzung des bezüglichen Budgets, die Prüfung der darauf bezüglichen Rechnung. Auch ist gemeinsam die in Geldscheinen bestehende „schwebende Schuld", die „Oesterreichisch-ungarische Bank" und der „Oesterreichisch-ungarische Lloyd", so wie die Occupation Bosniens und der Herzegowina, doch participirt daran Ungarn nur mit 30%, während 70% von den „im Reichsrathe vertretenen Königreichen und Ländern" getragen werden müssen.

Die Auslagen für die gemeinsamen Angelegenheiten sind von beiden Reichstheilen zu tragen nach einem Verhältnisse, welches durch ein vom Kaiser zu sanctionirendes Uebereinkommen der beiderseitigen Vertretungskörper (österr. Reichsrath und ung. Reichstag) von Zeit zu Zeit festgesetzt wird. Sollte zwischen beiden Vertretungen kein Uebereinkommen erzielt werden, so bestimmt der Kaiser dieses Verhältnis, jedoch nur für die Dauer eines Jahres. Die Aufbringung der auf jede der beiden Reichshälften entfallenden Leistungen ist jedoch ausschließlich Sache eines jeden Theiles.

Für die Zeit vom 1. Juli 1878 bis 31. December 1887 wird die Beitragsleistung beider Reichshälften in der Weise bestimmt, daß zunächst das Reinerträgnis der gemeinsamen Zolleinnahme von dem ganzen gemeinsamen Erfordernisse abgezogen wird, dann 2% zu Lasten Ungarns zur Bestreitung dieses Erfordernisses in Rechnung gestellt werden, der Rest zu 70% von Oesterreich und zu 30% von Ungarn getragen wird.

Das Budget stellt sich für das Jahr 1884, wie folgt:

Gesammterfordernis		fl. 125,449.789
Bedeckung: Einnahmen . . .	fl. 3,135.967	
Zoll-Einnahmen .	„ 17,063.070	
Zusammen		„ 20,199.037
Unbedeckter Rest		fl. 105,250.752
Hievon entfallen auf		
Ungarn: 2% Zuschuß des ung. Staatsschatzes . .	fl. 2,105.015	
30% Matricularbeitrag vom Rest .	„ 30,947.721	
Zusammen		fl. 33,048.736
Oesterreich 70% Matricularbeitrag		„ 72,202.016
Zusammen		fl. 105,250.752

Zwischen Oesterreich und Ungarn besteht auch ein Zoll- und Handelsbündnis, demzufolge Verträge zur Regelung wirtschaftlicher Beziehungen zum Auslande, die Zollgesetzgebung, gesetzliche Normen für die Schiffahrt, das Seesanitätswesen, Privatseerecht, Flußpolizei, das Eisenbahn-, Post- und Telegraphenwesen, das Salz- und Tabakgefälle, die mit der wirtschaftlichen Production zusammenhängenden inneren Abgaben (Branntwein-, Zucker-, Biersteuer), die Landeswährung, das Maß- und Gewichtssystem, der Feingehalt von Gold und Silberwaren, Hausierbefugnis, Erfindungspatente, Marken- und Musterschutz ꝛc. ꝛc. nach gemeinsamen und gleichartigen Normen zu behandeln sind. Dies Handels- und Zollbündnis läuft vom 1. Juli 1878 bis 31. December 1887 (s. Dualismus).

Zur Verwaltung der gemeinsamen Angelegenheiten bestehen drei gemeinsame Ministerien (Reichsministerien), welche ihren Sitz in Wien haben.

a) Das kais. und königl. Ministerium des kaiserlichen Hauses und des Aeußern.

b) Das kais. und königl. Reichs-Kriegsministerium.

c) Das kais. und königl. Reichs-Finanzministerium.

Eine gemeinsame Institution ist ferners der kais. und königl. (gemeinsame) Oberste Rechnungshof, von dem die Controle über die Geldgebarung der gemeinsamen Ministerien ausgeübt wird.

Die Gesetzgebung betreffs der gemeinsamen Angelegenheiten wird vom österreichischen Reichsrathe und vom ungarischen Reichstage mittelst der zu entsendenden Delegationen (s. dort) ausgeübt, denen auch die gemeinsamen Ministerien verantwortlich sind.

Genossenschaften. (Gewerbe-Genossenschaften, Innungen.) Die Gewerbe-Genossenschaften sind locale Vereinigungen der Gewerbetreibenden bestimmter Gewerbszweige zum Zwecke der Wahrung der Standesinteressen und Vollziehung gewisser, im gemeinsamen Nutzen gelegener Agenden. Sie sind entweder auf dem Principe des freiwilligen Beitrittes oder der vom Staate decretirten Angehörigkeit aufgebaut. In Oesterreich bestehen Genossenschaften der letzteren Art, sogenannte Zwangsgenossenschaften, für alle Handel- und Gewerbetreibenden; nur die Inhaber fabriksmäßig betriebener Unternehmungen sind von der Beitrittspflicht befreit. Diesen Genossenschaften obliegt insbesondere eine gewisse Einflußnahme auf das Lehrlingswesen; sie besorgen auch die Arbeitsvermittlung und sind Trägerinnen der Krankenversicherung. Die Errichtung der Genossenschaften erfolgt durch die Gewerbsbehörden und zwar überall, wo es nicht die örtlichen Verhältnisse unmöglich machen; dies, nebst der allgemeinen Beitrittspflicht, macht unsere Genossenschaften zu einer Art Unicum in den industriell bedeutsamen Ländern. Es ist jedoch nicht zu verkennen, daß die genossenschaftliche Vereinigung eine hohe Bedeutung für die Gewerbetreibenden besitzt und die obligatorische Beitrittspflicht wesentlich zur Erhaltung und zum Gedeihen der Genossenschaften beiträgt; man vergleiche z. B. das kümmerliche Dasein der freien Innungen in Berlin mit den anerkennenswerten Leistungen mehrerer Wiener Genossenschaften auf dem Gebiete des Unterrichtswesens, der Arbeitsvermittlung, der Unterstützung nothleidender Meister. Leider suchen viele Genossenschaften ihre Hauptaufgabe darin, gewerbsrechtliche Streitigkeiten anzufangen und durch allerlei Hinterthüren gegen die ausdrückliche Vorschrift des Gesetzes das Aufkommen von Concurrenten zu erschweren. Verfehlt war es auch, wie es in der Gewerbe-Gesetznovelle geschah, dieselben gesetzlichen Bestimmungen, welche für die **größeren Städte** passen mögen, auch auf das **flache Land** anzuwenden. Hier müssen sich die Genossenschaften oft über ganze Steuerbezirke erstrecken und die verschiedenartigsten Gewerbe umfassen; wo aber die Gleichheit des Berufes und das nachbarschaftliche Band fehlt, ist ein Nutzen von den Genossenschaften nicht recht abzusehen. Thatsächlich begegnet auch die Genossenschaftsbildung auf dem Lande nur einer **sehr** geringen Sympathie seitens der Betheiligten und stößt auf kaum zu überwindende Schwierigkeiten.

Geschwornengericht. Vor die Geschwornengerichte gehört die Hauptverhandlung über alle Anklagen wegen der durch den Inhalt einer Druckschrift verübten Verbrechen und Vergehen und wegen folgender Delicte: Hochverrath, Störung der öffentlichen Ruhe, Aufstand und Aufruhr, öffentliche Gewaltthätigkeit mit einigen Ausnahmen, Mißbrauch der Amtsgewalt, Verfälschung der öffentlichen Creditpapiere, Münzverfälschung, Nothzucht, Mord und Todtschlag, Raub, Herabwürdigung der Verfügungen der Behörden und Aufwieglung, Aufreizung zu Feindseligkeiten und alle jene Fälle der nicht genannten Verbrechen, bei denen auf Kerker im Ausmaße von mindestens fünf Jahren zu erkennen ist. Das Geschwornengericht besteht aus einem Gerichtshofe von drei Richtern und zwölf Geschwornen. Zu jeder Schwurgerichtssitzung werden sechsunddreißig Geschworne und neun Ergänzungsgeschworne einberufen, deren Name dem Angeklagten spätestens am dritten Tage vor der Hauptverhandlung mitzutheilen ist. Zur Bildung der Geschwornenbank müssen mindestens vierundzwanzig Geschworne anwesend sein. Die Namen der Geschwornen werden ausgelost; soweit die Zahl der Geschwornen zwölf übersteigt, haben Angeklagter und Ankläger je zur Hälfte das Recht der Ablehnung. Die Hauptverhandlung vor den Geschwornengerichten und die Rechtsmittel gegen deren Urtheile können hier in diesem beschränkten Rahmen nicht zur Darstellung gelangen. Als Geschworene sollen nur Männer berufen werden, welche das dreißigste Lebensjahr vollendet haben, lesen und schreiben können, in einer Gemeinde unserer Reichshälfte das Heimatsrecht besitzen, an ihrem Aufenthaltsorte mindestens ein Jahr ihren Wohnsitz haben, Advocaten, Notare, Lehrer an Mittel- oder Hochschulen, im Inland promovirte Doctoren sind, oder an directen Steuern ohne Zuschlag 10 fl. per Jahr, in Orten mit mehr als 30.000 Einwohnern 20 fl. zahlen; enthält die Urliste eines Gerichtssprengels nicht mindestens 800 Personen, so ist auf jene Personen zu greifen, die mindestens 5 fl. jährliche Steuer zahlen. Unfähig, resp. befreit sind: geistig oder körperlich nicht Geeignete, Verschwender, Cribatare, in Strafuntersuchung Befindliche, von der Wählbarkeit zur Gemeindevertretung Ausgeschlossene, Staatsbeamte, mit Ausnahme der Lehrer, Soldaten und Militärbeamten, Geistliche, Volksschul-

lehrer, bei dem Post=, Eisenbahn=, Telegraphen= und Dampfschiffahrts=
betriebe beschäftigte Personen, mehr als Sechzigjährige, Mitglieder der
Land= und Reichs=Vertretung während der Session, Hofbedienstete, im
Falle der durch den Amts= oder Gemeinde=Vorsteher bestätigten Unent=
behrlichkeit: Lehrer, Aerzte, Apotheker und endlich jeder als Geschworner
in Verwendung Gekommene bis zum Schlusse des nächstfolgenden
Kalenderjahres. Der Gemeindevorsteher hat das Verzeichnis der zum Ge=
schwornenamte zu Berufenden an den Bezirkshauptmann und dieser
an den Präsidenten des Gerichtshofes I. Instanz einzusenden. Dies
erfolgt in der Zeit von September bis November eines jeden Jahres.
Während dieser Zeit sind noch Reclamationen zulässig. Von der aus
dem Präsidenten, drei Richtern und drei Vertrauensmännern bestehen=
den Commission wird dann die Jahresliste zusammengestellt. Aus dieser
Liste wird vierzehn Tage vor Beginn jeder Schwurgerichtsperiode bei
dem Gerichtshofe I. Instanz im Beisein zweier Richter, des Staats=
anwaltes und eines Mitgliedes der Advocatenkammer durch das Los
die Dienstliste gebildet. Acht Tage vor Beginn der Schwurgerichts=
periode sind die Ausgelosten vorzuladen. Der ungerechtfertigt Aus=
bleibende ist vom Schwurgerichtshofe zu einer Strafe bis zu 50 fl., im
Wiederholungsfalle bis zu 100 fl. zu verurtheilen. — Die Wirksamkeit
der Geschwornengerichte kann ganz oder betreffs einzelner Delicte für ein
bestimmtes Gebiet längstens auf die Dauer eines Jahres eingestellt
werden, wenn dies zur Sicherung einer unparteiischen und unabhängi=
gen Rechtsprechung nöthig erscheint. Die Einstellung erfolgt nach An=
hörung des obersten Gerichtshofes durch eine Verordnung des Gesammt=
ministeriums; sie ist beiden Häusern der Reichsrathes vorzulegen und
über Verlangen auch nur Eines derselben aufzuheben.

Die Wirksamkeit der Geschwornengerichte hängt ab von dem
mehr oder minder unparteiischen Resumé, das der Präsident nach Schluß
der Verhandlung erstattet. In Fällen politischer und selbst auch socialer
Natur ist die Unparteilichkeit dieses Volksgerichtes nicht immer außer
Zweifel. Die in Frankreich und auch bei uns gemachten Erfahrungen
lassen es als wahrscheinlich erscheinen, daß durch die sogenannten
Schöffengerichte, wie sie in Deutschland bestehen, eine unabhängige und
unparteiische Rechtsprechung mehr gesichert ist. Doch dürfte es nicht an=
zurathen sein, derzeit wider das Institut der Geschwornengerichte auf=
zutreten, da man vielleicht hieburch zwar die Aufhebung desselben, kaum
aber die Einführung der Schöffengerichte bewirken könnte.

Gesindewesen. Die Regelung des Gesindewesens erfolgt durch
die für die einzelnen Kronländer und Landeshauptstädte erlassenen, von
einander aber nur wenig abweichenden Dienstbotenordnungen.
Durch die Reform der Gewerbe=Ordnung, speciell des VI. Hauptstückes,
sind eine Reihe von Personenkategorien der Unterordnung unter die
Dienstbotenordnung entrückt und als gewerbliche Hilfsarbeiter der
Gewerbe=Ordnung unterstellt worden, so Kellner, Fuhrleute, Haus=
knechte. Den Dienstbotenordnungen sind also jetzt nur mehr zu häus=
lichen Zwecken bestimmte Dienstboten und das landwirtschaftliche Ge=
sinde unterstellt. Die bisherigen socialreformatorischen Versuche betrafen

immer nur das gewerbliche Arbeitspersonale; die landwirtschaftlichen Arbeiter sind in einzelnen Gesetzesvorlagen (siehe Artikel Kranken=versicherung, Unfallsversicherung) wenigstens genannt, um die eigent=lichen Dienstboten hat man sich aber gar nicht gekümmert. Und doch bilden diese einen Stand, der am wenigsten die Selbsthilfe auszuüben vermag und versteht, der oft (man darf eben nicht blos an faulenzende Lakaien denken) ein viel härteres, weil gänzlich unfreies Leben führt als andere arbeitende Classen, und nur zu oft gewissenloser, fast voll=kommen uncontrolirter Ausbeutung preisgegeben ist. Auch für diesen Stand sind also geeignete Vorkehrungen zu treffen. — Zum mindesten sollten unsere Dienstbotenordnungen revidirt werden, die noch geradezu unwürdige Bestimmungen enthalten, so das Recht des Dienstherrn auf Züchtigung, auf Durchsuchung der dem Dienstboten gehörigen Koffer u. dgl.

Getreidezölle. Die Freihändler behaupten, daß die Getreide=zölle lediglich von den Consumenten getragen werden. In diesem Falle müßte ein Familienvater mit Weib und 3 Kindern eine tägliche Be=lastung von 7½ kr. tragen, wenn auf jeden Kopf 2½ Metercentner Getreide jährlicher Verbrauch kommt und alle Getreidegattungen mit 3 Mark Gold Einfuhrzoll gleichmäßig belegt würden. Dafür aber würde der Landwirtschaft Oesterreich=Ungarns, unter der Voraussetzung, daß sie, abgesehen vom Saatgut, die Hälfte des Productes selbst verzehrt und die Hälfte verkauft, eine Preisdifferenz von 85 Mill. Gulden zu Gute kommen. Diese Berechnung ist aber unrichtig, weil wenigstens ein Theil des Zolles vom Auslande getragen wird und der Zoll deshalb die Kosten des inländischen Productes nicht um seine ganze Höhe hebt; um so weniger aber könnte ein Getreidezoll für Oesterreich=Ungarn, welches in Jahren mittelguter Ernte exportirt, diese Folge haben. Die Preis=erhöhung wäre deshalb eine wesentlich geringere und würde unseren Landwirthen kaum viel nützen, den städtischen Consumenten allerdings auch nicht viel schaden. Der übrigbleibende Nutzen aber käme fast aus=schließlich Ungarn zu Gute, während namentlich die Viehzucht treibenden Oekonomen der Alpenländer Getreide theurer kaufen müßten. Es em=pfiehlt sich daher mehr ein Schutz unserer Viehzucht durch **Grenzsperre** gegen Rußland und Rumänien, aus welchen Ländern uns auch regel=mäßig die Seuchen importirt werden, und Verbot aller Fleischwaren amerikanischer Provenienz. Auch ist der höhere Preis der Fleischwaren weniger odios als die befürchtete Vertheuerung des Brodes, welche den freihändlerischen Rednern Gelegenheit zu aufreizenden Bemerkungen gibt.

Gewerbe=Inspectoren (in anderen Staaten: Fabriksinspectoren) sind von der Regierung ernannte Organe, welche die Aufgabe haben, die allgemeine Durchführung der bestehenden Gewerbegesetzgebung, soweit sie den Schutz der Arbeiter betrifft, zu veranlassen und zu überwachen, die Weiterbildung dieser Gesetzgebung durch Studium der einschlägigen Ver=hältnisse vorzubereiten und ihre Vertrauensstellung gegenüber dem Arbeiter und dem Industriellen zur Behebung einzelner Mißstände und Mißhellig=keiten auch über den Rahmen des Gesetzes hinaus zu benützen. Das Gesetz vom Jahre 1883 weist den Gewerbe=Inspectoren insbesondere die Ueber=wachung folgender Punkte an: 1. Die Vorkehrungen, welche die Gewerbe=

Inhaber zum Schutze des Lebens und der Gesundheit der Arbeiter, sowohl in den Arbeitsräumen als in den Wohnräumen, falls sie solche beistellen, zu treffen verpflichtet sind; 2. die Verwendung von Arbeitern, die tägliche Arbeitszeit und die periodischen Arbeitsunterbrechungen; 3. die Führung von Arbeiterverzeichnissen, die Dienstordnungen, die Lohnzahlungen und Arbeiterausweise; 4. die gewerbliche Ausbildung der jugendlichen Hilfsarbeiter. Ebenso hat der Gewerbe=Inspector bei Genehmigung neuer Betriebsanlagen als berathendes Fachorgan die Rücksichten auf Leben und Gesundheit der Arbeiter zu wahren. In jährlichen Berichten an den Handelsminister, die derselbe dem Parlamente vorzulegen hat, sollen die Gewerbe=Inspectoren ihre Erfahrungen und Vorschläge niederlegen. Um ihrer Aufgabe zu genügen, haben die Gewerbe=Inspectoren das Recht, jeden Betrieb in allen seinen Räumen zu jeder Tages= oder Nachtzeit zu besuchen und die in demselben beschäftigten Personen, auch ohne Zeugen, zu vernehmen, Anordnungen zur Abstellung vorhandener Uebelstände zu treffen und falls sich der Gewerbe=Inhaber weigert, dieselben zu befolgen, die Anzeige an die Gewerbebehörde zu machen. Bis jetzt sind 12 Inspectoren ernannt, die einem Central=Gewerbe=Inspector in Wien unterstehen. Der eben ausgegebene erste Bericht, obwohl er bei dem Verhältnisse der Zahl der Beamten zu der Zahl der zu inspicirenden Betriebe nur Stichproben bieten kann, bringt bereits eine Fülle des wichtigsten Materiales und zeigt, wie nothwendig diese Einrichtung auch in Oesterreich ist. Mit der Sanction des VI. Hauptstückes der Gewerbeordnung werden durch Einführung des Maximalarbeitstages etc. die Gewerbe=Inspectoren eine ganz kolossale Arbeit zu übernehmen haben. Denn erst die durchgängige Ausführung dieser Vorschriften macht sie überhaupt wirksam, da eine lückenhafte Durchführung gerade dem gewissenlosen Industriellen eine Prämie bietet in der Concurrenz mit demjenigen, der das Gesetz genau befolgt. Fortwährende und wiederholte Controle wird also mehr als je nothwendig sein. Dazu müssen aber die Aufsichtsbezirke verkleinert, die Gewerbe=Inspectoren vermehrt werden. Heute haben 2 Beamte ganz Nieder= und Ober=Oesterreich nebst Salzburg zu besorgen; Nieder=Oesterreich allein aber zählt 3372 Großbetriebe und 56.665 Kleinbetriebe!

Gewerbeordnung. Die Gewerbeordnung enthält den Inbegriff des Gewerberechts, wobei als Gewerbe nicht blos jene Erwerbszweige gelten, welche sich mit der Veredlung von Rohstoffen befassen, sondern mannigfache andere, welche den Handel und die Verrichtung von Dienstleistungen zum Gegenstande haben. Es fallen nämlich unter die Normen der Gewerbeordnung alle selbstständig betriebenen Erwerbsbeschäftigungen, welche nicht ausdrücklich ausgenommen sind; solche sind die Urproduktion, die Ausübung der schönen Künste, der Heilkunde, der Advokatur und verwandter Beschäftigungszweige, die Eisenbahn= und Dampfschiffahrts=Unternehmungen und manches Andere. Hervorragende Staaten, z. B. England, Frankreich, verzichten darauf, einheitliche Gewerbeordnungen zu erlassen; Oesterreich, Deutschland, Ungarn halten dagegen noch daran fest, Gewerbegesetze, die für alle Gewerbe in dem bezeichneten weiten Sinne dieses Wortes gemeinsam gelten sollen, auf=

zustellen. Dieses Verfahren entspricht zwar der äußeren Bequemlichkeit, birgt aber die Gefahr einer schablonenhaften Behandlung der bei den einzelnen Erwerbsbeschäftigungen so verschiedenartigen Verhältnisse in sich, eine Gefahr, welcher auch die österreichische Gesetzgebung an manchen Stellen unterlegen ist. Den Mittelpunkt des Interesses bei den Gewerbeordnungen nehmen die Bestimmungen über die Bedingungen für den selbstständigen Gewerbebetrieb, über die gewerblichen Korporationen (Genossenschaften, Innungen) und über das Verhältnis zwischen Unternehmer und gewerblichem Arbeitspersonale ein. — Die gegenwärtig in Oesterreich zu Kraft bestehende Gewerbeordnung datirt aus dem Jahre 1859; im Gegensatze zum älteren österreichischen Recht ist sie auf dem Prinzip der Gewerbefreiheit aufgebaut, d. h. sie kennt kein anderes Erfordernis für den Gewerbebetrieb als die Berechtigung zur eigenen Vermögensverwaltung und macht hievon nur Ausnahmen für die sogenannten konzessionirten Gewerbe, deren Betrieb aus polizeilichen Gründen an die Erlangung einer staatlichen Konzession geknüpft ist, so bei den Baugewerben, Preßgewerben, Gast- und Schankgewerben u. a. Diese Gewerbeordnung hat aber in wichtigen Theilen eine radikale Umformung erfahren und geht auch rücksichtlich der bisher noch unverändert gebliebenen Partien einer solchen entgegen. Diese Reform des Gewerberechts hat ihren Ausgangspunkt in der Regierungsvorlage einer neuen Gewerbeordnung aus dem Jahre 1880, die aber erst zum Theile erledigt ist, da vorerst einzelne Abschnitte als Spezialgesetz zur Annahme und Sanktion gelangten, um gewisse als bringlich erkannte Reformen rascher durchführen zu können, als es bei Berathung und Beschließung über die ganze Vorlage möglich gewesen wäre. Auf diese Weise kam die Gewerbegesetznovelle vom 15. März 1883 zu Stande, welche wesentlich von dem Regierungsentwurfe abweicht und einschneidende Neuerungen, namentlich hinsichtlich der Befugnis zum Gewerbeantritt und des Genossenschaftswesens trifft. Jene Neuerungen sind zum Theile reaktionärer Natur im vermeintlichen Interesse der Gewerbe-Inhaber, zum Theile auch schüchterne Versuche, dem Arbeiterstand Vortheile zuzuwenden; sie erfolgten vornehmlich auf den Druck einer in kleingewerblichen Kreisen entstandenen Bewegung hin trotz der heftigen Opposition seitens der Liberalen innerhalb und außerhalb des Parlamentes, welche die Unzulänglichkeit des Gebotenen nach allen Richtungen hin betonten. Bei dem Arbeiterstande konnte die bisher durchgeführte Gewerberechtsreform keine Sympathie erwecken; unter den Kleingewerbetreibenden knüpfte man hingegen große Hoffnungen an sie, welche sich jedoch als eine Illusion erweisen dürften. Man sehe hierüber die Artikel: Befähigungsnachweis, Genossenschaften, Gewerbetage. Die Reform der Gewerbeordnung ist mit der Novelle vom 15. März 1883 nicht abgeschlossen; soeben wurde die parlamentarische Behandlung des Abschnittes über das gewerbliche Hilfspersonale beendet und derselbe als Gesetz vom 8. März 1885 kundgemacht.

Gewerbetage. Unter diesem Namen fanden in den letzten Jahren zahlreiche Versammlungen von Kleingewerbetreibenden statt. Sie bildeten den Mittelpunkt der in diesen Kreisen herrschenden Bewegung, welche sich namentlich auf die Reform der Gewerbegesetzgebung bezog und noch bezieht. Als tonangebend in dieser Richtung können die allgemeinen österreichischen Gewerbetage zu Wien in den Jahren 1881, 1882 und 1884 gelten, hier war der Hort für die Bestrebungen nach der Einführung des Befähigungsnachweises, nach dem Genossenschaftszwange, der Errichtung besonderer Gewerbekammern u. A. mehr. Namentlich der letzte Gewerbetag des Jahres 1884 ist in mannigfacher Hinsicht bemerkenswert. Nicht so sehr wegen der offen zu Tage getretenen Unzufriedenheit mit den durch die Gewerbegesetznovelle vom 15. März 1883 erreichten Erfolgen und wegen seiner Bestrebungen, eine Einschränkung des Handels mit handwerksmäßigen Erzeugnissen zu erzielen oder den Befähigungsnachweis, wie man sich ausdrückte, für „Fabrikanten, die ein handwerksmäßiges Gewerbe betreiben", durchzusetzen, denn diese Wünsche nach Fortführung der Reaction auf gewerbepolitischem Gebiete haben wenig Aussicht auf Erfüllung und sind an sich sehr unzweckmäßig. Wohl aber sind jene Beschlüsse beachtenswert, die hinsichtlich der **Arbeiterordnung** gefaßt wurden. Der Gewerbetag verwarf nämlich die vom Referenten beantragte Resolution, nach welcher die vom Abgeordnetenhaus bereits beschlossenen Neuerungen im Interesse des gewerblichen Hilfspersonales gebilligt wurden, und beschränkte sich darauf, **im Interesse der Concurrenzfähigkeit des Kleingewerbes** für den Fabriksbetrieb den zehnstündigen Normalarbeitstag, das absolute Verbot der Nachtarbeit für Frauen und Kinder, endlich die Sonn- und Feiertagsruhe zu fordern. Dieses Verhalten des Gewerbetages rief unmittelbar eine Gegenäußerung hervor: in einer zu diesem Zwecke veranstalteten Arbeiterversammlung fielen bittere Worte und wurde unverholen ausgesprochen, daß das Kleingewerbe den Kampf mit der Großindustrie auf Kosten der Arbeiterschaft führen wolle und mit seinem Bestreben, sich zu erhalten, in Conflict mit dem öffentlichen Interesse gerathen sei. Diese Behauptungen enthalten leider viel Wahres, insoweit der kleingewerbliche Betrieb nicht mehr concurrenzfähig ist mit der Großindustrie. Die Sucht jedoch, das Handwerk um jeden Preis zu erhalten, auch dort, wo die technischen und wirtschaftlichen Umstände den Großbetrieb begünstigen, beruht nur auf einem Mißverstehen der eigenen Interessen. Der schließlich doch unvermeidliche Uebergangsproceß läßt sich höchstens verzögern, nicht aber aufhalten; er läßt sich auch dadurch nicht aufhalten, daß man das Aufkommen von Fabrikanten durch allerlei Praktiken im Gewande längst entschwundener Zeiten erschwert, auch dadurch nicht, daß man den kleingewerblichen Arbeiter um eine Stufe tiefer herabdrückt als den Fabriksarbeiter. Ein solches Bestreben ist nicht nur ungerecht, es ist geradezu widersinnig. In den durch die Großindustrie bedrängten Zweigen führt auch der Meister wahrlich keine behagliche Existenz; das Handwerk hört da auf, eine Stütze des Staates zu bilden, es wird zum fruchtbaren Boden, wo der sociale Unfrieden am üppigsten gedeiht und der Classenkampf sich am schroffsten entwickelt. Diese Thatsachen mögen zu beklagen sein, sie sind aber nicht zu ändern. Vorläufig bleibt jedoch noch ein weites Feld für die kleingewerbliche Thätigkeit gesichert, ein Feld, bei welchem, wie nicht zu übersehen, ein regelmäßiger Zuwachs stattfindet; auf diesem wird das Handwerk sein angemessenes Auskommen finden und dabei auch dem Lohnarbeiter bieten können, was die Zeit unabweisbar fordert. Aber auch auf diesem Gebiete muß dem Kleingewerbe die Existenz erschwert werden, wenn dort alle jene Elemente zusammentreffen, welche sich in den vergeblichen Kampf mit der Großindustrie eingelassen haben. Nicht also ein Auflehnen gegen die neuzeitliche Entwicklung thut Noth, sondern ein Anpassen. Und das scheint die kleingewerbliche Bewegung unserer Tage zu verkennen.

Gewerbliches Unterrichtswesen. Dasselbe hat in Oesterreich seit den letzten Jahrzehnten einen erfreulichen Aufschwung genommen und, wie die verschiedenen gewerblichen Ausstellungen beweisen, anerkennenswerte Erfolge erzielt. Es gliedert sich in die gewerblichen Vorbereitungscurse, bestimmt für jene Schüler, welche die Volksschule mit nicht genügendem Erfolge verlassen haben, und die gewerblichen Fortbildungs- und Fachlehranstalten, bei welchen das speciell sachliche Element im Lehrplane hervortritt. Dazu treten noch einzelne Institute singulärer Natur, welche die höchste Blüte des gewerblichen Unterrichtswesens darstellen. Der Gewerbestand in Niederösterreich beklagt sich darüber, daß die Kosten für die Vorbereitungscurse fast ausschließlich von ihm getragen werden müssen, während es sich bei denselben doch nur um eine Ergänzung der durch den Volksschul-Unterricht belassenen Lücken handelt; für dieses Land ist dies nämlich von großer Bedeutung, weil dorthin ein Zuströmen schlecht vorgebildeter slavischer Lehrlinge stattfindet. Verschärft werden diese Klagen durch die Volksschulgesetznovelle vom 2. Mai 1883, welche eine Abkürzung des Volksschulbesuches gestattet und daher eine Vermehrung der Vorbereitungscurse und sohin eine Steigerung des diesbezüglichen Aufwandes erwarten läßt. Bemerkenswert ist auch die Klage der Schulverwaltungen in Wien, daß die Schüler slavischer Nationalität in Folge der politischen Verhältnisse die Aneignung der deutschen Sprache zu vernachlässigen beginnen.

Grundeigenthums-Vertheilung. Die volkswirtschaftlich gesündeste Art der Vertheilung des Grundbesitzes ist die, wenn das Land vorwiegend in Antheile von solcher Größe zerfällt, daß dieselben dem die Aufsicht führenden und vorarbeitenden Eigenthümer sammt dessen Familie genügende Arbeitsgelegenheit und gesichertes Einkommen bieten, wenn also der eigentlich bäuerliche Besitz überwiegt. Es ist jedoch wünschenswert, daß die auf dem Lande lebenden Gewerbetreibenden ebenfalls ein, wenn auch kleines Grundstück und eigene Behausung besitzen; auch eine verhältnismäßige Anzahl von kleinsten Grundbesitzern, die den größeren gegen Tagelohn aushelfen oder Beschäftigung in der Industrie finden, ist ein nützliches Glied in der socialen Ordnung. Ebenso sind aber auch größere Besitzungen, welche namentlich durch Verbesserung des technischen Betriebes den Landwirten der Umgebung ein nützliches Beispiel geben und durch Errichtung landwirtschaftlicher Industrien denselben einen lohnenderen Absatz ihrer Producte ermöglichen, volkswirtschaftlich vollauf berechtigt. Leider aber findet eine bedauerliche Verschiebung nach beiden Seiten statt. Die Anzahl der spannfähigen Bauernhöfe vermindert sich, und es bildet sich einerseits eine darbende Menge von Zwerggütlern, andererseits kauft der Großgrundbesitz Bauernhöfe massenhaft auf. Die Zersplitterung ist am stärksten in Galizien und der Bukowina, dann im Küstenland und in Schlesien; so hat in Galizien von 1857 auf 1883 die Zahl der Grundbesitzbogen um 168·7%, in der Bukowina um 160·7%, im Küstenland um 75·3% zugenommen, der durchschnittliche Reinertrag auf den Besitzbogen in diesen Ländern um 47·3%, 40%, 42·1% abgenommen. Die Zertrümmerung in haltlose Zwergwirtschaften bildet häufig den Uebergang in den Besitz der großen Grundherren. Während aber der auf seinem Gute lebende Großgrundbesitzer immerhin noch eine wichtige wirtschaftliche Aufgabe haben kann, fehlt dieselbe sowohl bei dem in der Stadt lebenden Millionär, der von seinem Gute nur die Rente bezieht, und dasselbe nur als Sommeraufenthalt und Jagdgrund kennt, als auch bei dem viele Herrschaften vereinigenden Latifundienbesitzer. In Böhmen ist mehr als ein Drittel des Landes in den Händen von 699 landtäflichen Großgrundbesitzern, von diesen besitzt ein Grundherr allein über 300.000 Joch.

Grundentlastung. Von dem ermittelten Werthe der zu Robot, Abgabe für den Besitzübergang unter Lebenden (Laudemium) und durch Todfall (Mortuarium), Zehent u. s. w. Verpflichteten wurde ein Drittel in Abzug gebracht, ein Drittel hatte der Verpflichtete und ein Drittel das Land zu übernehmen. Nur in Galizien wurden durch a. h. Entschließung vom 13. Oktober 1857 die Entlasteten von jeder Beitragsleistung befreit und übernahm das Reich die Zahlung von jährlich 2½ Mill. als Vorschuß. Diese auf mehr als 70 Mill. angewachsenen Vorschüsse bilden eine Schuld des Königreichs Galizien an das Reich, und kann deren Rückzahlung gefordert werden, sobald sich die materiellen Verhältnisse des Landes gebessert haben. Daher versuchen die galizischen Abgeordneten noch rechtzeitig die Abschreibung dieser Schuld durchzuführen.

Grundverschuldung. In den Ländern Oesterreichs mit geordnetem Grundbuchswesen, d. i. in Nieder- und Oberösterreich, Salzburg, Steiermark, Kärnten, Krain, Tirol, Böhmen, Mähren und Schlesien betrug der grundbücherliche Lastenstand am 31. December 1881 2722·5 Millionen. Vorarlberg, Küstenland, Dalmatien, Galizien und die Bukowina bleiben dabei außer Betracht. Von diesem Lastenstande entfielen auf den landtäflichen Besitz 273 Mill., auf den Montanbesitz 67 Mill., auf den städtischen Besitz, d. h. auf 43 größere Städte und 6 Bezirksgerichtsprengel in der Nähe Wiens, 436·4 Mill., endlich auf den sonstigen größtentheils bäuerlichen Grundbesitz 1945·8 Millionen. Im Jahre 1882 hat der Schuldenstand des landtäflichen (um 6·2 Mill.) und des städtischen Besitzes (um 0·6 Mill.) ab-, der des Montanbesitzes (um 10·5 Mill.) und des „sonstigen" Besitzes (um 19·3 Mill.) zugenommen, so daß der Gesammt-Lastenstand für die erstgenannten Länder Ende 1882 2745·4 Mill. betrug. Der Umstand, daß der Montanbesitz (mit Ausnahme des Jahres 1882) und der städtische Besitz seit 1877, der landtäfliche seit 1880 eine Verminderung, der „sonstige" Besitz aber eine noch immer anhaltende Erhöhung des Schuldenstandes aufweist, zeigt deutlich, daß gerade der bäuerliche Besitz im höchsten Grade gefährdet ist. Noch deutlicher weist folgende Tabelle die Bedrängnis des Bauernstandes nach. Es erfolgten beim „sonstigen", also größtentheils bäuerlichen Besitz in den

Jahren	1875	1876	1877	1878	1879	1880	1881	1882
	4585	5522	6948	9123	11238	12280	12179	11941

executive Feilbietungen. Dieselben ergaben

| 9·4 | 12·4 | 16·6 | 18·7 | 22·4 | 39·2 | 35·2 | 26·5 Millionen |

Ertrag. Dabei mußten wegen Unzulänglichkeit des Erlöses gelöscht werden:

| 6·3 | 7·7 | 11·7 | 20·8 | 17·6 | 44·4 | 33·3 | 20·2 Millionen. |

Demnach bezeichnet das Jahr 1880 den Höhepunkt der Realitätenkrisis; doch ist die Besserung eine unbedeutende, und es ist sehr zu befürchten, daß die niedrigen Getreidepreise des heurigen Jahres wieder eine steigende Anzahl bäuerlicher Besitzungen zum Falle bringen werden. Die Aufgaben einer gesunden Agrarpolitik müssen darin bestehen, 1. die Gründe der weiteren Verschuldung zu beseitigen durch Schutz gegen ausländische Concurrenz, Reform des Steuerwesens und des Heimatsrechtes, Aenderung der Erbtheilungsvorschriften und Verbesserung des Betriebes, 2. die Convertirung der viel zu hoch (meist mit 6%) verzinslichen und beliebig kündbaren Grundschulden in geringer verzinsliche und amortisirbare durchzuführen, 3. das Hypothekenwesen zu reformiren und den Personal-Credit genossenschaftlich zu organisiren.

Gründungsschwindel, das Hervorrufen aussichtsloser Unternehmungen, wobei Jene, welche dieselben unter Täuschung Anderer über die Ertragsfähigkeit ins Leben gerufen haben, sich für dieses Verdienst einen Vermögensvortheil (Gründergewinn) ausbedingen und sodann die geprellten Uebernehmer der Unternehmung im Stiche lassen. Der Gründungsschwindel ist in Zeiten gesteigerter Geldfülle, oder aus irgend welchen Ursachen gehobener Unternehmungslust ein gerne angewandtes Mittel, um durch straflosen Betrug sich zu bereichern. Eine Actiengesellschaft wird geplant. Der Prospect verspricht goldene Berge, die Zeitungen (bestochen oder kopflos) schwärmen von der gesunden, verheißungsvollen Unternehmung, hundert Emissäre (der Gründer) singen das Lob der geplanten Gründung, Namen von altem oder gutem Klang werden unter Mitwissen oder Nichtwissen ihrer Träger hineingezogen, vielleicht als letzter Trumpf die höchstgehende Verbindung der unternehmenden Personen vorgeführt. So gereizt und verlockt, mit allen Mitteln der Verführung zur höchsten Gewinnsucht aufgestachelt und um den gesunden Verstand gebracht, beeilen sich Bethörte aller Stände, Mitglieder der Actiengesellschaft zu werden. Den selbstlosen Gründern, welche ein so glückverheißendes Unternehmen ausgedacht haben, muß für diese Bemühung natürlich ein Lohn gewährt werden, bald in barem Gelde, bald durch Gewährung einer Anzahl Actien umsonst oder zu niedrigen Kursen, bald durch Uebernahme von Vermögensstücken der Gründer, z. B. Fabriken, zu übermäßigen Preisen, balb durch Combination dieser verschiedenen Mittel. Ist das Geschäft abgeschlossen, ziehen sich die Gründer zurück. Häufig werden wohl auch noch die Actien durch künstliche Mittel für eine Zeit in die Höhe getrieben, damit man noch Kursgewinne machen könne und bann — „sehe jeder wie er's treibe und wer steht, daß er nicht falle". Das Fallen pflegt das Gewöhnliche zu sein. Zum mindesten hat die Actiengesellschaft alles so theuer in Händen, daß meist von landesüblichen Gewinnen keine Rede ist. Bei der Straflosigkeit, welche unsere Gesetzgebung solchen Praktiken zugesichert hat, geschieht es, daß sich häufig ganze Institute, Banken (s. diese) mit dergleichen Geschäften abgeben (Gründungsbanken), eine der verwerflichsten Ausnützungen menschlichen Vertrauens oder Unverstandes. Während unserer Schwindelperiode (1873) wurden gegen 1000 Millionen in Unternehmungen angelegt, welche mit Verlust arbeiteten. Davon entfallen auf Wien allein gegen 700 Millionen. Von 919 Actiengesellschaften, welche in Oesterreich von 1868—1882 gegründet worden sind, darunter 671 von 1868 bis Mai 1873, gelangten 490, also mehr als die Hälfte, zum Concurs oder zur Liquidation! Welch' grauenhaftes Bild wirtschaftlicher Unsolidität! Auf diesem Gebiete muß eine strenge Gesetzgebung eintreten und neben den die Actiengesellschaften (s. diese) überhaupt betreffenden Reformen verlangt werden: vollständige Oeffentlichkeit aller Gründungshergänge, unabhängige Controlscommission behufs Prüfung derselben, vollkommene civil- und strafrechtliche Haftung der Gründer. Auch hier sind die Bestimmungen des dem Abgeordnetenhause vorliegenden Gesetzentwurfes über Actiengesellschaften noch nicht genügend.

Haftpflicht, Haftpflichtgesetze. Die rapide Entwicklung des Transportwesens und der Industrie in unserer Zeit hat die Zahl der Betriebsunfälle sehr vermehrt, durch welche oft bedeutende Beschädigungen an Leben und Gesundheit der beschäftigten Arbeiter eintraten und damit die wirtschaftliche Existenz ganzer Familien untergraben wurde. Die Normen des gemeinen Privatrechts (in Oesterreich aus dem Beginne dieses Jahrhunderts stammend und auf Rechtssätzen aufgebaut, deren Entstehung zum größten Theile noch vor die Geburt Christi fällt) mußten sich da als ungenügend erweisen, da Entschädigungsansprüche des Arbeiters zumeist an ein Verschulden des Unternehmers und an einen Beweis desselben geknüpft waren, jedenfalls aber entfielen, wenn seinerseits ein Verschulden vorlag. Notorisch stumpft aber die stete Beschäftigung mit gefährlichen Verrichtungen die Sorgfalt ab, so daß oftmals bei Unfällen ein Verschulden im juristischen Sinne anzunehmen ist, bei dem es aber in Wahrheit sehr hart ist, die Last vollständig auf den Schultern des Arbeiters zu belassen; Unfälle, wie z. B. Explosionen, vernichten ferner häufig alle Spuren am Orte, wo sie vor sich gegangen, die Betheiligten, welche über das Entstehen allein Auskunft zu geben vermöchten, sind dahingerafft u. dgl. mehr. Die Durchführung eines Beweises wird hier zur reinen Glückssache. Was endlich als zufälliger Schaden erscheint, ist in Wahrheit ein nothwendiger Begleiter der Production selbst. Diese Erwägungen ließen sich leicht vermehren; aber schon das Gesagte genügt, um zu zeigen, daß mit den alten Vorschriften des materiellen und Proceß-Rechtes über Verschulden, Zufall und Beweis auf diesem Gebiete nicht auszukommen ist. Bevor sich jedoch die richtige Ueberzeugung Bahn brach, daß principiell jeder Arbeiter, durch einen Unfall in seinem Gewerbe betroffen, wirtschaftlich schadlos zu halten wäre, dies aber nur dann ohne Härte durchführbar ist, wenn wiederum nicht der Zufall die Kosten hiefür unter die einzelnen Unternehmungen vertheilt, sondern der gesammte Industriezweig als solcher eintritt und damit die Auslagen zu einem regelmäßigen, in Voraus berechenbaren Posten in den Erzeugungskosten erhoben werden, bevor sich also die Erkenntnis hievon Bahn brach, behalf man sich mit allerlei Flickwerk. Zu diesem gehören vornehmlich die sogenannten Haftpflichtgesetze, welche eine Haftung der Unternehmer für die in ihrem Betriebe entstandenen Unfälle über den Rahmen des gemeinen Rechtes hinaus feststellen. Da sie aber immer noch im Wesentlichen auf der veralteten Grundlage beruhen und sich mit den Begriffen: Verschulden dieser oder jener Person, Zufall, Beweis ꝛc. herumschlagen, so geben sie ein nur sehr ungenügendes Auskunftsmittel ab. Auf jenem unfertigen Zustande der Rechtsentwicklung stehen noch mehrere Länder, so England, die Schweiz; als classisches Beispiel kann das deutsche Haftpflichtgesetz vom 7. Juni 1871 dienen, dessen, wie allgemein eingestanden, völlig unzureichenden Resultate hauptsächlich in Processen und Zwistigkeiten zwischen Arbeitgeber und Arbeitnehmer bestanden. Das Deutsche Reich sah sich daher genöthigt, zur Arbeiter-Unfallversicherung zu schreiten. In Oesterreich hat man mit Recht gleich letzteres System in's Auge gefaßt, das einzige, welches den modernen Verhältnissen wirklich entspricht. Es gibt zwar noch immer Stimmen in Oesterreich, welche ein Haftpflichtgesetz an Stelle der Unfallversicherung befürworten, vermuthlich deshalb, weil Vielen die staatlichen Versicherungsanstalten mit ihrer Einsichtnahme in den Betrieb lästig fallen. Desto mehr Grund aber wiederum für Andere solche Anstalten erst recht zu empfehlen. Ueber jene Stimmen dürfte man ohnehin zur Tagesordnung schreiten. — Eine andere Art der Haftpflicht besteht in der erweiterten Haftung der Eisenbahn-Unternehmungen für Betriebsunfälle überhaupt, nicht blos im Verhältnis zu den eigenen Angestellten, sondern namentlich zu den Passagieren. So nach dem Gesetze vom 5. März 1869. Auch dieses ist sehr am Platze.

Handelsbilanz. Die Handelsbilanz stellt das Ergebnis der Vergleichung der Werte der in ein Land eingeführten Waren mit jenen der zur Ausfuhr gelangten Waren dar; sie ist activ, wenn der Warenwert der Ausfuhr überwiegt, im entgegengesetzten Falle passiv. Die Betrachtung der Warenbilanz genügt jedoch nicht zur Beurtheilung des wirtschaftlichen Verhältnisses zum Auslande, sondern es müssen auch noch die sonstigen Zahlungsleistungen und Verbindlichkeiten jeder Art gegenüber dem Auslande in Rechnung kommen, um eine richtige, alle internationalen wirtschaftlichen Beziehungen umfassende „Zahlungsbilanz" aufstellen zu können. Hieher gehören: der Fracht=

erwerb bei Einfuhr und Ausfuhr und im auswärtigen Zwischenverkehr, der Gewinn, der aus Unternehmungen im Auslande für die Inländer resultirt, die Zinsen, welche vom Auslande für dort investirte inländische Capitalien bezahlt werden, die Edelmetall-Ausfuhr ꝛc. und umgekehrt. — Bei der fortschreitenden Verschuldung Oesterreichs an das Ausland ist eine active Handelsbilanz nöthig, um die Erfüllung der Verbindlichkeiten des Staates an das Ausland zu ermöglichen. Zur Verbesserung der Handelsbilanz wurden daher Schutz-Zölle eingeführt (Zolltarife von 1878 und 1882, Novelle vom Jahre 1885 — gegenwärtig in parlamentarischer Behandlung —), wodurch der Import fremder Waren, welche im Inlande selbst erzeugt werden können, nach Möglichkeit eingeschränkt werden soll.

Die österreichische Handelsbilanz ist seit dem Jahre 1875 activ; sie zeigt in Millionen Gulden:

	Ausfuhr	Einfuhr	Mehrwert der Ausfuhr
1879	684	556·5	127·5
1880	676	613·4	62·6
1881	731·5	641·8	89·7
1882	782	654·1	127·9
1883	750	624·9	125·1

Auch der Edelmetall-Import beansprucht die reelle Bedeckung im Waren-Export. Insolange der Activ-Saldo der Handelsbilanz Oesterreich-Ungarns innerhalb obiger Grenzen schwankt und seine Höhe, wie thatsächlich, namentlich von dem Ausfall der Ernte abhängig ist, kann die Zahlungsbilanz nicht als günstig angesehen werden, da Oesterreich-Ungarn über 80 Millionen Gulden an Zinsen für im Ausland placirte Staatsschulden und an 90 Millionen Gulden an Gewinnsten und Dividenden aus Unternehmungen an's Ausland zu entrichten hat. Wir beziehen aus dem Auslande sowohl Rohstoffe (52·67% des Wertes der Wareneinfuhr 1883), als auch Fabricate (47·33%). Unter den Rohstoffen dominirten die Hilfsstoffe für die Industrie. Bei der Ausfuhr 1883 bezifferte sich der Wert der Rohstoffe auf 46·52%, jener der Fabricate auf 53·48% der Gesammtausfuhr. Hauptartikel (und Hauptbezugsländer) der Einfuhr sind:

	Wert der Einfuhr 1883 in Millionen Gulden	Hauptbezugsländer
Colonialwaren	29	
Tabak	18	
Weizen	15	Rußland, Donauländer, Amerika
Reis	9	Indien, Italien
Schlacht- und Zugvieh	23	Rußland, Donauländer, Deutschland, England
darunter:		
Schweine	11	Serbien
Rohe Felle und Häute	22	
Steinkohlen	10	
Baumwolle roh	53	Ostindien, Amerika
Baumwollgarne	20	England, Deutschland
Andere vegetabilische Spinnstoffe, Garne und Webwaren	24	Rußland, Ostindien, England ꝛc.

	Wert der Einfuhr 1883 in Millionen Gulden	Hauptbezugsländer
Wolle und Wollwaren	71	Außereuropäische und östliche Länder, Deutschland, Belgien ꝛc.
Seide und Seidenwaren	34	Italien, Schweiz, Frankreich, Deutschland
Eisen, unedle Metalle, Waren daraus	31	Deutschland
Gemeines Leder	11	
Maschinen, Maschinenbestandtheile	16	England, Deutschland, Schweiz
Bücher, Karten, Musikalien	10	
ꝛc. ꝛc.		

Hauptartikel (u. Hauptabsatzländer) für die **Warenausfuhr** sind:

	Wert der Ausfuhr 1883 in Millionen Gulden	Hauptabsatzländer
Getreide, Mehl, Mahlproducte	121	
darunter:		
Weizen	31	Schweiz, Süddeutschland
Gerste	24	Süddeutschland, Schweiz, England
Malz	12	Deutschland, Frankreich
Zucker	70	Nachbarländer, England, Holland
Schlacht- und Zugvieh	65	
darunter:		
Ochsen und Stiere	14	Deutschland
Kühe, Jungvieh, Kälber	22	
Schafe	12	Frankreich
Pferde	11	
Thierische Producte diverser Art	29	
Leder und Lederwaren	21	
Geistige Getränke	24	Frankreich, Nachbarländer, England ꝛc.
Holz	62	Frankreich, Nachbarländer, Orient ꝛc.
Steinkohlen	10	Deutschland
Baumwollwaren	10	Oestliche Länder
Leinengarn und Leinenwaren	14	
Holzwaren	18	Nachbarländer, Orient, England ꝛc.
Glas und Glaswaren	22	Deutschland, Italien, östliche Länder, Amerika, England ꝛc.
Eisen und Eisenwaren	12	
Kurzwaren und Uhren	42	Oestliche Länder
ꝛc. ꝛc.		

Vorstehende Tabellen zeigen zur Genüge, wie wichtig der ausländische Verkehr für Oesterreich ist und wie bedeutend die Stelle, welche gerade jene Länder in demselben einnehmen, mit welchen wir in einen Zollkrieg verwickelt sind oder in Kürze verwickelt werden dürften. (Vgl. Artikel „Zolltarif".)

Handels- und Gewerbekammern sind Organe, welche die Regierung sowohl vom Standpunkte der Interessen des Bezirkes, für welchen sie bestellt sind, als auch von allgemeinen wirtschaftlichen Gesichtspunkten ausgehend über die Bedürfnisse von Handel und Gewerbe informiren und die von der Regierung oder von anderer Seite an sie gebrachten Vorschläge in dieser Beziehung einer fachmännischen Begutachtung unterziehen. Sie fungiren als berathende Korporationen, haben officiellen Charakter, aber keinerlei Executive. Es sollen in ihnen alle wirtschaftlichen Interessensphären des Bezirkes Vertreter haben.

In Oesterreich-Ungarn wurden Handelskammern zuerst durch das provisorische Gesetz vom 15. December 1848 eingeführt und als Handels- und Gewerbekammern durch das Gesetz vom 29. Juni 1868 umgestaltet. Ausdrücklich wurde ihnen die Bestimmung zuerkannt, Gesetzentwürfe, welche commercielle oder gewerbliche Interessen berühren, bevor dieselben von der Regierung der Legislative zur verfassungsmäßigen Behandlung vorgelegt werden, zu begutachten — eine Vorschrift, die von der Regierung sehr häufig außer Acht gelassen wird. Zu ihren besonderen Aufgaben gehört auch die Führung der Marken- und Musterregister, die Ausstellung von Certificaten in speciell bezeichneten Fällen, u. s. w., alljährliche Berichterstattung über die wirtschaftlichen Verhältnisse des Bezirkes, Verfassung einer Industriestatistik, Entscheidung in Handels- und Gewerbsstreitigkeiten als Schiedsgerichte. Auch nach den verschiedenen Gewerbs- und Zollgesetzen sind die Kammern in gewissen Fällen zur Begutachtung berufen. In Oesterreich bestehen 29 Kammern, welche dem Handelsministerium direct untergeordnet sind und deren (16—48) Mitglieder von verschiedenen auf Grund der Beschäftigung und der Erwerbsteuerleistung eingetheilten Sectionen und Wahlkörpern von den Handels-, Gewerbe- und Bergbautreibenden des Bezirkes mit relativer Stimmenmehrheit in der Regel auf die Dauer von 6 Jahren gewählt werden. Alle 3 Jahre wird die Hälfte der Kammer neugewählt. Die Erhaltungskosten der Kammer werden in Ermanglung eigener Einkünfte von den Wahlberechtigten getragen. Die Vereinigung von Vertretern des Handels, der Industrie, des Bergbaues und des Kleingewerbes in den Kammern ist darum wichtig, weil durch die gemeinsame Berathung in der Regel eine allseitige Beleuchtung der besonderen Wünsche der einzelnen Interessensphären erzielt, eine Summe von Vorurtheilen, in denen einzelne Gruppen befangen sind, bekämpft und dadurch das bei getrennten Vertretungen überhandnehmende unfruchtbare Polemisiren vermieden wird. Dabei treten allerdings die speziellen Bedürfnisse und Wünsche einzelner Interessengruppen oft nicht genügend klar zu Tage. Der Regierung wird, wenn einheitliche Voten vorliegen, nicht mehr allein die Entscheidung überlassen. Bei Festhaltung des Grundsatzes, daß Angelegenheiten, welche nur einen speciellen Kreis der Wirtschafttreibenden betreffen, in besonderen, aus den Vertretern dieser Kreise gebildeten Sectionen zu behandeln seien, wird vielfach eine Erweiterung der Kammern beabsichtigt (vgl. Wirtschaftskammern).

Die Handels- und Gewerbekammern wählen selbstständig 22, in Verbindung mit Städten 17 Abgeordnete in den Reichsrath, außerdem noch Abgeordnete in die Landtage, und zwar meist der liberalen Richtung angehörige deutsche Vertreter. Das dermalige Ministerium hat, einem Antrage des tschechischen Abgeordneten Dr. Mattusch, betreffend die Errichtung besonderer Gewerbekammern ausweichend, eine allgemeine Revision der Wahlordnungen der Kammern durchgeführt. Auf Grund der neuen Wahlordnungen, die in ihren vom Ministerium vorgeschriebenen Detailbestimmungen der Beeinflußung der Wähler durch die Bezirkshauptmannschaften und Gemeindebehörden Thür und Thor öffnen und bei deren Auslegung das Handelsministerium sich vorzugsweise von politischen Gesichtspunkten leiten ließ, ist es gelungen, die bisher in der Majorität deutschen Kammern von Prag, Budweis und Pilsen auf die Dauer den Tschechen auszuantworten, wodurch die von ihnen zu vergebenden Mandate der tschechischen Partei zufallen werden. Damit aber die Kammern nicht zu politischen Experimenten mißbraucht werden, sondern sich ihrer volkswirtschaftlichen Bestimmung ungestört hingeben können, wären sie bei gleichzeitiger Einführung des allgemeinen Stimmrechtes von ihrem politischen Wahlrechte zu befreien.

Handelsverträge enthalten Bestimmungen über die Behandlung der Angehörigen des einen vertragschließenden Theiles in dem Gebiete des anderen in Bezug auf Aufenthalt, Niederlassung, Erwerb, Abgaben-Entrichtung ꝛc., über Ausfuhrs- und Durchfuhrs-Verbote und Zölle, über die Behandlung fremder Erzeugnisse rücksichtlich der inneren Abgaben, über die Regelung des Schutzes des industriellen Eigenthums (Privilegien, Marken, Muster), über die Schiffahrt ꝛc. Bezüglich der Erhebung von Einfuhrzöllen unterscheidet man zwischen Verträgen, welche specielle Zolltarif-Vereinbarungen enthalten (Tarifverträge), solchen, welche außerdem den gegenseitigen Anspruch auf Meistbegünstigung hinsichtlich der Zölle vereinbaren und solchen, welche nur Meistbegünstigungsansprüche sicherstellen. Tarifverträge auf längere Dauer haben den Nachtheil, daß die durch den Zollschutz (Industrie-Zölle) beabsichtigte Ausgleichung der Productionsbedingungen des Inlandes mit jenen des Auslandes bei jeder, sei es aus was immer für einem Grunde im Auslande eintretenden Reduction der Productionskosten (durch Erzielung billigerer Frachten, Aenderung der Betriebsverhältnisse, Entstehung neuer concurrirender Productionszweige ꝛc.) illusorisch wird; gebundene Finanz-Zölle schränken die finanziellen Maßnahmen des Landes in lästiger Weise ein; endlich entzieht sich der Abschluß von Tarifverträgen einer weitergehenden Einflußnahme der gesetzgebenden Körperschaften, welche solche Verträge nicht amendiren, sondern nur annehmen oder ablehnen können. Vielfach wird daher neben Tarifverträgen, welche nur einzelne Zollpositionen binden (Conventionaltarife) und nur den Conventionalstaaten und jenen Staaten, welche im Verhältniß der Meistbegünstigung stehen, zu Gute kommen, ein in allen anderen Fällen anwendbarer autonomer General-Zolltarif festgestellt, so in Oesterreich-Ungarn der allgemeine Zolltarif vom 25. Mai 1882. Beim Abschlusse von Meistbegünstigungsverträgen erlangt der Staat, welchem die Meistbegünstigung zugesichert ist, das Recht auf Mitgenuß der einem anderen Staate, sei es in Folge eines Handelsvertrages oder auf autonomen Wege eingeräumten Vortheile. Die Nachtheile der Meistbegünstigungsverträge liegen daher in der präjudiciellen Wirkung des Zugeständnisses der Meistbegünstigung, welche die Actionsfreiheit des Staates bindet und seine Wirtschaftspolitik von den Vorgängen zwischen dritten Staaten abhängig macht. Dagegen sichert die Meistbegünstigung die Concurrenz auf dem ausländischen Markte gegen andere Auslandsstaaten vor Begünstigungen letzterer und sind solche Verträge in Ländern von Wesenheit, deren Export sich auf eine große Anzahl industrieller, im Auslande einem scharfen Mitbewerb dritter Länder ausgesetzter Gegenstände vertheilt.

In den von Oesterreich-Ungarn in den letzten Jahren abgeschlossenen Handelsverträgen wird immer mehr von der Bindung einzelner Tarifpositionen abgesehen, damit die volle Wirkung des allgemeinen autonomen Zolltarifes durch Conventionaltarife, welche allen meistbegünstigten Nationen zum Vortheile gereichen, möglichst wenig beeinträchtigt werde. Zu bemerken ist auch, daß von dem früher herrschenden Principe der Verzollung der Waren nach einem allgemein fixirten Percentsatze von dem facturirten Handelswerte der Ware (Wertzoll) zu Gunsten der Verzollung nach dem Gewicht und Bestimmung specifischer Zölle für die einzelnen Waren-Gattungen in den Handelsverträgen abgegangen wird, zumal dort, wo eine verläßliche Zollverwaltung Garantien bietet gegen Chicanen bei der Classificirung der Waren.

Hausierhandel. Seine volkswirtschaftliche Bedeutung liegt einerseits darin, daß er in die vom regelmäßigen Verkehr abseits gelegenen Ortschaften Waren bringt, welche dort überhaupt nicht oder nur zu übertrieben hohen Preisen zu erhalten wären, andererseits darin, daß er den auf auswärtigen Absatz angewiesenen Erzeugnissen der Hausindustrie abgelegener Gegenden Verbreitung verschafft (Zwirn und Bänder aus Waidhofen a. d. Thaya, Holzuhren aus Karlstein, Spitzen und Stickwaren aus dem böhmischen Erzgebirge, slovakische Drahtbinder u. s. w.), endlich daß er der Großindustrie beim Absatz der durch den seßhaften Handel schwer verwertbaren Ausschußwaren (Glas-, Thonwaren c.) behilflich ist. Im allgemeinen Interesse sind alle ausländischen und gewisse inländischen Waren (Getränke, Zuckerwerk, Gifte, Arzeneien, Edelsteine, literarische und Kunstwerke u. s. w.) überhaupt vom Hausierhandel ausgeschlossen und ist die Ertheilung des Hausierpasses durch die Gewerbsbehörden an den Nachweis besonderer Bedingungen geknüpft. Den Klagen der Kleinhändler über eine unberechtigte Concurrenz der Hausierer sollte durch eine strengere Handhabung des Hausier-Patentes, insbesondere bei Ertheilung der Hausier-Bewilligungen, durch Einschränkung des Hausierhandels in Orten, wo die normalen Bedürfnisse bereits durch die ansäßigen Handelsleute in hinreichendem Maße befriedigt werden und durch Hintanhaltung und strenge Bestrafung des unbefugten Hausierhandels, hinter welchem sich oft auch Landstreicherei, Dieberei, Hehlerei und Uebervortheilungen aller Art verbergen, abgeholfen werden. Wegen der Besteuerung des Hausierhandels siehe den Artikel Ausverkäufe.

Hausindustrie. So bezeichnet man jene unterste Stufe der Production, auf welcher in der Wohnung des Arbeiters unter alleiniger Beihilfe der Familienmitglieder Gegenstände des Massenbedarfes hergestellt werden. Sowohl Bezug des Rohmaterials wie Sorge für den Absatz liegen meist in anderen Händen. Zwischen den En gros-Händler oder Verleger, der Beides besorgt, und den Arbeiter drängt sich als Vermittler der „Factor", der das Rohmaterial vertheilt und die fertige Ware zu den elendesten Stücklöhnen aufkauft. Druck und jede Art von Uebervortheilung des gänzlich abhängigen, jeder Uebersicht über die Conjunctur baren, aber doch nicht selten auf seine „Selbstständigkeit" stolzen Arbeiters sind die Regel. Seine Lage ist die schlimmste. Die

Zustände der schlesischen Weber, der Spitzenklöppler des Erzgebirges sind sprichwörtlich; nicht besser steht es mit den Maschinenstickern in Vorarlberg, den Holzschnitzern der Viechtau (Ob.=Oest.) und anderen Orten. Hingegen ist die Ausbeutung einer hausindustriellen Bevölkerung für den Händler ein höchst lucratives Geschäft, da das Anlagecapital für Maschinen und Gebäude gänzlich wegfällt und er nur den Arbeitslohn im Geschäfte stecken hat, der gleich ist den Kosten der Lebenshaltung auf unterster Stufe.

Mittel zur Abhilfe wäre Ueberführung des Hausindustriellen in den Fabriksbetrieb; dieser hat wenig Aussicht, da er niemals so gewinnbringend sein kann, wo wesentlich Handarbeit oder billige Maschinen bei geringer Arbeitstheilung die Basis der Production sind. Ein anderes, aber nur unter staatlicher oder communaler Leitung durchführbares Mittel wäre die genossenschaftliche Vereinigung der Hausindustriellen zu gemeinschaftlicher Rohmaterialbeschaffung, Production und Absatzvermittlung. Im Anschluß an die vom österreichischen Handelsministerium an einigen Sitzen der Hausindustrie gegründeten Fachschulen wären derartige Einrichtungen bei ernstem Willen von Seite der Regierung gewiß möglich. — Für viele Hausindustrien ist auch dieses Mittel gänzlich aussichtslos, weil für die niedrige Qualität ihrer Producte der Markt von Saison zu Saison mehr schwindet — diese sind dem Untergange geweiht.

Heerwesen. In Oesterreich besteht seit dem Jahre 1868 die allgemeine Wehrpflicht, so daß jeder taugliche Staatsbürger ohne Rücksicht auf Stellung und Vermögen Militärdienste leisten muß. Die Stellungspflicht beginnt mit dem Jahre, in welchem der Betreffende das 20. Lebensjahr vollendet, und dauert drei, überall dort, wo diese drei Jahrgänge nicht das Contingent decken, vier Jahre. Befreit von der Militärpflicht sind nur Jene, denen die Erhaltung ihrer Eltern oder Geschwister obliegt, wenn und insoweit sie diese Pflicht erfüllen. Lehramtscandidaten und Besitzer ererbter Bauerngüter, die sie selbst bewirtschaften, brauchen nicht präsent zu dienen, sondern werden nur militärisch ausgebildet und dann zu den jährlichen Waffenübungen einberufen. Außerdem genießen alle Jene, welche eine Mittelschule obsolvirt haben oder eine besondere Prüfung ablegen, das Vorrecht, als „Einjährigfreiwillige" statt dreier Jahre nur ein Jahr präsent zu dienen. — Die Armee gliedert sich in das stehende Heer mit der Ersatzreserve, die Kriegsmarine und die Landwehr (in Ungarn Honved). Während das stehende Heer und die Kriegsmarine gemeinsam sind, ist die Landwehr für Oesterreich und Ungarn vollkommen getrennt. In Cisleithanien geht nun das Streben dahin, die Landwehr immer mehr dem stehenden Heer anzugliedern. In Ungarn ist man hingegen eifrigst bemüht, die Honveds in eine selbstständige nationale Armee umzugestalten. — Mit Ausnahme der Honveds, welche dieser Absicht entsprechend ungarisches Commando haben, gilt in der ganzen Armee noch das Deutsche als Armeesprache, d. h. alle Commandos und der schriftliche Verkehr der Militärbehörden sind deutsch, selbstverständlich aus keinem anderen Grunde, als weil nur eine Sprache als allgemeines Verständigungsmittel dienen

kann. Aus diesem Grunde wird auch in den Militär-Erziehungsanstalten
der Unterricht noch deutsch ertheilt, daneben aber alle anderen möglichen
Idiome, die sogenannten Regimentssprachen — sorgfältig gepflegt. Ge=
waltig würde man irren, wenn man glaubte, daß durch die deutsche
Armeesprache eine deutsche Gesinnung in der Armee gepflegt würde.
Der deutsche Officier hat keine politische und nationale Ueberzeugung,
er folgt lediglich seiner Fahne. Ganz anders die slavischen Officiere.
Die meisten von ihnen haben eine entschieden nationale Gesinnung und
nehmen keinen Anstand, dieselbe auch zur Geltung zu bringen. — — —
Der Aufwand für unsere Armee ist, wie in allen größeren Staaten,
ein ganz enormer und ein Hauptgrund des ewigen Deficits. Derselbe
beträgt für die gemeinsame Armee und Kriegsmarine circa 120 Millio=
nen, wozu noch mehr als 4 Millionen für die Landwehr kommen.
Dagegen beträgt beispielsweise der gesammte Staats=Aufwand für Cul=
tus= und Unterrichtsangelegenheiten 16·5 Millionen, der für die Justiz=
verwaltung noch nicht 20 Millionen. Die einzige Möglichkeit, diese
Kosten zu vermindern und so die Herstellung des Gleichgewichtes im
Staatshaushalte anzubahnen, liegt in der Verminderung der Präsenz=
dienstzeit. Wenn auch aus politischen Gründen bisher nicht daran ge=
dacht werden kann, den Kriegsstand unserer Armee herabzusetzen, so
könnte doch der Friedensstand bedeutend vermindert werden. Die da=
gegen von militärischer Seite gemachten Einwendungen, daß die ent=
sprechende Ausbildung der Truppen eine längere Dienstzeit erfordere,
werden hinfällig, wenn — wie dies thatsächlich geschieht — von der=
selben Seite die Schlagfertigkeit der Landwehr=Truppen behauptet wird.
— Auf diese Weise könnte vielleicht auch ein Uebergang hergestellt wer=
den zum seinerzeitigen Ersatze des stehenden Heeres durch eine Miliz.
Die Einführung des Milizsystems ist der einzige Weg, um eine Ueber=
einstimmung zwischen dem Wehrsystem und der staatsbürgerlichen Gesell=
schaftsordnung zu ermöglichen. Heute steht der Soldat außerhalb der
Gesellschaft. Wenn er auch auf der einen Seite noch manche Vorrechte
genießt, so besitzt er doch keine staatsbürgerlichen Rechte. Er hat keiner=
lei Wahlrecht, kein Vereinsrecht, kein Versammlungsrecht, ja er genießt
nicht einmal die Vortheile einer öffentlichen Strafrechtspflege, sondern
untersteht einer geradezu mittelalterlichen Jurisdiction. All' das könnte
und müßte anders werden, wenn an Stelle der stehenden Heere Milizen
treten würden. Freilich ist die Erfüllung dieses Wunsches heute, wo
trotz oder wegen der fortwährenden Friedensversicherungen Europa in
Waffen starrt wie nie zuvor, in weite, sehr weite Ferne gerückt.

Heimatsrecht. Das gegenwärtig geltende Heimatsrecht legt den Land=
gemeinden unbillige Lasten auf. Viele junge Leute bleiben nur so lange
in ihrer Heimatsgemeinde, bis sie fähig werden, etwas ins Verdienen
zu bringen, dann wandern sie in die Städte und Industriebezirke, denen
auf diese Weise die Kosten der Nahrung und Erziehung eines Nach=
wuchses zum Theile erspart werden. In der Fremde arbeiten sie nun
und vermehren fremden Wohlstand. Sind sie alt oder arbeitsunfähig
geworden, so fallen sie wieder ihrer Heimatsgemeinde zur Last; sterben
sie mit Hinterlassung von Weib und Kindern, so hat wieder dieselbe

Gemeinde für die Hinterbliebenen zu sorgen. Dieser offenbaren Ungerechtigkeit ist nicht durch eine Aenderung des Heimatsrechtes selbst, welche in Oesterreich aus nationalen Gründen bedenklich wäre, sondern durch eine durchgreifende Organisirung der Armen-, Alters- und Krankheitsversorgung abzuhelfen.

Heimstätten. Fast in allen Staaten der nordamerikanischen Union bestehen Gesetze, durch welche ein Landgut von bestimmter Größe, eine Homestead (Heimstätte) mit dem nöthigen Vieh und Vorräthen wegen Schulden nicht mit Beschlag belegt werden kann. Der Umfang der Heimstätte ist verschieden, 40, 80 oder 160 Acres (28, 56, 112 Joch), oder auch nach dem Werte bemessen, das executionsfreie Inventar meist ganz genau bestimmt. Nur wegen ganz bestimmter Schulden, wie Kaufschillingsresten, Löhnen, Ansprüchen aus gerichtlichen Verurtheilungen kann die Heimstätte selbst angegriffen werden. Geräth wegen anderer Schulden ein Besitzer in Concurs, so wird seine sonstige Habe versteigert, die Heimstätte bleibt ihm. Unter dem Schutze dieser Gesetze ist in der Union in kurzer Zeit ein spannfähiger Bauernstand von 4 Millionen Besitzern aufgeblüht, von denen 2,800.000 über 50 Acres besitzen und maschinenfähig sind. Dadurch, daß die Homesteads schachbrettförmig über das neubesiedelte Territorium vertheilt sind, wird die Bildung von Latifundien sehr erschwert. In Europa ist der mittlere Grundbesitzerstand schonungslos Wucherern und Güterspeculanten preisgegeben, wird einerseits von dem Großgrundbesitze aufgesaugt und zerfällt andererseits in Zwergwirtschaften. Diesem Vorgange kann nicht durch Schaffung eines Existenzminimums abgeholfen werden, wenn man darunter ganz kleine, nothdürftig zum kümmerlichen Leben ausreichende Besitzungen versteht, sondern das executionsfreie Minimum müßte ein lebensfähiger, tüchtiger Bauernhof, vielleicht mit einem Katastralreinertrage bis zu 100 oder 200 fl. sein. Nur für ganz bestimmte Arten von Schulden, für Kaufreste, Löhne, Ersätze wegen Verurtheilung, Erbgelder und etwa noch Meliorationsschulden dürfte dieses Minimum grundbücherlich belastet und der Execution unterworfen werden. Nothwendig aber müßte dieser Reform eine sachgemäße Aenderung des bäuerlichen Erbrechtes, die Regelung des Hypothekenwesens durch den Staat und die Convertirung der bestehenden Schulden in geringer verzinsliche vorangehen. Für alle übrigen Creditbedürfnisse aber wäre die Organisirung des Personal-Credites auf genossenschaftlicher Grundlage durchzuführen.

Herrenhaus. Dasselbe besteht aus den großjährigen Prinzen des kaiserlichen Hauses, den Erzbischöfen und Fürstbischöfen, den großjährigen Häuptern jener durch ausgedehnten Grundbesitz hervorragenden Adelsgeschlechter, welchen der Kaiser die erbliche Reichsrathswürde verliehen hat, endlich den auf Lebenszeit wegen ihren Verdienste um Staat, Kirche, Wissenschaft oder Kunst vom Kaiser ernannten Mitgliedern. Die Zahl der ernannten ist etwa doppelt so groß als jene der erblichen Herrenhausmitglieder. Demgemäß liegt es in der Hand der Regierung, durch Neuberufungen den Charakter des Hauses und dessen Majorität zu verändern (Pairsschübe). Würde das Abgeordnetenhaus

aus directen und allgemeinen Wahlen hervorgehen und nicht eine Interessenvertretung, sondern eine Volksvertretung auf Grund des allgemeinen Stimmrechtes darstellen, dann hätte neben demselben eine erste Kammer die Berechtigung einer Interessenvertretung, unter der Voraussetzung, daß an die Stelle der gegenwärtigen Zusammensetzung eine andere, die verschiedenen Schichten des Volkes thatsächlich repräsentirende treten würde. — Das Herrenhaus ist bei Anwesenheit von 40 Mitgliedern beschlußfähig. Die Sitzungen finden so selten statt, daß wiederholt aus den Reihen des Hauses selbst die Klage erhoben wurde, daß eine eingehende Berathung der Verhandlungsgegenstände nicht möglich sei.

Incompatibilität, Unvereinbarlichkeit. Insbesondere versteht man darunter die Unvereinbarlichkeit des Abgeordneten-Mandates mit gewissen Stellungen, deren gesetzliche Feststellung bisher vergebens verlangt wurde. Vor Allem sollte die Stellung eines Abgeordneten mit jener eines politischen Beamten unvereinbar sein, denn Derjenige, dessen Dienstpflicht es ist, die Befehle der Regierung auszuführen, ist nicht zugleich im Stande, dieselbe Regierung als Abgeordneter zu controliren und zu kritisiren. Ebenso sind vom Abgeordnetenhause auszuschließen die Directoren und Verwaltungsräthe aller Banken, Bahnen und sonstigen großen Unternehmungen, mit denen der Staat in dauernder geschäftlicher Beziehung steht, insbesondere also der garantirten Eisenbahnen. Denn da die Interessen der Unternehmung und jene des Staates häufig im Gegensatze zu einander sein müssen, so kommt ein solcher Zweiseelen-Politiker nothwendig mit sich selbst in Conflict, und natürlicherweise ist es meistens das Interesse des Staates, welches schließlich geschädigt wird. Den Wählerschaften es zu überlassen, solche Personen nicht aufzustellen, ist durchaus unzureichend, so lange es Wählerschaften gibt, welche die egoistischen Interessen ihres Bezirkes über die allgemeinen stellen.

Indirecte Steuern sind Steuern, welche nicht von einem bestimmten Ertrage oder Einkommen bezahlt werden, sondern auf einzelne Verbrauchsgegenstände gelegt sind; außer dem Salz- und Tabakmonopol (s. Monopole): die Verzehrungssteuer von Wein und Fleisch sammt der Linienverzehrungssteuer, die Biersteuer, Branntweinsteuer, Zuckersteuer, die Petroleumsteuer, die unter dem Namen Verzehrungssteuern zusammengefaßt werden; auch rechnet man zu den indirecten Steuern die Gebühren und Stempel, namentlich Zeitungsstempel und Kalenderstempel, endlich die Mauthgebühren und Zölle (Ges.-Ertrag 1882: 214·3 Millionen Gulden, im Verhältnis zu der Gesammtheit der Einnahmen 62·14%). In Oesterreich fällt auf den Kopf der Bevölkerung fast dreimal so viel an indirecten Steuern als in Preußen. Die Verzehrungssteuern bilden eine Belastung Derjenigen, welche die besteuerten Gegenstände gebrauchen, weil sie dieselben um den Betrag der Steuer theurer bezahlen müssen. Der Staat erhebt aber die Steuer (mit Ausnahme der Liniensteuer) nicht bei den Consumenten, sondern bei den Producenten der besteuerten Gegenstände, welche die Steuer

auf den Preis aufschlagen, oder, wie man zu sagen pflegt, auf die
Consumenten überwälzen. Bei den indirecten Steuern ist zu beachten,
ob sie auf unentbehrliche Verbrauchsgegenstände (Petroleum, Mehl,
Kohlen, für die weibliche Arbeiterbevölkerung ist auch Kaffee hierher zu
zählen), oder auf zwar nicht unentbehrliche, aber allgemein gebrauchte
Gegenstände (Kaffee, Fleisch, Wein, Bier, Branntwein), oder endlich
auf entbehrliche Gegenstände fallen. Die erste Gruppe vertheilt die Last
sehr ungünstig, weil Jeder, auch der Allerärmste, die Steuer zu tragen
hat, und die Wohlhabenden nicht im Verhältnis zu ihrem Einkommen
mehr zahlen. Die zweite Gruppe ist in dieser Beziehung minder nach=
theilig, weil sich der Arme im Nothfall einschränken kann; doch bela=
stet sie die Wohlhabenden nicht genügend. Viel besser wären Steuern
auf entbehrliche Gegenstände, die viel verlangten **Luxussteuern**.
Eigentliche Luxussteuern, z. B. auf Bediente, Köche, Equipagen, fehlen in
Oesterreich ganz, einzelne Anläufe dazu finden sich in dem Spiel=
kartenstempel (s. Gebühren), in den hohen Zollsätzen auf Flaschen=
weine, Champagner, Seidenwaren. Uebrigens ist nicht zu leugnen, daß
Luxussteuern stets nur einen geringen Ertrag abwerfen, auch eignen
sie sich besser für die Communalbesteuerung.

Inseratenwesen. Dasselbe bildet einen der ärgsten Uebelstände
unserer Preßverhältnisse. Unsittliche Inserate finden sich in den meisten
Zeitungen, manche, wie das „Wiener Tagblatt", betreiben das Geschäft
kupplerischer Annoncen als Specialität, andere wieder kündigen mit
Vorliebe obscöne Bilder und Bücher und allerlei ekelhafte Geräthschaften
an, fast alle bringen in den Reclamen von sog. Specialisten ebenso
überflüssige als den Geschmack beleidigende Aufzählungen sämmtlicher
Formen der Geschlechtskrankheiten. Dazu kommen offenbar schwindel=
hafte Anpreisungen von Extracten, Salben, Pillen und betrügerische
von Lotto=Professoren und Wechselstuben. Eine besonders ergiebige
Quelle der öffentlichen Corruption aber bilden die Ankündigungen der
Banken, Bahnen, Versicherungsgesellschaften und sonstigen großen Unter=
nehmungen. Diese zahlen nach einem viel höheren als dem gewöhn=
lichen Tarife und erwarten und finden daher auch eine wohlwollende
Berücksichtigung. Häufig genügt es der Unternehmung, der Bank, Bahn
u. s. w., wenn die Zeitungen über ihr Gebaren schweigen, oft aber wird
für eine entsprechend höhere Bezahlung wissentlich unwahr über die
betreffende Unternehmung berichtet, das Publicum irregeführt und um
sein Geld betrogen. Würde eine Zeitung nicht in der gewünschten Weise
zu schweigen oder zu reden verstehen, so wird derselben einfach das
Inserat entzogen. Da aber die ungeheure Mehrzahl der großen Blätter
gegen entsprechende Bezahlung den großen Inserenten zu Willen ist,
ja sogar Schreib= und Schweiggelder erpreßt, so kann sie in Folge
dessen den Abonnementspreis so billig stellen, daß anständige Blätter
kaum zu concurriren im Stande sind. An eine Selbsthilfe des Publi=
cums ist schwer zu glauben. Eine radicale Abhilfe bestünde in der schon
von Lassalle angeregten Verstaatlichung des Inseratenwesens; durch
dieselbe würde zwar nicht die Corruption selbst, wohl aber die bequemste
Form derselben beseitigt werden; es müßte dann direct bestochen werden.

Für den Bedarf des inserirenden und Inserate suchenden Publicums würden viel besser, billiger und übersichtlicher amtliche Anzeiger der Bezirke, Länder und des Reiches sorgen. Gegenwärtig weiß weder der Verkäufer, wie er am wirksamsten inseriren, noch der Kauflustige, wo er das Gesuchte finden soll, während dann je nach der Art des Gegenstandes die Wahl der verschiedenen amtlichen Anzeiger von selbst gegeben wäre. Natürlich dürften diese Anzeiger außer den Inseraten nur Ernennungen und sonstige amtliche Mittheilungen enthalten und nicht zum Ablagerungsplatz officiöser Weisheit gemacht werden. Da aber die Verstaatlichung des Inseratenwesens für die nächste Zeit wohl aussichtslos ist, so sollte wenigstens der Zeitungsstempel abgeschafft und statt dessen der Inseratenstempel in einer fiskalisch einträglichen Form wieder eingeführt werden. Wenn z. B. für die Folioseite per Exemplar $\frac{1}{2}$ kr. zu zahlen wäre, so würde eine Zeitung mit einer Seite Inserate $\frac{1}{2}$ kr. per Exemplar gegen den gegenwärtigen Zustand gewinnen, mit 2 Seiten nichts verlieren, mit 4 Seiten das Doppelte, mit 6 Seiten das Dreifache des bisherigen Zeitungsstempels bezahlen. Hierin läge ein ausgiebiger Schutz für unabhängige Blätter.

Interessen-Vertretung, im Gegensatze zum allgemeinen und gleichen Wahlrecht die Wahl durch Curien, in welche die Bevölkerung nach materiellen Interessen zerfällt. Der Großgrundbesitz ist doppelt vertreten, indem er den Kern des Herrenhauses bildet und ein Viertel des Abgeordnetenhauses füllt; Industrie und Handel sind im Abgeordnetenhause doppelt vertreten, indem sie sowohl in den Städte- als in den Handelskammerwahlen zum Ausdrucke kommen, der bäuerliche Grundbesitz einfach, die Arbeiter gar nicht. Man behauptet jetzt noch vielfach, daß die Interessen-Vertretung ein Schutz für das Deutschthum in Oesterreich sei, obwohl die gegenwärtigen Verhältnisse das Gegentheil beweisen; sie ist lediglich ein Schutz für das sich ohnehin selbst genugsam schützende Capital.

Juden. Die Gesammtzahl der Israeliten in Europa beträgt 6 Millionen (1·8%); hievon entfallen 3 Millionen auf Rußland, 1,646.525 (4·3% der Bevölkerung) auf Oesterreich-Ungarn, 561.000 auf das Deutsche Reich, 464.000 auf die Staaten der Balkan-Halbinsel, 100.000 auf Großbritannien, 82.000 auf die Niederlande, 50.000 auf Frankreich, 35.000 auf Italien, 5000 auf Spanien u. s. w. In der österreichischen Reichshälfte wurden am 31. December 1880 1,005.563 Israeliten gezählt; die Vertheilung derselben ist sehr ungleichmäßig; Galizien und die Bukowina mit 755.000 stehen obenan, dann folgt Nieder-Oesterreich mit 95.058, Böhmen mit 93.622, Mähren mit 44,175, so daß die übrigen Kronländer wenig in Betracht kommen. Während bei den übrigen Religions-Bekenntnissen die Zunahme von 1869 auf 1880 7·9% betrug, weisen die Israeliten eine Zunahme von 22·9% auf, in Wien stieg die Zahl derselben in dem angegebenen Zeitraum von 40.230 auf 72.543, d. i. um 80·2%, während die Zunahme bei der übrigen Bevölkerung nur 11% betrug. Bei Wien spielt offenbar die Zuwanderung eine große Rolle, die dreifache relative Vermehrung im allgemeinen aber ist auf die zahlreicheren und in früherem Alter eingegangenen Ehen, auf die größere Fruchtbarkeit und geringere Kindersterblichkeit zurückzuführen.

Die Existenz eines durch Religion und Eheverbot abgeschlossenen Volksstammes unter der übrigen Bevölkerung ist gerade vom Standpunkte des Liberalismus, der auf Gleichmachung und auf Aufhebung aller Sonderstellungen hinarbeitet, eine Anomalie. Der Liberalismus muß daher consequenter Weise die Gestattung von Mischehen verlangen, obschon eingesehen werden muß, daß die Mischehe auch nur in einzelnen Fällen die Trennung beseitigt und im Großen und Ganzen die Sonderstellung des jüdischen Elementes nicht aufhebt. Diese Sonderstellung wird noch durch die den Juden, vermöge der Rasse und in Folge einer mehrtausendjährigen Geschichte anhaftenden Eigenthümlichkeiten verschärft. Ein aufs höchste getriebener Erwerbssinn, Speculationsgeist, Rührigkeit, Selbstzufriedenheit, gegenseitiges Zusammenhalten, einseitige Entwicklung der logischen Verstandesthätigkeit, sind die Grundzüge eines Charakters, aus welchem sich ebenso die Erfolge der Juden als der allgemeine Haß gegen dieselben erklären. Gerade diese Grundzüge setzten aber auch die Juden in den Stand, vom herrschenden System der freien Concurrenz die größten Vortheile zu ziehen, denn dieses System spielt die Erträgnisse der Arbeit in die Hände des Speculanten. Es ist daher natürlich, daß mit dem Beginne socialistischer und socialreformatorischer Regungen sich der Instinct der Bevölkerung gegen die Juden wandte, in welchen das herrschende System seinen schönsten Ausdruck gefunden hatte. Dazu kamen mit der Hebung des nationalen Geistes nationale Beweggründe, und mit der Reaction gegen die langweilig gewordene Aufklärung auch religiöse Gründe. Diese dreifache Wurzel des Antisemitismus fand fruchtbaren Boden in der natürlichen Abneigung gegen die Rasse.

Der Antisemitismus will das Judenthum vernichten. Aus diesem gemeinschaftlichen Principe ergeben sich aber sehr verschiedene Richtungen. In der primitivsten Form tritt er auf als Hetze, als zweckloses Schimpfen in Wirtshäusern, Bekleben und Bekritzeln von Mauern und Anstandsorten, kurz als wörtliche und thätliche Ehrenbeleidigung. Daß auf diese Weise die Juden wohl geärgert aber nicht vernichtet werden, ist klar. Aus diesem vorbereitenden Stadium entwickeln sich zwei Richtungen, der reactionäre und der utopistische Antisemitismus. Der reactionäre Antisemitismus will die früheren Beschränkungen der Judenschaft wieder einführen und verstärken, will die Juden von Aemtern und vom Militär ausschließen, ihnen den Grundbesitz verwehren, sie mit Sonderabgaben belegen u. s. w., kurz alles thun, um die Juden in ihrer Abgeschlossenheit zu erhalten, sie zu chikaniren und auf diese Weise einem kommenden Jahrhundert die Judenfrage in viel schlimmerer Form zur Lösung vorzubehalten. Der utopistische Antisemitismus denkt an die Vertreibung der Juden nach Palästina, Kleinasien, an den Congo oder sonst irgendwohin, ohne jedoch bisher über die Art der Vertreibung bestimmte Vorschläge zu machen. Diesen Richtungen gegenüber steht der ideologische Antisemitismus, der das Judenthum vernichten, die Juden selbst aber ohne Rücksicht auf ihre Fehler in allgemeiner Menschenliebe umfassen und in den Schoß der Nation aufnehmen will. In dieser Form erschiene der Antisemitismus mit seinem Gegentheile, dem Philosemitismus, zu einer höheren Einheit zusammengefaßt.

Auf praktische Durchführbarkeit kann unmittelbar weder die eine noch die andere Richtung Anspruch machen, ein mittelbarer Nutzen aber läßt sich nicht verkennen. Gleichwie der Communismus zuerst als Utopie auftrat, aber durch seine Kritik des bestehenden Wirtschafts-Systems das praktische Resultat gehabt hat, die Sozialreform anzuregen, so hat auch die Kritik des Antisemitismus die Juden zum Bewußtsein dessen gebracht, was sie abzulegen und was sie sich anzueignen haben, um in den Schoß einer abendländischen Nation aufgenommen zu werden, und hat zugleich die Christen zum Bewußtsein gebracht, wie verjudet sie selbst in ihrer Seele sind trotz ihrer germanischen Abstammung, wie sehr sie selbst dem Zerrbilde gleichen, das sie bekämpfen. Der Antisemitismus hat aber auch, indem er in dem jüdischen Typus den schärfsten Ausdruck unseres Wirtschafts-Systemes zeichnete, anregend in sozialreformatorischer Beziehung gewirkt. Und so ergibt sich für unsere Zeit zwar nicht eine radicale Lösung der Judenfrage, wohl aber einzelne ausführbare Consequenzen: 1. Der Austritt der uns am meisten assimilirten Juden aus ihrer Religions- und Ehegenossenschaft und die Aufnahme derselben in eine abendländische Nation. 2. Verhinderung weiterer Zuzüge aus Galizien und Rußland. 3. Die Bekämpfung des Wuchers, des Schwindels, der Corruption, der Schandpresse, ob von Christen oder Juden betrieben, und positive Sozialreform. Man muß den Juden Zeit lassen, sich zu assimiliren; ob für den nichtassimilirbaren Rest Ausnahmsgesetze geschaffen werden sollen und können, ist heute eine unpraktische Frage.

Wie immer man über den Antisemitismus denken mag, als einziges parteibildendes Prinzip ist er nicht haltbar. Denn dieses Prinzip ist dort nicht anwendbar, wo es keine Juden gibt, und hat auch überhaupt nicht die Kraft, länger als vorübergehend nationale und politische Gegensätze zum Schweigen zu bringen. Endlich ist dieses Prinzip als alleiniges nicht brauchbar, weil seine Forderungen in absehbarer Zeit nicht erfüllbar sind. So vereinigt denn auch gegenwärtig der Wiener Antisemitismus noch die verschiedensten Elemente, ehrliche Deutschnationale, confuse Demokraten, Tschechen, die unter der Maske des Antisemitismus in den Deutschliberalen das Deutschthum zu erdrosseln wähnen, gewerbsmäßige Antisemiten, welche Entrüstung hervorrufen, um sie für sich zu fructificiren, Reactionäre aller Art, Zünftler, Lärmmacher und Philister, die in der Bewegung nur eine causa bibondi erblicken. Aber schon jetzt beginnt eine Scheidung. Verfehlt aber wäre es, zu wähnen, daß mit der Lockerung des bisherigen taktischen Zusammenhanges der Antisemitismus aufhören werde, er wird sich vielmehr in verschiedener Schärfe in den verschiedensten Parteien zur Geltung bringen, und weder durch affectirten Bildungshochmut noch durch liberale Gemeinplätze zu bannen, sondern nur durch positive Reformen seines ungestümen Charakters zu entkleiden sein.

Kaufmannstag. Nach Art der Gewerbetage versammelten sich im August 1884 die Vertreter verschiedener Zweige des Detailhandels (des Specerei-, Material- und Vermischtwarenhandels) zu gemeinsamer Berathung in Wien, welche Versammlung von Anhängern derselben mit unbeabsichtigter Ironie auch „das Parlament der Kaufleute" genannt wurde. Dieser Kaufmannstag lief Sturm gegen jene neuzeitlichen Einrichtungen, welche die Emancipation des Consumenten von der Ausbeutung durch den Zwischenhandel bezwecken; so gegen die Consumvereine, die Lebensmittelmagazine großer Unternehmungen für die eigenen Angestellten, die 5 Kilo-Packete. Daneben wurde die Einschränkung des Hausirhandels, die Aufhebung des minder besteuerten Gemischtwarenverschleißes und der Befähigungsnachweis für die eigenen Handelszweige verlangt. Es ist nun nicht zu verkennen, daß auch der Kleinhandel über mannigfache Bedrängnisse zu klagen hat; Maßregeln zu seinen Gunsten können jedoch nur insoweit Billigung erfahren, als sie nicht wider das höher stehende allgemeine Interesse verstoßen, was leider bei den meisten Vorschlägen des Kaufmannstages der Fall ist. Das Publicum dürfte sich überhaupt für die Wünsche desselben nicht eher erwärmen, als nicht die in's Maßlose gehende Warenverfälschung im Zwischenhandel, der ungeheuerliche Unterschied zwischen Detail- und En gros-Preisen u. A. beseitigt ist; dann wird es auch weniger bestrebt sein, die Vermittlung des Kaufmanns zu umgehen.

Kinderarbeit. In Bezug auf ihre Ansichten über Kinderarbeit ergänzen sich die capitalistischen und feudalen Parteien gegenseitig. Während nämlich die Fabrikanten für weiteste Ausdehnung der Schulpflicht eintreten und demgemäß die Kinder bis zum 14. Jahre der Feldarbeit entziehen wollen, erklären sie die Kinderarbeit in den Fabriken für minder schädlich und in manchen Branchen geradezu als „Existenzbedingungen der Industrie". Hingegen verlangen die Feudalen das Verbot der Kinderarbeit bis zum 14. Jahre, möchten aber zugleich die Schulpflicht möglichst einschränken. Die Altersgrenze für die Kinderarbeit muß mit der für die Schulpflicht aber naturgemäß zusammenfallen, ja, sie ist in der Praxis sonst nutzlos und undurchführbar. Die Verbindung von Unterricht und Arbeit, neuerlich mit Recht als eine ideale Erziehungsmethode hingestellt, soll aber nicht darin bestehen, daß Kinder nach abgesessenen Schulstunden in die dumpfe Luft der Fabrikssäle zu eintöniger, abstumpfender Arbeit eingesperrt werden, ebensowenig, daß das Kleingewerbe sich mittelst Ausbeutung der billigen Lehrlingsarbeit dem Großbetriebe gegenüber concurrenzfähig erhält. — Die neue Gewerbe-Ordnung bestimmt, daß Kinder im Kleingewerbe nicht vor dem 12., im Fabriksbetriebe nicht vor dem 14. Jahre verwendet werden dürfen. Im Handwerke dürfen überdies Kinder von 12 bis 14 Jahren nur bei Tage (zwischen 5 Uhr Früh und 8 Uhr Abends) und nicht länger als 8 Stunden täglich beschäftigt werden, und zwar nur zu solchen Arbeiten, die der körperlichen Entwicklung nicht nachtheilig sind. Leider hat auch hier der Handelsminister die Befugnis, Nachtarbeit zu gestatten. Nachdem aber die Kleingewerbetreibenden relativ wenig politische Macht haben, dürfte es zu dieser Gestattung nicht kommen. Die

Bestimmungen der Gewerbe-Ordnung werden überall, wo die 8jährige Schulpflicht besteht, durchgeführt werden, wo nicht, nicht. Denn die Controle von Seite der Gewerbe-Behörden ist dem Handwerker gegenüber gleich Null. (S. übrigens Arbeitergesetzgebung.)

Kosmopoliten, wörtl. Weltbürger; **Kosmopolitismus**, jene Richtung, welche ohne Rücksicht auf Heimat, Staat und Nation sich das Wohl der ganzen Menschheit zum Ziele setzt. Da aber nur die außerordentlichsten Genies im Stande sind, ihre Wirksamkeit über ihr eigenes Volk hinaus auf einen ganzen Welttheil oder noch weiter zu erstrecken, so leisten die Kosmopoliten weder für die ganze Welt, deren Dienst sie sich angeblich geweiht haben, etwas, noch für ihr eigenes Volk und ihr Land, die ihnen zu eng und beschränkt scheinen.

Krankenversicherung. In letzter Stunde hat die Regierung einen Gesetzentwurf beim Abgeordnetenhaus, betreffend die Krankenversicherung der Arbeiter, eingebracht; auch der kühnste Sanguiniker dürfte sich nicht der Hoffnung hingeben, daß diese Vorlage noch von dem gegenwärtigen Reichsrathe erledigt werde, und wenn man sich daher mit ihr befaßt, so kann dies nur in der Absicht geschehen, zur Klärung der Sache für das künftige Parlament vorzuarbeiten. Der Krebsschaden nun, woran diese Vorlage, sowie das deutsche Reichsgesetz über die Krankenversicherung der Arbeiter leidet, ist der, daß in der Regel nur der in Verwendung stehende Arbeiter die Vortheile des Gesetzes genießen soll und kann. Für die Zeit der Beschäftigungslosigkeit entfällt nämlich der Versicherungszwang, also gerade dann, wenn (bei dem gänzlichen Mangel jedweder Vorkehrungen für den Fall der Arbeitslosigkeit, siehe Artikel Arbeiterversicherung) am wenigsten zu erwarten steht, daß der Arbeiter die ganzen Beiträge für die Krankenversicherungs-Anstalt leisten will und kann. Das doppelte Elend im Falle der Erkrankung bei Verdienstlosigkeit, welche vielleicht die letzten Sparpfennige schon aufgezehrt hat, wird daher durch ein Gesetz im Sinne der Vorlage durch Nichts gemildert. Ueber diesen Grundmangel in der Krankenversicherung kann man nur hinweggehen, wenn man sich damit tröstet, daß es sich eben nur um einen Anfang handelt, der in sich selbst schon den Keim zu weiterer Entwicklung trägt, und daß es die socialpolitisch fortgeschrittenen Parteien an Anstrengung nicht fehlen lassen werden, die Entfaltung dieses Keimes in thunlichster Raschheit zu beschleunigen. Im Uebrigen sind die Grundzüge der Vorlage folgende: a) **Kreis der versicherten Personen.** Der obligatorischen Krankenversicherung unterliegen alle Arbeiter in unfallversicherungspflichtigen Betrieben, ferner jene Arbeiter und Betriebsbeamte (sofern Letztere nicht über achthundert Gulden im Jahre beziehen), welche in einer sonstigen gewerbsmäßig betriebenen Unternehmung (Handwerk, Handel, Transportwesen) beschäftigt werden, mit Ausnahme des Schiffahrtsbetriebes auf dem Meere und der Seefischerei, wegen des Verhältnisses mit Ungarn. Durch Ministerial-Verfügung können auch die in landwirtschaftlichen oder forstwirtschaftlichen Betrieben beschäftigten Arbeiter in einzelnen Ländern oder Landestheilen der Versicherungspflicht unterworfen werden. Auch Personen, welche der Versicherungspflicht nicht unterworfen sind, können freiwillig an der

Versicherung theilnehmen; für diese kommen hauptsächlich die Bezirks=
krankencassen (siehe unten) in Betracht. b) Organe der Kranken=
versicherung. Solche sind: Bezirks=, Betriebs=, Bau=, Genossen=
schafts=Krankencassen, Bruderladen, Vereinskrankencassen. Erstere ver=
treten die Stelle der deutschen Gemeindeversicherung, und Ortskranken=
cassen, gelten jedoch zunächst nicht wie diese für eine Gemeinde, sondern
für einen Bezirksgerichts=Sprengel; sie übernehmen die Versicherung für
alle jene Personen, welche nicht bei irgend einer der genannten anderen, auf
bestimmte Personen=Kategorien beschränkten Krankencassen versichert sind.
Die Betriebskrankencassen beziehen sich auf einzelne große Betriebe, über ihre
Errichtung ist der Wunsch des Unternehmers maßgebend; die Baukranken=
cassen sind für vorübergehende Baubetriebe berechnet, die Genossenschafts=
krankencassen bestehen bei den Gewerbe=Genossenschaften für die eigenen
Angehörigen, unter den Bruderladen sind die bei Bergwerksbetrieben be=
stehenden Knappschaftscassen zu verstehen, die Vereinskrankencassen end=
lich sind Gegenseitigkeits=Anstalten, errichtet auf Grund der Vereins=
gesetze. c) Leistungen der Krankencassen. Der Arbeiter erhält
im Falle der Erkrankung den Arzt, die Heilmittel und ein Krankengeld,
welches mindestens die Hälfte des ortsüblichen Taglohnes gewöhnlicher
Tagarbeiter erreicht; alles dieses durch mindestens dreizehn Wochen. Für
den Todesfall fällt ein Sterbegeld im zwanzigfachen Betrage dieses Tag=
lohnes ab; Wöchnerinnen erhalten bei normalem Verlaufe des Wochen=
bettes die Krankenunterstützung durch mindestens drei Wochen. Als
Maximum kann ein Krankengeld versichert werden, welches dem wirk=
lichen Verdienste, soweit er nicht zwei Gulden für jeden Tag übersteigt,
entspricht. Die Dauer der Krankenunterstützung darf nicht über ein
Jahr hinaus erweitert werden. Diese Erweiterungen des gesetzlichen
Minimums sind an gewisse Bedingungen geknüpft. d) Vertheilung
der Beitragslast. Regelmäßig hat der Arbeitgeber ein Drittel, der
Arbeiter zwei Drittel der erforderlichen Einzahlungen auf sich zu nehmen;
nichtversicherungspflichtige, freiwillig beigetretene Mitglieder, sowie Mit=
glieder der Vereinskrankencasse leisten das Ganze aus eigenen Mitteln.
(Bei den Genossenschaften besteht zwar nach der Gewerbeordnung eine
Beitragspflicht der Unternehmer, jedoch ohne Festsetzung einer Höhe
derselben, sogar mit der Bestimmung eines Maximums, nämlich des
Drittels.) — Bedauerlich bei dieser Vorlage ist die selbst für den Anfang
einer Action allzukarge Bemessung der Leistungen der Krankencassen, da
das zulässige Minimum des Krankengeldes und der Dauer der Bezüge
nur zu oft in Anwendung kommen wird und immer der wirkliche Ver=
dienst des Arbeiters, nicht aber der gemeine Taglohn Grundlage der
Berechnung sein sollte. Hier thut also vor Allem eine Abänderung
Noth; nebstdem ist der Gesetzentwurf noch in mancherlei anderer Hin=
sicht der Umarbeitung höchst bedürftig, da die Wünsche des Arbeiter=
standes, welche auf eine selbständige Verwaltung durch die Arbeiter,
Unzulässigkeit der Betriebskrankencassen, Centralisation des Cassen=
wesens u. s. w. abzielen, ungenügend oder gar nicht berücksichtigt wurden.

Länderbank, im Jahre 1880 durch die französische Gesellschaft Union générale ins Leben gerufene Gründungsbank (s. Bank) in Wien. Die Regierung ist bei der Concession von der Ueberzeugung ausgegangen, „daß nach mehrjähriger Stagnation auf wirtschaftlichem Gebiete die Gründung eines kräftigen, mit billigem ausländischen Capital dotirten Bankinstitutes für die Lösung wichtiger volkswirtschaftlicher Aufgaben von großer Bedeutung sei" (Worte des Grafen Taaffe). In der That gibt es seit Bestand dieses Institutes fast keine wirtschaftliche Frage, in deren Lösung dasselbe nicht mitverflochten ist, doch fällt diese Lösung gewöhnlich nicht so aus, wie es für die Volkswirtschaft von großer Bedeutung wäre, sondern so, wie es für das billige ausländische Capital von Nutzen ist. Die Länderbank hat, wie kein zweites Institut, in kurzer Zeit hervorragenden Einfluß erlangt, nicht durch die innere Macht wirtschaftlicher Solidität, sondern durch Beziehungen, deren Charakter am besten gekennzeichnet wird durch die Worte, welche in der Generalversammlung der Actionäre der Union générale der Director derselben sprach: „Die Länderbank beginnt heute ihre Finanzoperationen für Rechnung des Finanzministeriums und hat da einen Klienten, der ihr Arbeit geben wird. Ein spezieller Vertrag des Concessionärs mit dem Finanzminister wird die statutarischen Beziehungen der Bank mit dem Staate sicherstellen. Die Umgestaltung des Eisenbahnwesens, die Regelung der Valuta seien Dinge, welche von der Länderbank ausgeführt werden würden."

Man hat diese Verbindung der Regierung mit der Länderbank in Abrede gestellt, konnte aber nicht verhindern, daß in Folge der gegebenen Darstellung die Kurse der Actien eine schwindelhafte Höhe erreichten (mit 250 Frcs. eingezahlt stiegen sie auf 1255 Frcs.) und die Regierung gewissermaßen moralisch für die Länderbank verantwortlich gemacht wurde. Eine gleiche Wirkung zeigt eine Reihe von Unternehmungen, welche die Länderbank hervorgerufen hat. Der erste große Streich wurde allerdings verhindert: Sie hätte die Ermächtigung erhalten sollen, anläßlich des Baues der galizischen Transversalbahn für 24 Mill. Goldprioritäten (s. Prioritätsobligationen) auszugeben, bevor der Bau in Angriff genommen war und bei einer Höhe des Baucapitales von nur 24 Mill.! — Nicht ungesehen konnte es gemacht werden, daß sie die erste zur Ausgabe gelangende österr. 5%ige Papierrente zum Kurse von 92 erhielt, während Anbote zu 94½ vorlagen. — Als die Elisabethwestbahn verstaatlicht wurde, warnte die Linke vor der Ausgabe von Goldrente wegen des steigenden Goldpreises: die Länderbank hatte das Gros der Elisabethbahnactien, es wurde Goldrente ausgegeben und der Staat trägt eine wachsende Belastung zu Gunsten der Besitzer der Letzteren. — Die Uebernahme der Serbenlose seitens der Länderbank bietet ein würdiges Seitenstück zur Geschichte der Türkenlose. — Bei der von der Länderbank vorgenommenen Fusion der alpinen Montanwerke wurde ein Actiencapital von 60 Mill. ausgegeben, während die 6 fusionirten Gesellschaften nur ein Actiencapital von 45 Mill. gehabt hatten und dieses nicht verzinsen konnten. Es verdient bemerkt zu werden, daß zugleich mit dieser Uebernahme großer Eisenwerke durch die Länderbank die Frage der Eisenzölle in Fluß kommt. — Im Jahre 1881 erhielt die Länderbank Erlaubnis zur Ausgabe von „jungen Actien", trotzdem die alten nur zur Hälfte eingezahlt waren. Von ihrer Verpflichtung, die fehlenden 20 Mill. Goldgulden einzuzahlen, blieb sie befreit. Diese bekannte Verpflichtung und die ebenso bekannte Unmöglichkeit der Länderbank zur Zahlung war zum Ausgangspunkt einer ungeheueren Speculation gemacht worden, welche auf den Sturz der Actien der Länderbank und der Union générale rechnete, der unvermeidlich war, wenn jene Einzahlung nicht erfolgte. Da geschah das Merkwürdige: Die Länderbank erhielt für ihre Verpflichtung Aufschub, die gegnerischen Speculanten hatten verloren. Ein Pariser Rothschild hat sich damals erschossen, die Länderbankgruppe strich 150 Mill. Frcs. an Kursgewinnen ein. — Im Jahre 1884 erhielt die Länderbank die Concession zum Bau einer Bahn Tulln-St. Pölten und zum Bau eines zweiten Geleises der Franz Josef-Bahn von Wien-Tulln, so daß sie auf Grund des Localbahngesetzes im Verordnungswege eine stattliche Hauptbahn erhält, von der der Handelsminister selbst sagte, daß sie eigentlich nur ein drittes Geleise der Westbahn sei und bald mehr als 5% tragen würde. Diese Bahn muß natürlich der Staat einmal theuer einlösen. Im selben Jahr wird ihr die Concession zur Gründung einer Actiengesellschaft zum Bau von Localbahnen ertheilt. Verschiedene Wiener Zeitungen, „Extrablatt", „Presse", „Wiener Allgem. Zeitung", hat die Länderbank an sich gebracht oder unterstützt dieselben und beherrscht sie im Geiste der Regierung. In allen Provinzen macht sie Versuche, officiöse Blätter zu schaffen oder bestehende dazu umzuwandeln und leistet so der Regierung große Dienste.

Landtage. Die Stellung der Landtage in unserem Staats- und Verfassungsleben beruht im Wesentlichen noch heute auf dem Patente vom 26. Februar 1861. Nur Eine Aenderung von einschneidender Wichtigkeit ist seither eingetreten, nämlich die Einführung der directen Wahlen für den Reichsrath im Jahre 1873. Bis dahin waren die Reichsraths-Abgeordneten von den Landtagen aus ihrer Mitte entsendet worden, wodurch der Reichsrath lediglich als eine Vereinigung von Delegirten der einzelnen Kronländer erschien. Ein Standpunkt, der übrigens von den Tschechen mit ihrer Komödie des böhmischen Staatsrechts und von den Galiziern mit ihren Träumen von der Wiederherstellung des Königreiches Polen noch heute festgehalten wird. — In den Wirkungskreis der Landtage gehören alle jene Gegenstände, welche nicht ausdrücklich dem Reichsrathe (vgl. diesen) vorbehalten sind. Dadurch wird den Uebergriffen und den föderalistischen Bestrebungen der Landtage Thür und Thor geöffnet. Durch ihre Bestrebungen, große Politik zu machen, werden sie von ihren eigentlichen Aufgaben, welche hauptsächlich in der Verwaltung des Landesvermögens, in der Pflege der Landescultur und in der Förderung der Bildungsanstalten zu suchen sind, abgelenkt. Eine Besserung in dieser Richtung ist nur dann zu erhoffen, wenn der Wirkungskreis des Landtages gesetzlich eingeschränkt wird. Eine solche Aenderung wäre umsomehr zu wünschen, als sich heute alle Landtage mit Ausnahme des schlesischen, mährischen, niederösterreichischen, steirischen und kärntnerischen in den Händen der feudal-clerical-slavischen

Coalition befinden, und daher in keiner Richtung etwas Gutes von ihnen zu erwarten ist.

Landwirtschaftliche Genossenschaften. Während die Versicherung auf den Todesfall und für Unfälle und Krankheiten, sowie die Feuer-, Hagel- und Viehversicherung weitere Kreise umfassen und aus dem Privatbetrieb in die Verwaltung des Staates oder des Landes übergehen soll, bleibt der genossenschaftlichen Thätigkeit noch ein weites Feld. Genossenschaften zu gemeinsamen Vorkehrungen gegen Wassergefahr müssen der Natur der Sache nach obligatorisch sein. Dagegen soll das Gebiet freier Genossenschaften umfassen: Beschaffung des Personal-Credits, Be- und Entwässerung, gemeinsame Benützung von Maschinen und Zuchtvieh, gemeinsamen Betrieb von Käsereien, Brennereien, Zuckerfabriken, Mälzereien, Kalk- und Ziegelbrennereien, gemeinsamen Einkauf und Verkauf der Producte. Aufgabe der Regierung muß es jedoch sein, die Bildung solcher Genossenschaften nicht sich selbst zu überlassen, sondern angemessene Normen auszuarbeiten, durch die politischen Behörden anregend zu wirken, Lehrer und Geistliche dafür zu interessiren, sowie Vorschüsse und in Ausnahmsfällen auch Zuschüsse, namentlich für Zuchtvieh, zu gewähren. Leider wurde bisher das Genossenschaftswesen nicht nur nicht gefördert sondern durch die Art der Besteuerung geradezu unterdrückt.

Landwirtschaftlicher Credit. Die Mängel des jetzigen landwirtschaftlichen Creditwesens bestehen 1. in dem durch das geltende Erbrecht verursachten Verschuldungszwang, da ein Kaufwert zu Grunde gelegt wird, wo kein Kauf stattfindet; 2. in der bestehenden Höhe der hypothekarischen Verschuldung; 3. in der Kündbarkeit der Grundschulden; 4. in der Höhe des hypothekarischen Zinsfußes; 5. in den hohen Kosten bei der Aufnahme einer Grundschuld; 6. in der Schwierigkeit und Kostspieligkeit des Personal-Credites, welche erhöht wird durch den Abfluß der Geldmittel des flachen Landes in Sparcassen und Postsparcassen und durch die Anlegung derselben in Staatspapieren; 7. in dem Uebergange von Consumptions-, Wechsel- und anderen Lapperschulden in Hypotheken. Die Reform des landwirtschaftlichen Creditwesens hat daher zur Voraussetzung die Aufhebung des Verschuldungszwanges durch Aenderung der Erbtheilungsvorschriften, Minderung der Steuern und Gebühren, Entlastung der Gemeinden von Auslagen, für welche der ganze Staat aufzukommen hat. Erst dann kann die Reform einen dauernden Erfolg haben. Und zwar ist das Gebiet des Personal-Credites auszudehnen und genossenschaftlich auf dem Principe der Selbsthilfe zu organisiren; die Herabsetzung der Zinsen der Staatsschuld aber ist nicht nur ein Interesse des Fiscus, sondern auch deswegen nothwendig, damit die Ersparnisse des flachen Landes nicht abströmen, sondern der billigen Creditgewährung dort dienen, wo sie angesammelt werden. Aus einer Personalschuld aber darf nicht im Handumdrehen eine Hypothek werden. Die Aufnahme der Hypothek ist vielmehr auf ganz bestimmte Fälle zu beschränken, auf Kaufreste, Ausgedinge, Erbtheile, Meliorationsschulden. Da ferner die Landwirtschaft nur einen niedrigen Zinsfuß und langsame Amortisation brauchen kann, so entspricht sowohl ihr wie den Bedürfnissen und der Sicherheit des Gläubigers nicht der directe Verkehr unter einander, sondern die Vermittlung einer Hypothekenbank. Und da endlich Privatbanken naturgemäß nur den Vortheil ihrer Actionäre im Auge haben und deshalb mit allen Mitteln darauf hinarbeiten, den Zinsfuß und die Kosten bei der Aufnahme eines Darlehens möglichst hoch zu halten, so muß der Staat die Bildung von Bezirks- und Landes-Hypothekencassen veranlassen, in denselben die Einlagen der Capitalisten aufnehmen und daraus Grund und Boden belehnen lassen. Nur so wird es möglich sein, den Zinsfuß der Höhe der Grundrente sowohl wie dem Zinsfuße anderer civilisirter Länder entsprechend zu gestalten. Nach denselben Grundsätzen hätte die Convertirung der vollkommen sicheren Grundschulden in niedriger verzinsliche vorgenommen zu werden. Ist aber nur erst ein Theil der Grundschulden convertirt, so wird dadurch auch der Zinsfuß der anderen, der weniger sicheren, gedrückt; auch rücken dieselben mit der fortschreitenden Amortisation der vorangehenden Posten nach und nach in die Reihe derselben ein, und werden ebenfalls convertirt. Nur durch eine solche Maßregel kann der Satz, daß der Bauer zu viel Schulden und zu wenig Credit habe, umgestoßen, derselbe von unproductiven Schulden entlastet und ihm ein ausgiebiger productiver Credit freigehalten werden. Weder der gegenwärtige Zustand der Ueberschuldung noch eine Unverschuldbarkeit, an die man von einigen Seiten denkt, entspricht den Bedürfnissen der Landwirtschaft. Will man ernstlich die Erhaltung unseres Bauernstandes und daher die Umgestaltung des Hypothekenwesens, so wird man schon jene Vorsichtsmaßregeln zu finden wissen, welche es verhindern, daß das gemeinwirtschaftlich organisirte Hypothekenwesen der Protection, Corruption und Schlamperei ein weites Feld eröffne. Keinesfalls aber ist die Schwierigkeit und Umständlichkeit einer Reform ein Beweis gegen deren Nothwendigkeit.

Lebensdauer. Die mittlere Lebensdauer der Menschen im civilirten Europa beträgt gegenwärtig 36—40 Jahre, ist aber nach den einzelnen Berufsarten, noch mehr nach den damit zusammenhängenden ökonomischen und sonstigen Lebensverhältnissen sehr verschieden groß. Die ländliche Bevölkerung hat eine längere mittlere Lebensdauer, als die städtische; die Geistlichkeit erfreut sich einer mittleren Lebensdauer von 65—68 Jahren; Minister, hohe Beamte und Banquiers leben im Mittel 56—60 Jahre; Künstler, Lehrer, Aerzte und Advocaten nur mehr 52—54 Jahre; für den Lohnarbeiter ergibt sich eine mittlere Lebensdauer von nur etwa 30 Jahren, die bei manchen Gewerben, besonders gewissen Staubarbeitern (Trockenschleifern, Steinmetzen ꝛc.) bis auf 24 Jahre sinkt. — Ebenso verschieden ist die Kindersterblichkeit: Während von 100 Lebendgeborenen in den wohlhabenden Classen 10—20 Kinder in den 5 ersten Lebensjahren sterben, gehen von den Aermeren in derselben Frist 30—60% verloren.

Lebensmittelverfälschung. Zu den falschen Voraussetzungen, die das System der freien Concurrenz stillschweigend macht, gehört auch die, daß jeder Consument vollständige Warenkenntnis besitze. Nur dann, wenn jeder Käufer der Warenkunde vollständig mächtig wäre, wüßte er auch, was er kauft, und wäre somit eine der Bedingungen gegeben, unter denen aus Nachfrage und Angebot eine gerechte Preisbildung hervorgehen könnte. Nachdem diese Kenntniß aber fehlt, ist dem Betruge Thür und Thor geöffnet und gerade die ärmsten Classen werden von ihm auf's Härteste getroffen. Es ist bekannt, welches widerliche Gemisch den Arbeitern der Großstädte als „Milch" verkauft wird, und daß die Hausindustriellen des Erzgebirges als „Kaffee" einen Aufguß von einem Pulver trinken, das ihnen als „echte Cichorie" verkauft wird, aber aus gelben Rüben, mitunter auch Thon und Torf besteht. Die Versetzung des Mehles mit Gyps oder Kreide dürfte bei den fallenden Getreidepreisen nicht lange mehr lucrativ bleiben; daß man dabei nicht stehen bleibt, sondern direct Gifte, z. B. beim Wein und Schnaps, verwendet, gehört eigentlich schon auf ein anderes Gebiet. Unsere Lebensmittelpolizei steckt noch in den Kinderschuhen und kann schon deshalb nur in Großstädten Einiges leisten, weil sie ihre Stichproben am Orte des Verkaufes und nicht an dem der Production macht, also auf dem flachen Lande nahezu undurchführbar ist. Im Großen könnte sie nur von einem centralen Reichsgesundheitsamte organisirt werden und würde Manches wirken, wenn man Uebertretungen als Betrug mit Gefängniß, aber nicht mit bloßen Geldstrafen belegen würde. Das Wichtigste wäre freilich die Consumtionsfähigkeit des Volkes auf eine Stufe zu bringen, daß es sich wirklichen Kaffee und wirkliche Milch vergönnen könnte. — Zu einem Specialgesetze über Lebensmittelverfälschung, von der äußersten Linken mehrfach angeregt, hat unser Parlament leider noch immer keine Zeit gefunden.

Lehrlingswesen. Das Lehrlingswesen hat eine große ökonomische und sociale Bedeutung, ist doch die Lehrzeit jene, in welcher die Grundlagen für die sachliche und sittliche Ausbildung des künftigen Gesellen und Meisters gelegt werden. Leider befindet sich hier Vieles im Argen. So klagt man häufig darüber, daß in die Sitten der Lehrlinge eine Verwilderung eingerissen sei und Lehrverträge oftmals gebrochen werden; es ist ferner notorisch, daß Lehrlinge oft vorwiegend zu häuslichen Verrichtungen oder solchen Arbeiten verwendet werden, die mit der Erlernung des Gewerbes nichts zu thun haben, daß es Gewerbsinhaber gibt, welche blos oder vornehmlich Lehrlinge beschäftigen, um die kostspieligere Arbeit Erwachsener zu sparen, und die noch unreife Arbeitskraft der Lehrlinge auf das Unverantwortlichste ausbeuten. Es ist endlich eine amtlich erhobene Thatsache, daß sich Personen gewerbsmäßig damit befassen, Knaben vom Lande schaarenweise nach Wien zu führen und hier als Lehrlinge unterzubringen, ohne auf ihre Eignung oder Neigung zu einem Gewerbe irgend Rücksicht zu nehmen. Dazu tritt noch die Untergrabung des alten Lehrlingswesens durch das Ueberhandnehmen des maschinellen und fabriksmäßigen Betriebes, sowie die so überaus häufige, jedweden sanitären Anforderungen spottende Beschaffenheit der Werkstätten. Es ist eine der ernstesten Aufgaben der Gesetzgebung und der Verwaltung diesen Mißständen nach Kräften zu steuern; namentlich die Gewerbe-Inspectoren und Gewerbegenossenschaften sollten sich diesen Punkt angelegen sein lassen. Leider ist jedoch nicht zu verkennen, daß bei der Armuth vieler Handwerker, ihrer Herabdrückung zu Hausindustriellen, in welcher Stellung sie selbst oft nur auf die Verrichtung einzelner bestimmter Manipulationen beschränkt sind, schier unüberwindliche Hindernisse für die entsprechende Behandlung und Heranbildung ihrer Lehrlinge bestehen. Von einer **Erlernung des Gewerbes** kann da nicht mehr die Rede sein; es handelt sich dann nur mehr um die **Abrichtung zu einzelnen einfachen Operationen.** Mitwirkung amtlicher Organe bei der Abschließung der Lehrverträge, Förderung der für Lehrlinge bestimmten Unterrichtsanstalten (Lehrwerkstätten u. A.), Lehrlingsprüfungen, Festsetzung ausgiebiger Strafen bei eventuellen Mißbräuchen, Verweigerung der Aufnahme zu jugendlicher oder offenbar unfähiger Knaben, Beschränkungen der Berechtigung Lehrlinge zu halten u. A. sind die nächstliegenden Mittel, deren sich die Staatsgewalt zu bedienen pflegt; verhältnismäßig leicht ist es hierbei die allgemeinen Normen zu erlassen, sehr schwierig gestaltet sich aber die entsprechende Durchführung im Einzelnen, auf die es schließlich allein ankommt.

Liberalismus, jene Richtung im öffentlichen Leben, welche den Grundsatz der möglichst weitgehenden Freiheit des Einzelnen zum maßgebenden macht; weil diese Richtung von den Rechten und Bedürfnissen der Einzelnen, der Individuen oder Atome der Gesellschaft ausgeht, so heißt sie auch, namentlich in wirtschaftlicher Beziehung, **Individualismus oder Atomismus.** So lange es sich darum handelte, gegen die angemaßten Rechte der Feudalherren und gegen die Willkür der Regierenden, gegen die Bevormundung durch Geistlichkeit und Polizei die allgemeinen Menschenrechte zur Geltung zu bringen, vereinigte der Liberalismus die Gebildeten und Freisinnigen aller Völker unter seiner Führung. Die Abschaffung mittelalterlicher Einrichtungen, die Aufhebung des patrimonialen Unterthanenverbandes, die Gleichheit aller Bürger vor dem Gesetze, die freie Religionsübung, alle modernen Verfassungs- und Freiheitsrechte sind sein Werk. Aber auch insoferne, als alle diese Reformen und Freiheiten vielfach mehr im Prinzip als in der Praxis durchgeführt sind und deren Bestand durch die reactionären Parteien fortwährend in Frage gestellt wird, hat der Liberalismus auch jetzt und für die Zukunft seine Bedeutung. Aber diese Bedeutung ist gegenwärtig sehr geschmälert. Und zwar erstens durch die nationale Idee, deren Erstarken dahin geführt hat, daß man an die Durchführung der liberalen Forderungen erst dann denken kann, wenn der nationale Bestand gesichert ist, anderseits, und zwar in viel höherem Grade, durch die soziale Idee. Auf volkswirtschaftlichem Gebiete entsprach dem politischen Liberalismus das sogenannte „System der freien Concurrenz", nach welchem der Staat sich jeder Einmischung in wirtschaftliche Angelegenheiten möglichst enthalten sollte. Dieses System führte nothwendig zur Benachtheiligung des Armen gegen den Reichen, des Gewissenhaften gegen den Gewissenlosen, des Arbeitenden gegen den Capitalisten. Auf volkswirtschaftlichem Gebiete vermag daher der Individualismus wohl die Vortheile einzelner Classen, der Händler, Capitalisten und Speculanten, ebenso die Vortheile einzelner besonders erwerbskräftiger Personen, aber nicht die der Gesammtheit zu wahren; hier hat er nur insoweit eine Berechtigung und eine Zukunft, als das Individuum auch der Gesellschaft gegenüber sich eines gewissen Maßes wirtschaftlicher Freiheit erfreuen muß, wenn die Gesellschaft selbst nicht durch die Unterdrückung der Individuen leiden soll. Die wahre Aufgabe des Liberalismus wird also nicht etwa darin bestehen, die nothwendige Sozialreform zu bekämpfen und zu verzögern, sondern darin, je mehr die Arbeit organisirt wird und je größer die Gefahr wird, daß der Einzelne von der Gesellschaft allzu abhängig werde, umsomehr die Freiheit des Individuums gegen jede unnöthige, und namentlich gegen jede willkürliche Beschränkung zu schützen.

Der Liberalismus kann vorwiegend ein politischer, religiöser oder wirtschaftlicher sein, und die einzelnen liberalen Parteien haben meist nur die eine oder die andere Seite zum Ausdruck gebracht. So sind in Belgien z. B. alle Parteien politisch und wirtschaftlich liberal, und der Unterschied zwischen Liberalen und Conservativen bezieht sich nur auf das confessionell-religiöse Gebiet. Die Vielseitigkeit des Wortgebrauches in der Praxis führt daher leicht zu Mißverständnissen.

Lloyd, österreichisch-ungarischer. Unsere einzige größere Seeschiffahrtsunternehmung. Der Lloyd ist Actien-Gesellschaft und wurde im Jahre 1836 gegründet. Er besitzt gegenwärtig mehr als 80 Dampfer mit ungefähr 110.000 Tonnen Gehalt. Seine Schiffe vermitteln hauptsächlich den Verkehr zwischen Triest und Fiume einerseits, und Dalmatien andererseits, ebenso fast unseren gesammten Verkehr mit der Levante. Seit Eröffnung des Suezcanales unterhält der Lloyd auch eine ostasiatische Linie. Die Gesellschaft bezieht aus dem gemeinsamen Budget eine jährliche Subvention von fl. 1,737.022, wogegen sie die Verpflichtung hat, gewisse Linien regelmäßig zu befahren und die Post zu befördern. Die Leitung des Lloyd entspricht durchaus nicht selbst sehr bescheidenen Anforderungen. Trotz der großen Subvention ist das Streben derselben mehr auf die Erzielung hoher Dividenden und Schaffung eines großen Reservefonds als auf die Hebung des Verkehres gerichtet. Diese Zustände sind von umso schädlicherer Wirkung, als eine auch nur halbwegs wirksame Concurrenz nicht vorhanden ist. Die hohen Tarife des Lloyd, sowie die mangelnde Rücksichtnahme auf die Handels- und Verkehrs-Interessen sind zum großen Theile die Ursachen des Rückganges unseres Levantehandels und des langsamen Aufblühens Triests. Ein energisches Auftreten der Regierung gegen den Lloyd wäre im höchsten Grade wünschenswert, ist aber unter den heutigen Verhältnissen kaum zu erhoffen. Seit einigen Jahren verkehren von Triest aus auch englische Dampfer. Dieselben vermitteln jedoch ausschließlich den Verkehr mit dem Westen, machen daher dem Lloyd keine Concurrenz. Umso erwünschter wäre es, wenn die Kopfstation der projectirten deutsch-asiatischen Dampferlinie nach Triest verlegt würde. Dadurch würde nicht allein eine wirksame Concurrenz für den Lloyd geschaffen, sondern es würde auch die Stellung der Deutschen in Triest wie im ganzen Reiche gestärkt werden, es würde ferner Triest dadurch zu einem deutschen Hafen gemacht werden, und es würde endlich den österreichischen Eisenbahnen eine bedeutende Verkehrsmenge zugeführt werden.

Localbahnen nennt man im Allgemeinen jene Bahnen, welche keinen durchgehenden Verkehr haben, sondern nur localen Verkehrszwecken dienen. Wegen ihrer geringen Verkehrsmenge und der geringen erforderlichen Geschwindigkeit können die Localbahnen mit weit weniger Kosten hergestellt werden als Hauptbahnen. Die Steigung kann größer, die Curven schärfer sein, Wächterhäuser und Wegschranken können weggelassen, die Bahnhof-Anlagen vereinfacht werden, 2c. Nach dem österreichischen Localbahn-Gesetze genießen die Localbahnen gewisse Begünstigungen hinsichtlich der Steuerbefreiung, welche die Regierung ohne Zustimmung des Reichsrathes gewähren kann. Da das Gesetz eine Begriffsbestimmung der Localbahnen nicht enthält, wurde es möglich, daß das zweite Geleise der Franz Josef-Bahn von Wien nach Tulln als Localbahn behandelt wurde, und die Länderbank die Concession für diese Strecke nach den Bestimmungen des Localbahn-Gesetzes erhielt. — Unrichtig ist es auch, wenn der Staat selbst den Bau und Betrieb der Localbahnen übernimmt, denn die Steuerträger des betreffenden Bezirkes werden dadurch gegenüber den anderen übermäßig begünstigt. Hier hätten statt der Actien-Gesellschaften die Selbstverwaltungskörper einzutreten.

Lotterie ist in Oesterreich dem Staate vorbehalten, d. h. Private dürfen nur gegen Erlaubniß und Bezahlung einer Taxe (Gebühr) Lotterien veranstalten. Solche Erlaubniß wird gegeben zu Wohlthätigkeits-Lotterien, unter welche jedoch z. B. Lotterien zu Gunsten des Deutschen Schulvereins nicht gezählt werden, und zu verlosbaren Anlehen, z B. Salmlose, Communallose, Donauregulirungslose u. s. w. Das Spielen in Ausländischen Lotterien, der Ankauf und Besitz ausländischer Lose (mit Ausnahme einzelner besonders zugelassener) ist bei Strafe verboten. Unter den vom Staate veranstalteten Lotterien sind zu unterscheiden verlosbare Staatsschuldscheine wie 1860er Lose und das sogenannte Zahlen- oder kleine Lotto. Bei letzterem sind die Gewinnste so niedrig bestimmt, daß der Staat jährlich über 8 Mill. Gulden (im Jahre 1868 noch 5·3 Mill.) gewinnt. Das kleine Lotto ist ein höchst schädliches Institut, weil es durch die Möglichkeit kleiner Einsätze gerade die ärmsten und ungebildetsten Leute zum Lottospiel und damit zur Arbeitsscheu, Verschwendung und Aberglauben verleitet. Finanzielle Bedenken verhinderten bisher die im Namen der Sittlichkeit wie der Volkswirtschaft gleich dringend zu begehrende Abschaffung dieses Instituts. Die vom Gewinne bisher beim kleinen Lotto mit $10/15$%, bei Privat-Lotterien mit 15%, und bei Staats-Lotterien mit 20% abgezogene Steuer sollte durch die im Februar l. J. zurückgewiesene Novelle auf 20% ohne Unterschied erhöht werden, was ganz angemessen gewesen wäre.

Manchestertheorie. So pflegt man nach dem Sitze des Cobden-Clubs, der vorzüglich diese Richtung vertrat, jene volkswirtschaftliche Theorie zu bezeichnen, welche alles Heil in der Volkswirtschaft von der vollkommen freien Entwicklung der Verhältnisse erwartet, und jede

Einmischung des Staates und der öffentlichen Gewalt überhaupt perhorrescirt. Diese Theorie beruht vor Allem auf der Fiction von der Gleichheit der Wirtschaftssubjecte, während thatsächlich nicht einmal die rechtliche Gleichheit erreicht ist, und die Ungleichheit im wirtschaftlichen Kampfe zwischen Capital und Arbeit nicht schärfer gedacht werden kann. Trotzdem möchten die Manchestermänner die Arbeiter, deren elende Lage sie denn doch nicht ableugnen können, ausschließlich an die Selbsthilfe weisen. Jede Arbeiterschutzgesetzgebung, überhaupt alle positiven Maßregeln zu Gunsten der Arbeiter und vollends die Uebernahme öffentlicher Unternehmungen durch die Gesammtwirtschaften, erscheint ihnen als ein Gräuel. Nach ihrer Ansicht hat der Staat ausschließlich den Rechts- und Machtzweck zu verfolgen, er darf es sich aber bei Leibe nicht einfallen lassen, in das wirtschaftliche Getriebe thatkräftig einzugreifen. — In den 60er Jahren war die manchesterliche Richtung in Theorie und Praxis die herrschende. Glücklicherweise ist dieselbe seither so weit zurückgedrängt worden, daß ihre wissenschaftlichen Vertreter zu den größten Seltenheiten zählen. Dagegen bekennt sich noch ein großer Theil der Presse, der capitalistische Interessen vertritt, zu dieser den letzteren außerordentlich angenehmen Theorie, so unter den österreichischen Zeitungen insbesondere die „Neue Freie Presse". Von politischen Parteien halten nur noch die „Freisinnigen" im deutschen Reichstage am Manchesterthum fest, während alle andern liberalen Parteien sich, wenn auch widerwillig, entschlossen haben, in ihr wirtschaftliches Programm die Grundsätze des Kathedersocialismus, wenigstens theilweise und bedeutend abgeschwächt, aufzunehmen.

Markenschutz. Fabriksmarken sind jene auf der Ware selbst oder deren Umhüllung, Verpackung ꝛc. angebrachten besonderen Zeichen, welche dazu dienen, die zum Handelsverkehre bestimmten Erzeugnisse und Waren eines Gewerbetreibenden von jenen **anderer** zu unterscheiden. Durch sie will der Fabrikant die Gesammtheit seiner gewerblichen Leistungen, den Ruf seiner Ware, das Vertrauen zu seinem Unternehmen für sich ausnützen. Das Alleinrecht zum Gebrauche einer Marke wird durch Registrirung derselben bei der Handels- und Gewerbekammer des Bezirkes erworben. Da der Wert einer Marke von den Leistungen des Etablissements, welches sie führt, abhängt, so klebt das Markenrecht an dem Gewerbsunternehmen, erlischt mit demselben und wechselt mit ihm den Besitzer. Die widerrechtliche Aneignung oder Nachmachung einer Marke, sowie der Verschleiß der auf eine solche Art widerrechtlich bezeichneten Waren begründet für den Verletzten das Recht bei den Gewerbsbehörden auf Einstellung des ferneren Gebrauches der Marke, u. dergl. sowie Ersatz des Schadens zu bringen. Die Verwirklichung der durch den von der Regierung den Handels- und Gewerbekammern im Jahre 1880 zur Begutachtung übermittelten Entwurf eines neuen Markenschutzgesetzes begonnenen, auch bereits im Parlamente in Erwägung gezogenen Reform wäre zu betreiben. Soll dieselbe wirklich ersprießlich sein, so müßte eine Vorprüfung rücksichtlich der Neuheit und Identität der zur Registrirung angemeldeten Marken eintreten, eine Centralstelle für das gesammte Markenschutzwesen geschaffen, die

Rechtsprechung an die Gerichte übertragen, Eingriffe in das Markenrecht dem Strafgesetzbuche unterworfen, endlich zum Schutze gewisser Producte (z. B. Sensen, Sicheln ꝛc.) bei der Ausfuhr in's Ausland die Registrirung und der Gebrauch von Marken ausnahmsweise obligatorisch erklärt werden.

Maximalarbeitstag. Auch in Oesterreich ist man, im Principe wenigstens, dem „freien Arbeitsvertrage" zu Leibe gegangen und hat den 11stündigen Maximalarbeitstag firirt; allerdings mit soviel durch die Executivbehörden zu bewilligenden Ausnahmen, daß wir wahrscheinlich einen 11stündigen Minimalarbeitstag haben werden. Denn mit „Rücksicht auf besondere Bedürfnisse" kann der Handelsminister einzelnen Industrien für das ganze Jahr eine Ueberstunde gewähren (die gesammte Textil-Industrie hat sich schon gemeldet); — „im Falle zwingender Nothwendigkeit" dürfen an 3 Tagen im Monate gegen bloße Anzeige an die Gewerbebehörde erster Instanz unbeschränkte Ueberstunden gemacht werden; diese 3 Tage kann der Fabrikant dazu benützen, um die Genehmigung derselben Instanz zu Ueberstunden für 3 Wochen zu erhalten „wegen vermehrten Arbeitsbedürfnisses"; und sollte das noch nicht genügen, so wird wohl unterdessen das Gesuch an die Gewerbebehörde II. Instanz erledigt sein, welche „über diese Frist hinaus", also auf unbeschränkte Zeit, unbeschränkte Ueberstunden gewähren kann. Aber schon dies zu erreichen hat Mühe genug gekostet. Die Fabrikanten behaupteten in einem Athem, daß sie ohnehin nur 11 Stunden arbeiten lassen, und daß sie unter 12—13 Stunden nicht auskommen. Die beiden Argumente heben sich auf. Thatsache ist, daß in großen Industrie-Centren, besonders in Brünn, Trautenau u. a., während der Saison 14—16 Stunden gearbeitet wurde und wird. Wenn das Gesetz derlei nicht verhindert, so werden diese Dinge doch festgestellt werden, denn die bewilligten Ausnahmen müssen in den Amtsblättern kundgethan und dem Reichsrathe zur Kenntnis gebracht werden und das ist der Hauptvortheil, den das Gesetz zur Anbahnung besserer Zustände bietet. Was es mit dem Gerede auf sich hat, daß die Einschränkung der Arbeitszeit auch eine Verringerung des Lohnes zur Folge haben müsse, wird durch die überall, in allen Ländern zu beobachtende Thatsache, daß der Lohn um so niedriger ist, und zwar absolut und relativ, je länger die Arbeitszeit dauert, genügend beleuchtet. Weiters, daß weder in England, wo der 9stündige Maximalarbeitstag thatsächlich besteht, noch in der Schweiz, wo der 11stündige Normalarbeitstag eine gesetzlich durchgeführte Maßregel ist, ein Sinken der Löhne beobachtet wurde. Die Lohnhöhe hängt eben von ganz anderen Factoren ab, kann übrigens in den meist in Frage kommenden Industrien gar nicht sinken, weil der Fabrikant wohl chronisch, nicht aber acut verhungernde Arbeiter verwenden kann. Was die Drohung mit dem Auswandern der Industrie anbelangt, so kann man das ruhig abwarten. Die englischen und Schweizer Fabrikanten haben auch gedroht — nicht einer ist gegangen. — Es ist Thatsache, daß der österreichische Fabrikant einen bedeutend höheren Capital-Gewinn verlangt und erzielt als der deutsche oder gar der englische. Sollte wider Erwarten der Maximalarbeitstag energisch durchgeführt werden und bei einem Zusammenfallen mit günstiger Conjunctur die Löhne etwas steigen, so wird höchstens der Gewinn des Unternehmers um ein Geringes fallen. Für den Nationalwohlstand würde dieser Ausfall durch eine gesteigerte Consumtionsfähigkeit der Arbeiter ausgeglichen werden. Das Wichtigste aber ist, daß durch Beschränkung der Arbeitszeit dem Lohnarbeiter das Bedürfnis nach geistiger und politischer Bildung, nach Pflege des Familienlebens wieder gegeben und die Möglichkeit es zu befriedigen gewährt wird.

Maut. Die für die Benützung der Landstraßen erhobene Gebühr. Früher dazu benützt, um ein Reinerträgnis aus den Straßen zu erzielen, so daß sogar Actien-Gesellschaften den Bau und Betrieb von Straßen übernahmen. Heute ist die Maut auf den Landes- und Bezirksstraßen größtentheils abgeschafft und besteht nur noch auf den Reichsstraßen, deckt aber auch hier bei weitem nicht mehr die Erhaltungskosten. Die gänzliche Aufhebung der Maut ist wohl nur mehr eine Frage der Zeit.

Ministerien für die im Reichsrathe vertretenen Königreiche und Länder: 1. Ministerium des Innern (Verfassungs-, Gemeinde-Angelegenheiten, Sanität, Armenwesen, Vereins- und Versammlungswesen, Grundentlastung, Volkszählung, Staatsbürger- und Heimatsrecht, Bausach, Enteignung, Sicherheit, officielle und officiöse Zeitungen, Wiener Stadterweiterung). — 2. Ministerium für Cultus und Unterricht. — 3. Handels-Ministerium (Handel, Gewerbe, Schiffahrt, Eisenbahnen, Posten und Telegraphen). — 4. Ackerbau-Ministerium (Land- und Forstwirtschaft, Bergbau, Jagd, Domänen, Religions- und Studienfonds-Güter). — 5. Ministerium für Landesvertheidigung (Wehrpflicht, Verpflegung und Einquartierung, Landwehr, Landsturm und Gensdarmerie). — 6. Justiz-Ministerium (Weisungen an die Staatsanwaltschaft, Oberaufsicht über die Gerichte und Strafanstalten). — 7. Finanz-Ministerium (Steuern, Gebühren, Taxen, Staatsschulden, Lotto, Tabak, Salz, Münze, Punzirung, Staatsdruckerei). Außerdem gibt es gegenwärtig einen Minister ohne Portefeuille. Die Minister sind in ihrer Amtsführung einerseits dem Kaiser verantwortlich, andererseits dem Reichsrathe. Die Verantwortlichkeit umfaßt alle in die Zeit ihrer Amtswirksamkeit fallenden Acte der obersten Regierungsgewalt, insbesondere alle kaiserlichen Anordnungen, mögen sie dieselben gegengezeichnet haben oder nicht, ihre eigenen Weisungen und Befehle, sowie die absichtliche Unterstützung gröblicher Pflichtverletzung eines andern Ministers. Das Recht zur Anklage steht beiden Häusern des Reichsrathes zu; ein dahin gerichteter Antrag muß im Herrenhause von 20, im Abgeordnetenhause von 40 Mitgliedern unterzeichnet sein. Beschließt das Haus, den Minister in Anklage zu versetzen, so hat derselbe seine Amtswirksamkeit einzustellen. Die Verhandlung und Entscheidung erfolgt bei dem Staatsgerichtshofe. Derselbe besteht aus 24 unabhängigen, gesetzeskundigen Staatsbürgern, welche keinem der beiden Häuser des Reichsrathes angehören dürfen, und welche zu gleichen Theilen auf 6 Jahre von jedem der beiden Häuser gewählt werden. Die gesetzliche Folge der Verurtheilung ist stets die Entfernung des Verurtheilten aus dem Rathe der Krone; es kann aber auch auf Entlassung aus dem Staatsdienste und auf Verlust der politischen Rechte erkannt werden; liegt eine Verletzung des allgemeinen Strafgesetzes vor, so hat der Staatsgerichtshof auch die Bestimmungen dieses Gesetzes anzuwenden. Ebenso erkennt der Staatsgerichtshof auf Ersatzleistung oder behält die Feststellung des Ersatzes dem ordentlichen Rechtswege vor. Nach §. 29 des Gesetzes über die Verantwortlichkeit der Minister wird der Kaiser zu Gunsten eines schuldig befundenen Ministers das Recht der Begnadigung nur auf Grund eines hierauf gestellten Antrages des Hauses des Reichsrathes ausüben, von dem die Anklage ausgegangen ist.

Monopole (Staatsmonopole) sind vom Staate ausschließlich betriebene Productionen, in Oesterreich: das Pulver-, Salz- und Tabak-Monopol. Das erstere ist finanziell sehr unbedeutend und aus Rücksichten der Kriegsverwaltung beibehalten. Die beiden anderen dagegen sind wichtige Einnahmequellen. Salz: 17·1 Millionen, Tabak 45·4 Millionen Reinertrag (1882).

Das Salzmonopol stellt eine sehr empfindliche in directe Steuer dar; denn die Kosten für Gewinnung des Salzes betragen nur 2·9 Millionen Gulden, der Salzpreis ist also fast 7mal so hoch als seine Gestehungskosten. Diese Abgabe vertheilt sich auch sehr ungünstig, nämlich annähernd wie eine Kopfsteuer, weil die Wohlhabenden nicht mehr Salz brauchen als die Armen; die Belastung pro Kopf beträgt circa 75 kr., wobei Kinder, Frauen u. s. w. mitgezählt sind. Salzsteuern bestehen übrigens in fast allen europäischen Staaten.

Tabak. Trotz der ungeheueren Summe, welche der Staat aus dem Tabakmonopol zieht, ist diese Steuer (pro Kopf rund 2 fl.) nicht zu tadeln, weil der Tabak kein nothwendiges Lebensbedürfnis ist und die Wohlhabenderen mehr und bessere Sorten rauchen als die Armen, überdies die Abgabe den Familienvater nicht härter trifft als den Ledigen. Das Tabakmonopol bezieht sich nur auf die Herstellung und den Verkauf der Tabakfabricate, nicht auf den Anbau von Tabak. Der Anbau des Tabaks ist gegen Anmeldung Jedermann gestattet, der Bauer muß sich aber eingehende Controle gefallen lassen und das Erzeugnis an das Aerar abliefern, wofür er angemessene Preise erhält. Wiewohl das Anbauen von Tabak mit lästiger Beaufsichtigung verknüpft ist, würde es dennoch vielfach, z. B. in einzelnen Gegenden Böhmens, eine sehr vortheilhafte Art der Boden-Production darstellen, welche sich namentlich wegen des sicheren Absatzes empfiehlt: eine größere Berücksichtigung dieser Cultur wäre sehr vortheilhaft. Die Einfuhr von Tabak und Tabakfabricaten aus dem Auslande ist mit sehr hohem Zolle und Licenzgebühr (11 fl. 52½ kr. pro Kilogramm) belegt, weshalb das Schwärzen, namentlich von Cigarren, sehr schwunghaft betrieben wird. Die Strafe ist mindestens das Fünffache der Gebühr. Die Tabakfabriken könnten und sollten dem Staat die willkommene Gelegenheit bieten in Bezug auf die Stellung und Versorgung der Arbeiter, ihre Lohnhöhe u. s. w. den Privatanstalten mit gutem Beispiel voranzugehen. Leider ist auch hier der privatwirtschaftliche Gesichtspunkt der möglichsten Ausnützung der Arbeiter bisher allzusehr herrschend geblieben.

Münzfuß, Verhältnis der Zahl und Feinheit der ausgeprägten Metallgeldeinheiten zur Gewichtseinheit. In Oesterreich werden seit 1857 aus einem Pfund feinen Silbers 45 Gulden geprägt, der 45-Guldenfuß. Als Handelsmünzen, nicht als gesetzliche Zahlungsmittel werden seit 1870 auch Goldmünzen, die sog. 8- oder 4-Guldenstücke, ausgeprägt. Aus einem Münzpfund oder halben Kilogramm Gold, bestehend aus $^9/_{10}$ Gold und $^1/_{10}$ Kupfer, werden $77^1/_2$ Stück größere oder 155 Stück kleinere Goldmünzen geprägt. Nach dem zur Zeit der Einführung dieser Münzen bestandenen Wertverhältnis von Gold zu Silber ($1 : 15^1/_2$) war der Wert der einzelnen größeren Goldmünze 8 und der der kleineren 4 Gulden Silber. Gegenwärtig ist bei dem gesunkenen Werte des Silbers der Wert der ersteren 9·80, der der letzteren 4·90 Gulden. Diese Goldmünzen haben bis auf einen geringen Unterschied denselben Goldgehalt, wie die 20-, beziehungsweise die 10-Francsstücke der Francswährung und würden den Uebergang einer österreichischen Gold- oder Doppelwährung zu der letzteren erleichtern.

Musterschutz. Der Musterschutz umfaßt das ganze Gebiet der formgebenden Thätigkeit, welche zwischen den Kunstwerken und den Erfindungen liegt, hat den Zweck, dem Fabriksunternehmer den ungestörten Absatz der nach einem erfundenen Muster hergestellten Auflage zu sichern und weckt somit den Wetteifer in der Erzeugung geschmackvoller Muster. In Oesterreich ist Derjenige, welcher ein Muster oder Modell, d. i. ein auf die Form eines Industrie-Erzeugnisses bezügliches, zur Uebertragung auf ein solches geeignetes Vorbild entweder selbst oder durch einen Andern für eigene Rechnung ursprünglich zu Stande und bei der Handelskammer seines Bezirkes zur Registrirung gebracht hat, allein berechtigt, dasselbe auf Industrie-Erzeugnisse anzuwenden. Sowohl die unbefugte Uebertragung oder Nachbildung eines geschützten Musters, als der Verschleiß der hienach verfertigten Waren wird durch die Gewerbebehörden bestraft. Die Regierung hat bereits im Jahre 1880 den Entwurf eines neuen Musterschutzgesetzes den Handels- und Gewerbekammern zur Begutachtung übermittelt und demselben zum Theil die auf dem Pariser internationalen Congresse für das industrielle Eigenthum (1878) gefaßten Beschlüsse zu Grunde gelegt. Es kann nur gewünscht werden, daß die begonnene Reform des Musterschutzrechtes, welche dermalen im Abgeordnetenhause urgirt wird, baldigst verwirklicht werde, wobei die Errichtung einer Centralstelle für das gesammte Musterschutzwesen, eine Vorprüfung der Muster auf ihre Neuheit, die Uebertragung der Rechtsprechung in Muster-Angelegenheiten an die Gerichte und insbesondere jener über Eingriffe in das Musterrecht an die Strafgerichte (diesbezüglich Ergänzung des Strafgesetzes), endlich die obligatorische Kenntlichmachung von geschützten Fabrikaten in's Auge zu fassen wäre.

Nationalität bedeutet Zusammengehörigkeit zu einer Nation, einem Volksstamm. Das wichtigste, jedoch nicht einzige Merkmal für die Nationalität ist die Sprache, außerdem kommen noch gemeinsame Culturentwicklung, gemeinsame geschichtliche Erlebnisse in Betracht. Nationalbewußtsein, nationales Bewußtsein, Nationalgefühl bedeutet das Bewußtsein von der Nationalität und die daraus hervorgehende Theilnahme an den Schicksalen der Nation. National ist Alles, was auf die Nation Bezug nimmt, nationale Gesinnung insbesondere eine Gesinnung, welche aus kräftigem Nationalgefühl hervorgeht. Die Nationalität spielt in der Geschichte der Staaten eine hervorragende Rolle. Als Resultat einer vielhundertjährigen Entwicklung hat sich die Mehrzahl der europäischen Staaten zu nationalen Staaten, d. i. zu Staaten entwickelt, welche nur Eine Nation und diese ganz oder zum größten Theile umfassen (Frankreich, England, Italien). Ein ganz eigenthümliches Schicksal erlebte die deutsche Nation. Im alten Deutschen Reiche, sowie im späteren Deutschen Bunde (bis 1866) war zwar die ganze Nation begriffen, die Einigung war jedoch eine höchst unvollkommene. Die Ereignisse der Jahre 1866 und 1870 führten zu einer machtvollen Einheit, dem Deutschen Reiche, welches jedoch nicht die ganze Nation umfaßt. Die Deutschen in Oesterreich sind darin nicht begriffen. Oesterreich gehört zu der Gruppe der national gemischten Staaten, es ist (außer der Türkei) der einzige Großstaat dieser Kategorie. Oesterreich umfaßt einen Theil der deutschen Nation, einen Theil der polnischen, die tschechische und eine Reihe anderer Völkerschaften, Ungarn die magyarische und ebenfalls zahlreiche slavische Völkerschaften. Die deutsche Nation ist in Oesterreich mit circa 9 Millionen viel stärker vertreten, als jede einzelne andere (Tschechen 5 Mill., Polen 3 Mill.), jedoch schwächer als alle anderen zusammen (13 Mill.). Das namentlich seit dem Jahre 1848 in allen Nationen mächtig erwachte Nationalgefühl hat denn auch den im österreichischen Staate vereinigten Nationalitäten den Impuls gegeben, ihre nationalen Interessen zu verfolgen, nationale Politik zu treiben. Da die deutsche Nation in Oesterreich durch ihre die anderen Nationen weit überwiegende Culturentwicklung und durch die seit Jahrhunderten bestandenen politischen Verhältnisse ein naturgemäßes und wohlverdientes Uebergewicht über die anderen erworben hatte, so richteten sich die nationalen Bestrebungen der übrigen alsbald nicht blos auf die Ausbildung ihrer Sprache und ihres Volksthums, sondern auf die Zurückdrängung des deutschen Einflusses im Staate. Am vollständigsten haben das Ziel die Ungarn erreicht, welche sich ein vollständig selbstständiges magyarisch-nationales Staatswesen zu schaffen vermochten und die in ihrem Gebiete noch erübrigenden Theile des deutschen Volkes in nationaler Beziehung vollkommen beherrschen. Aber auch die übrigen Nationen sind an der Ausbildung ihres Volkes und ihrer Sprache, nicht minder aber an der Erweiterung ihrer Machtsphäre rastlos thätig, sie suchen sich vom deutschen Einfluß unabhängig zu machen, ja die Deutschen zu beherrschen. Leider hat die Entwicklung des Nationalgefühls bei den Deutschen in Oesterreich mit jener der übrigen Völkerschaften nicht gleichen Schritt gehalten, so daß es jenen thatsächlich gelang und gelingt, das Deutschthum Schritt für Schritt zurückzudrängen. Gewiß ist die Sorglosigkeit der Deutschen zum großen Theile daraus erklärlich, daß sie sich bis zum Jahre 1866, als Theil der im

Deutschen Bunde vereinigten Nation, durch die Bestrebungen der übrigen Nationalitäten nicht gefährdet hielten. Dies hat sich aber seit 1866 völlig geändert, und diese Aenderung nicht völlig gewürdigt, die neuen Ziele, welche dadurch einer national deutschen Politik in Oesterreich gesteckt waren, nicht rechtzeitig erkannt zu haben, gereicht den Deutschen zum Vorwurf und zum Schaden. Eine deutschnationale Politik in Oesterreich hat in erster Linie die Wahrung des deutschen Einflusses und deutscher Interessen, die Aufrechterhaltung des deutschen Sprachgebietes in dem Umfange, den es sich im Laufe der Geschichte mit Recht erworben, zum Gegenstande. Schon der Art. XIX der Verfassung hat diesen Standpunkt nicht voll gewahrt, er bedarf der Ergänzung durch Erlassung eines Gesetzes über die deutsche Staatssprache, wie ein solches dem Reichsrathe bereits einmal vorlag. Das deutsche Nationalgefühl erstreckt sich aber auch auf die Stammesgemeinschaft der Deutschen in Oesterreich mit dem übrigen Theile der deutschen Nation; es verlangt den ungestörtesten geistigen Verkehr mit den Stammesgenossen in politischer Beziehung, nicht die staatliche, sondern die erreichbar innigste völkerrechtliche Vereinigung mit dem Deutschen Reiche, das verfassungsmäßig genehmigte Bündnis, wie es ja den leitenden Staatsmännern bereits vorgeschwebt hat: Das Bündnis, welches die Monarchen der beiden Staaten durch wiederholte Zusammenkünfte vor ganz Europa feierlich besiegelt haben, es ist für die Deutschen in Oesterreich nicht eine Frage der Tagespolitik, die heute so und morgen anders entschieden werden könnte, es ist ihr innigstes nationales Bedürfnis. Gerade diese Seite der deutschnationalen Politik ist Gegenstand der heftigsten Angriffe der Gegner, welche sie zu verdächtigen und zu verleumden suchen, indem sie den Deutschen die unvernünftigsten politischen Bestrebungen in die Schuhe schieben, ja sich nicht scheuen, dem Worte „deutschnational" den Stempel des Verbrecherischen aufdrücken zu wollen. Von den Deutschen, deren Bestrebungen weder das Urtheil des Gesetzes noch der Moral zu scheuen haben, wäre es eben so feige, sich vor diesen Verleumdungen zu fürchten, als thöricht, ihren wahren Zweck, den Einfluß der Deutschen in den inneren Angelegenheiten zu schwächen, zu verkennen und ihre Aufmerksamkeit von den inneren Kämpfen ablenken zu lassen. Die Wiedererlangung der gebührenden Stellung bei der Entscheidung der Staatsangelegenheiten wird von selbst dem gegenwärtigen Zustande ein Ende machen, den die Deutschen mit Recht als eine Beeinträchtigung ihres nationalen Lebens empfinden, die noch dadurch verschärft wird, daß die anderen Nationen ihre nationalen Gesinnungen nach allen Richtungen hin rückhaltlos zum Ausdruck bringen. Die Erreichung dieses für alle Deutschen ohne Unterschied der Parteistellung gleich wichtigen, wenn auch leider von manchen Parteien verkannten Zieles erfordert aber eben so viel Kraft und Ausdauer als Muth und Klugheit. Die erste Voraussetzung ist die Einigung aller Deutschen, dann aber rastlose Thätigkeit und Umsicht, um in Schule und Amt, im privaten wie im öffentlichen Leben ihre verlorene Position wieder zu erlangen. Nur langsam, Schritt für Schritt, ist das Ziel zu erreichen.

Nordbahnfrage. Das Privilegium der Nordbahn-Gesellschaft für ihre Hauptlinie, durch welches diese Gesellschaft durch 50 Jahre in der Lage war, die gesammte Bevölkerung in der schamlosesten Weise auszubeuten, läuft am 4. März 1886 ab. Statt die Lösung der Frage, was nach Ablauf des Privilegiums zu geschehen habe, rechtzeitig, d. h. vielleicht vor zehn Jahren in die Hand zu nehmen, schreckte alles davor zurück und erst Ende 1883 begannen die Verhandlungen der Regierung mit der Verwaltung der Nordbahn. Das Resultat derselben war das im Frühjahr 1884 dem Abgeordnetenhause vorgelegte Uebereinkommen. Nach demselben sollte die Nordbahn-Gesellschaft eine neue Concession auf 80 Jahre erhalten. Als Gegenleistung war darin nur bedungen: Der Bau einiger Localbahnen, der Verzicht auf die Garantie für die mährisch-schlesische Nordbahn und das Herabsetzen der Tarife auf das Niveau der **dermaligen** Staatsbahn-Tarife. Trotzdem fast die gesammte Presse, welche überreichlich aus dem Dispositions- und Reservefonds der Nordbahn gefüttert worden war, für die Nordbahn eintrat, war doch der Sturm der Entrüstung in der öffentlichen Meinung über diese Preisgebung der öffentlichen Interessen ein so gewaltiger, daß die Regierung es nicht wagte, das Uebereinkommen zur Verhandlung zu bringen, sondern dasselbe zurückzog. Statt aber dem in unzähligen Versammlungen, Petitionen und Resolutionen einhellig ausgesprochenen Wunsche des weitaus größten Theiles der Bevölkerung zu entsprechen und das einzig Richtige zu thun, was zu thun war, nämlich die Nordbahn, wenn nöthig im Wege der Expropriation, zu verstaatlichen, ließ man sich wieder in neue Verhandlungen ein und ein neues „Uebereinkommen" erblickte das Licht der Welt. Danach war die Concessionsdauer auf 55 Jahre beschränkt und das Tarifbestimmungsrecht der Regierung scheinbar verschärft, thatsächlich aber derartig verclausulirt worden, daß nichts davon übrig geblieben wäre. Nach diesem „verbesserten" Uebereinkommen hätte die Nordbahn-Gesellschaft aus ihrer Hauptlinie noch immer jährlich 15 Millionen herausschlagen können. Rechnet man nun, daß der Staat die Nordbahn um 150 Millionen einlösen würde, eine Summe, die die Anlagekosten bedeutend übersteigt, und die bei dem auch im Schmerling'schen Rechtsgutachten ausdrücklich anerkannten Umstande, daß die Nordbahn vom 4. März 1886 an kein Betriebsrecht mehr hat, noch immer hochgegriffen erscheint, so würde diese Summe jährlich mit circa 8 Millionen verzinst und amortisirt werden können. Es würden also durch das Uebereinkommen ungefähr 7 Millionen jährlich den Actionären, d. h. den Herren Rothschild und Consorten geschenkt worden sein. — Die Schicksale des neuen Uebereinkommens waren reich an Wechselfällen. Die gesammte Wiener Tages-Presse mit einziger Ausnahme der „Deutschen Zeitung" stand wieder auf Seiten der Nordbahn-Actionäre. Die Bevölkerung ließ sich aber keinen Sand in die Augen streuen und wieder regnete es Petitionen über Petitionen gegen das Uebereinkommen, für die Verstaatlichung. Unter diesen Umständen und mit Rücksicht auf die vor der Thür stehenden Wahlen wurde selbst der heutigen Majorität des Abgeordnetenhauses bange vor einer so unverhüllten Begünstigung eines kleinen Kreises von Groß-

Capitalisten auf Kosten der großen Menge der Bevölkerung. Man ging also im Eisenbahn-Ausschusse an die weitere „Verbesserung" des Uebereinkommens. Der nach dem Uebereinkommen mit 112 fl. bemessene Minimalertrag der Actie wurde auf 105 fl. reducirt und eine Theilung des diesen Betrag übersteigenden Erträgnisses zwischen Staat und Gesellschaft in Aussicht genommen. Die Minorität des Ausschusses stellte hingegen den Antrag auf Verstaatlichung. Von Seiten einer Fraction der Clericalen wurde der Antrag auf Vertagung der ganzen Angelegenheit eingebracht. Dadurch schien der „eiserne Ring" der Rechten gesprengt und kein Mensch konnte das schließliche Resultat der Abstimmung voraussehen.

So standen die Angelegenheiten noch am Morgen des 24. März 1885, jenes Tages, der durch die drei Abstimmungen in der Nordbahn-Angelegenheit für immer eine hervorragende, aber traurige Stelle in der Geschichte des österreichischen Parlamentarismus behalten wird. Als die Noth am höchsten, da nahte als rettender Engel für die Regierung der Coronini-Club. Unter Verletzung der Geschäftsordnung wurden noch während der General-Debatte von diesem Club in die Special-Debatte gehörige Abänderungsanträge eingebracht. Dagegen, daß die Annahme dieser Anträge zugesichert wurde, verpflichtete sich der Coronini-Club gegen die Verstaatlichung, gegen die Vertagung und für das Eingehen in die Special-Debatte zu stimmen. Das Resultat war nun, daß der Antrag auf Verstaatlichung mit 165 gegen 136, der Antrag auf Vertagung mit 164 gegen 144 Stimmen abgelehnt, hingegen der Antrag auf Eingehen in die Special-Debatte mit 166 gegen 141 Stimmen angenommen wurde. Dieses für die Regierung günstige Resultat hätte aber nicht allein durch die Unterstützung des Coronini-Club erzielt werden können, denn einige Cleriale stimmten gegen die Regierung oder absentirten sich. (Freilich fehlten die bäuerlichen Abgeordneten **Ruf** und **Oberndorfer**, die bei der ersten Abstimmung mit der Linken gestimmt hatten, bei den zwei folgenden Abstimmungen, denn hier war die Möglichkeit vorhanden, daß die Linke die Majorität erlangen konnte.) So wäre wahrscheinlich die Nordbahnvorlage ihrem seligen Ende, die ganze Angelegenheit aber einer ersprießlichen Lösung zugeführt worden, wenn nicht auf der Linken eine ganze Reihe von Mitgliedern fahnenflüchtig geworden wäre. Es fehlten bei der Abstimmung die folgenden Mitglieder der Vereinigten Linken: Aresin, Auspitz, Beeß, Demel, **Dumba, Foltz, Gomperz, Haase, Hanisch, Herrmann, Kallir, Kübeck, Lenz, Oppenheimer, Portheim, Schaup, Schmuck, Spens, Suttner, Weeber, Winterholler und Wolfrum.** Eine gewisse Berechtigung hatten wenigstens die mährischen und schlesischen Abgeordneten, denn bei diesen kam in Betracht, daß ihre Wahlorte durch die Verstaatlichung die von der Nordbahn bisher erhobenen Gemeindezuschläge eingebüßt hätten und daß durch die Localbahnen, welche die Nordbahn bauen soll, diesen Ländern ein gewisser Vortheil erwächst. Muß man aber ein solches Zurücksetzen der allgemeinen Interessen gegen locale auf das tiefste bedauern, so kann man gegen jene „Volksvertreter", welche sich durch private Interessen bestimmen ließen, sich feige vor der Abstimmung zu verkriechen, nur volle Verachtung hegen und hoffentlich werden die Wähler wissen, wie sie diesen Herren zu begegnen haben. — In der Special-Debatte, an welcher die Linke sich nicht betheiligte, wurde dann das Uebereinkommen mit den vom Coronini-Club gestellten Abänderungs-Anträgen angenommen. Durch diese Anträge wurde hauptsächlich das Minimal-Erträgniß der Actien weiter auf 100 fl. herabgesetzt und das Tarifbestimmungsrecht des Staates schärfer präcisirt. — Daß durch diese wiederholten Abänderungen eine bedeutende, wirkliche Verbesserung gegenüber der Regierungsvorlage und vollends gegen das Uebereinkommen vom Jahre 1884 erzielt wurde, kann kein Unbefangener leugnen. Allein auch in seiner neuen Form bleibt das Uebereinkommen ein Sieg des Privat-Capitales, eine schwere Schädigung der Interessen der gesammten Bevölkerung zu Gunsten einer noch immer allmächtigen Clique, und noch immer werden die Actionäre einen Reingewinn von ungefähr 11 Millionen aus der Hauptbahn (abgesehen von den Montan-Bahnen und den Bergwerken) ziehen können. — Momentan hat die Nordbahnvorlage noch die parlamentarische Behandlung im Herrenhause durchzumachen. Nachdem dieses durch massenhafte Ernennungen von neuen Mitgliedern unter dem Ministerium Taaffe zu einer reinen Stimmmaschine degradirt wurde und jeder selbstständige Geist aus demselben verschwunden ist, besteht wohl nicht der mindeste Zweifel, daß die Nordbahnvorlage in der Fassung des Abgeordnetenhauses unverändert angenommen und damit eines der wichtigsten Verkehrsinstitute der Monarchie auf Jahre hinaus wieder der Ausbeutung durch die Privat-Speculation überantwortet wird.

Oeffentliche Meinung. Das Urtheil des Volkes über öffentliche Angelegenheiten wird durch die Abgeordneten, durch die Presse sowie durch Vereine und Versammlungen einerseits zum Ausdrucke gebracht, andererseits durch dieselben Factoren bestimmt. Leider ist der Contact zwischen den Abgeordneten und ihren Wählern in der Regel kein sehr lebhafter, das politische Vereinswesen aber ist durch Verbot der Zweigvereine und des gegenseitigen Verkehres gehemmt. Von um so größerer Bedeutung für den Ausdruck und die Beeinflußung der öffentlichen Meinung sollte daher die Presse sein. Bei den kläglichen Zuständen unserer großen Residenzpresse aber und der wohlverdienten Verachtung, welche dieselbe trifft, hat sich ein Widerspruch zwischen der thatsächlichen und der gedruckten öffentlichen Meinung entwickelt, welcher zwar der Selbstständigkeit des Volksurtheiles zu Guten kommt, aber eine vernünftige Leitung, Ausgleichung und zielbewußte Vereinigung der Ansichten und Bestrebungen vereitelt. Der Aufgabe, in dieser Beziehung zu reformiren, werden sich die neuzuwählenden deutschen Abgeordneten nicht entziehen dürfen.

Officiöse Presse. Die Regierung hat das Bedürfnis, ihren Ansichten durch die Presse Verbreitung zu verschaffen. Da es überall regierungsfreundliche Parteien gibt, welche über Blätter verfügen, so könnten auch die Ansichten der Regierung in denselben zum Ausdrucke gebracht werden, aber sie finden durch dieselben doch nicht die gewünschte Verbreitung, weil sie in der Regel von den Angehörigen der gegnerischen Parteien nicht gelesen werden oder als Enunciationen der anderen Parteien von vornherein keinen Anklang finden. Deshalb werden entweder schon bestehende Blätter, welche durch die Gewohnheit zum Bedürfnisse des lesenden Publicums geworden sind, gegen Entgelt zu officiösen Organen gemacht, oder Provinzialblätter derselben Färbung erworben oder gegründet. Oft vermitteln Banken, welche zu der Regierung in Beziehungen stehen, das Geschäft. Daß die Autorität der Regierung darunter leidet, ist nicht zu verkennen, umsomehr als die Individuen, die sich zu solchem Lohndienste hergeben, nicht gerade die geachtetsten sind. Das offiziöse Zeitungswesen würde entbehrlich, wenn der Regierung die Befugnis eingeräumt würde, einen im Verhältnisse zum Umfange der Blätter stehenden Raum zur unentgeltlichen Aufnahme ihrer Einsendungen zu beanspruchen; nur müßten dieselben als aus dem Preßbureau kommend, ausdrücklich bezeichnet und eine Kritik dieser Artikel in derselben Nummer gestattet werden.

Papierwährung. Neben Metallgeld und an Stelle desselben können auch die Functionen des Geldes versehen: Anweisungen von Banken, welche das Versprechen der Zahlung einer bestimmten runden Summe an den Ueberbringer der Anweisung enthalten (Banknoten) oder Anweisungen, welche der Staat ausgibt und die er bei seinen Cassen an Zahlungsstatt anzunehmen erklärt (Staatsnoten). Beide Arten von Noten sind zunächst nur Schuldscheine, die einen der Bank, die anderen des Staates. Wenn sie nicht eingelöst werden und zugleich Jedermann verpflichtet ist, sie bei Zahlungen anzunehmen (Zwangskurs), werden sie zu Geld, Papiergeld, und die dadurch entstandene Währung (s. diese) heißt Papierwährung. Einführung der Papierwährung ist für einen finanziell bedrängten Staat das bequemste Mittel sich Geld zu verschaffen. Sobald der Staat für seine oder die von ihm benützten Noten einer Bank Zwangskurs decretirt hat, kann er seine Geldzeichen beliebig durch die Notenpresse vermehren. Allein immer zeigen sich schädliche Folgen. Jede Mehrausgabe macht die Einlösung unwahrscheinlicher und senkt den Wert des Papieres. Papiergeld hat nicht, wie Edelmetallgeld, einen stofflichen Wert. Sein Wert beruht in der allgemeinen Pflicht, es als Zahlung anzunehmen. Es braucht aber im Ausland, wo Niemand dem Zwangskurs unterworfen ist, nicht genommen zu werden und es wird nicht genommen, wenn man weiß, daß Bank oder Staat nicht daran denken, ihre Noten einzulösen. Im Ausland muß man daher in Gold oder Silber zahlen und wenn im Inlande kein Gold- oder Silbergeld im Umlaufe ist, muß man solches kaufen. Da Niemand das wertvolle und in seinem Werte sichere Edelmetallgeld gerne gegen unsicheres Papiergeld hergibt, muß man den Besitzern des Edelmetallgeldes Vortheile bieten. Man muß für eine bestimmte Summe Edelmetallgeldes mehr Papiergeld bieten, als nach dem nominellen, vom Staate dem Papier zugeschriebenen Wert nothwendig wäre, z. B. für

100 Gulden Gold oder Silber mehr als 100 Gulden Papier. Diese Differenz zwischen dem nominellen und thatsächlichen Werte des Metall= geldes gemessen durch das Papiergeld heißt Agio (Aufgeld). Nach der Sicherheit der Noten, welche beeinflußt wird durch die Menge, die aus= gegeben wurde, nach dem Bedarf an Edelmetall zu Zahlungen in's Ausland, nach dem Preise der Edelmetalle überhaupt schwankt das Agio. Das Agio bewirkt eine allgemeine Steigerung der Preise und zwar zunächst jener Producte, welche im Ausland gekauft werden. Dann steigen die Preise der Producte, zu deren Herstellung jene be= nöthigt wurden u. s. w., bis eine allgemeine Preisausgleichung erzielt wird. Diese geht aber nicht gleichmäßig und vor Allem nicht gleichzeitig vor sich. Namentlich steigen die Arbeitslöhne nicht in gleichem Ver= hältnisse. In der Zeit von 1853—1872 stiegen Lebensmittelpreise um 10—18%, Arbeitslöhne nur um 7%. Darum wirkt Entwertung des Papiergeldes und Auftreten des Agios wie ein Schutzzoll, weil Arbeits= kraft im Inlande billiger wird, bzw. die ausländischen Producte sich vertheuern. Dieser an und für sich beklagenswerte Vortheil hebt die Nachtheile nicht auf: Unberechenbarkeit der Preise, Schwanken derselben, macht jede Production zu einem Glücksspiel, in welchem der Producent zum Nachtheile des Consumenten sich durch hohe Preise vor unberechen= baren Verlusten schützt; Lebensmittel werden noch besonders vertheuert, weil Ausfuhr in benachbarte Staaten vortheilhaft wird; es entstehen nicht vorauszusehende Veränderungen im Verhältnisse von Gläubigern und Schuldnern, indem bei sinkendem Agio letztere, bei steigendem erstere benachtheiligt werden u. s. w. Namentlich aber enthält das Agio eine Schädigung aller derjenigen, welche auf fixe Bezüge angewiesen sind, indem ihre Einnahmen trotz aller Preisschwankungen stationär bleiben. Oesterreich hat mit geringen Unterbrechungen Papierwährung seit An= fang des Jahrhunderts. Seit 1867 ist die Staatsnotenausgabe unter Controle gesetzt (s. Staatsschuldenverwaltung) und kann nicht beliebig vermehrt werden. Es sind jetzt im Umlaufe 340 Millionen Banknoten, doch sind diese gedeckt (s. Oesterr.=ungar. Bank) und 320 Millionen Staatsnoten. Wenn diese Noten jetzt auch kein Agio gegen Silber haben, weil dieses sehr im Preise gesunken ist (s. Währung), so steigt das Agio gegen Gold doch immer mehr und macht es daher nothwendig bald zu einer Reform unseres Geldwesens zu schreiten (s. Valuta= regulirung).

Parteien. Im österreichischen Abgeordnetenhause bestanden in der letzten Parlamentsperiode vier Clubs der Rechten, der Polen=Club, der Česki=Club, die Rechtspartei (Hohenwart=Club) und das rechte Centrum (Liechtenstein=Club). Der Rechten gegenüber stand die „Vereinigte Linke" und zwischen beiden schwankte das liberale Centrum (Coronini=Club). Der Polenclub ist der maßgebendste Factor sowohl im Abgeordneten= hause als in der Regierung, und sein Einfluß konnte nicht einmal da= durch vermindert werden, daß mehrere seiner Mitglieder, Kaminski, Wolski, Kozlowski unstatthafter Geldgeschäfte überwiesen wurden. Es ist eine höchst bezeichnende Erscheinung, daß eine passive Provinz, die sich ihrer Zugehörigkeit zum Reiche nur erinnert, wenn sie Zuschüsse für Transversalbahnen, Flußregulirungen und Grundentlastung braucht, die Geschicke der österreichischen Reichshälfte bestimmt. Dem Polenclub zunächst an Macht steht der Český-Club; er vereinigt in sich nicht nur alle tschechischen Abgeordneten ohne Unterschied, ob liberal oder reactionär, ob clerical oder hussitisch, ob Jung- oder Alt-Tschechen, sondern auch Abkömmlinge deutscher Adelsgeschlechter, welche in Böhmen große Güter erworben und dafür auf die Zugehörigkeit zum deutschen Volksstamme verzichtet haben, Namen wie Clam und Schwarzenberg. Aus nationalen Gründen lassen sich die Tschechen nicht nur die Bundesgenossenschaft, sondern auch die Führung der Feudalen gefallen. Im Hohenwart-Club sitzen Tiroler und Clericale mit Südslaven beisammen, die Vertreter des prächtigen bajuvarischen Kernstammes mit denen der Tschitschen und Morlaken; in dieser Vereinigung glauben die Tiroler ihre clericalen Interessen am besten gewahrt und sie stimmen mit Aufopferung für jede Steuer und zu Gunsten Rothschilds. Aus diesem unerträglichen Beisammensein haben sich die meisten clericalen deutschen Bauern abgetrennt und einen besonderen Club, das rechte Centrum, gewöhnlich Liechtenstein-Club genannt, gebildet; aus diesem Club haben sich wenigstens Einzelne in ein paar Fragen mit ihren Stammesgenossen auf der linken Seite des Hauses zusammengefunden, aber im Ganzen hält auch dieser Club nur zu sehr Disciplin. Der hervorragende clericale Abgeordnete Lienbacher gehört keinem Clubverbande an. Alle diese Clubs haben ein gemeinsames Executiv-Comité; die Einigkeit der verschiedenen Elemente wird dadurch erhalten, daß abwechselnd einmal der einen, einmal der andern Fraction ein Sonderwunsch auf Kosten der Steuerträger, oder auf Kosten des Fortschritts erfüllt wird.

Diesen Parteien der Rechten gegenüber steht als einheitlicher Club die „Vereinigte Linke". Sie umfaßt mit Ausnahme der streng deutschnationalen und antisemitischen Fraction Schönerer und von ein paar „Wilden" die gesammte deutsche Opposition, weist daher die verschiedensten Abstufungen in nationaler, freiheitlicher und volkswirtschaftlicher Haltung auf, gemeinsam ist die Bekämpfung des Ministeriums Taaffe, der Widerstand gegen föderalistische Bestrebungen und das Eintreten für die bisherige Geltung der deutschen Sprache. Die große Zahl der Clubmitglieder macht die Vereinigung stark in der Abwehr, verhindert aber auch wegen der Verschiedenheit der Elemente ein kräftiges, positives Vorgehen. In der „Vereinigten Linken" kann man dreierlei Bestandtheile unterscheiden, den rechten Flügel, aus Leuten bestehend, die in der Wehrgesetzfrage oder in der Nordbahnangelegenheit, überhaupt bei einem energischen Schritte, Reißaus nehmen, zweitens das Centrum, in welchem hochbegabte und vielerfahrene parlamentarische Führer commandiren, deren Energie freilich manchmal durch die Rücksicht auf Regierungsfähigkeit beeinträchtigt wird, endlich einen linken Flügel mit etwas stärkerer deutschnationaler Färbung. Wenn von mancher Seite in einemfort die Nothwendigkeit der Einigkeit betont wird, so wäre es viel entsprechender, sich mit solchen Mahnungen nicht an den linken Flügel, der immer bis zur Selbstverleugnung Disciplin gehalten hat, zu wenden, sondern an jene andere Fraction von Leuten, die gerade dann nicht da sind, wenn man sie braucht. Daß die „Vereinigte Linke" nach den nächsten Wahlen nicht mehr in ihrer Gänze beisammen bleiben wird, ist ziemlich sicher; es dürfte ein „Deutscher Club" entstehen, sei es nun, daß die Fraction der Bedächtigen und Bedenklichen abfällt und anderseits ein „Deutscher Club" von vielleicht 100 Mitgliedern sich bildet, sei es, daß die deutschnationalen und sozialreformatorischen Elemente ausscheiden und sich zu einem kleinen aber strammen Club vereinigen. Eine Störung der Einigkeit wäre auch in letzterem Falle gar nicht zu befürchten, indem ja alle Fractionen der Opposition ein gemeinsames Executiv-Comité niedersetzen könnten, welcher Vorgang auf der Rechten sich ganz vorzüglich bewährt hat.

Zwischen der Rechten und der Linken schwankt das „liberale Centrum", der Coronini-Club, aus deutschen und italienischen Südländern sowie aus mährischen Großgrundbesitzern bestehend. Sein Streben nach Regierungsfähigkeit, seine Nachgiebigkeit und sein Mangel an jedem nationalen Standpunkt dürften ihm nach den Neuwahlen eine nicht unbeträchtliche Stärkung zuführen, denn die Mittelmäßigkeit ist für Viele sympathisch.

Die großen, parteibildenden Bewegungen in der Bevölkerung finden in dem Parteiwesen des Abgeordnetenhauses nur unvollkommenen Ausdruck. Nach nationalen Gesichtspunkten gegliedert sind nur die Polen und Tschechen, die Deutschen nicht, der clericale Standpunkt findet sich vertreten in zwei Clubs, der fortschrittliche in keinem, der Feudalismus dominirt im Česki-Club, der sozialreformatorische Gedanke tritt nur hie und da verschämt und gelegentlich auf, der Antisemitismus ist klar nur in der Fraction Schönerer, dem Semitismus regnet es Gefälligkeiten von allen Seiten. Sollte es zu einer natürlichen Parteibildung kommen, so müßten vor allem gleich den Tschechen und Polen die Deutschen aller Richtungen eine einzige, große Partei bilden, welche nach wirtschaftlichen und politischen Unterschieden in mehrere Fractionen zerfiele; in nationalen Fragen einig, sollten sich diese in allen anderen Beziehungen frei bewegen können, damit aus dem Widerstreit der Anschauungen und Interessen der Fortschritt des Volkes die mächtigste Anregung empfinge. Daß eine solche Hoffnung in Erfüllung gehe, ist freilich nicht zu erwarten; was Allen gemeinsam sein sollte, das Nationalgefühl, ist bei den Deutschen leider kläglich schwach, dafür sind die trennenden Momente, die Vorurtheile in politischen und kirchlichen Dingen, zu mächtig.

Particularismus, eine Behandlung der öffentlichen Angelegenheiten nicht mit Rücksicht auf die Gesammtheit, sondern nach localen (regionalen, oder provinziellen) Gesichtspunkten. Die Schuld an dieser unsachgemäßen Behandlung tragen in erster Linie nicht die Abgeordneten, sondern die Wähler. Diesen geht oft die Erbauung einer Brücke, die Concessionirung einer Localbahn, ja manchmal die Errichtung einer Haltestelle an einer Eisenbahn über alle andern Erwägungen. Anstatt in einer Besserung der allgemeinen Verhältnisse die sicherste Gewähr ihrer eigenen Wohlfahrt zu erblicken und sich mit ihren speciellen Angelegenheiten an die politischen Behörden zu wenden, verlangen viele Wählerschaften von ihren Abgeordneten die Durchführung von Wünſchen, die von dieſen überhaupt nur in den ſeltenſten Fällen, und dann nur gegen einen Austauſch anderer Gefälligkeiten realiſirt werden kön= nen. Die Folge davon iſt die Bewilligung überflüſſiger Ausgaben, Abhängigkeit der Abgeordneten von Fractionen und Miniſtern, Zer= fahrenheit in den wichtigſten Fragen und Schädigung der allgemeinen Intereſſen. Das traurigſte Beiſpiel eines ſolchen Particularismus bil= dete ſeinerzeit der Vorgang bei der Grundſteuer=Regulirung.

Patent=(Privilegien=)ſchutz. Der Patentſchutz gewährt dem Entdecker, Erfinder oder Verbeſſerer eines neuen Induſtrie=Erzeugniſſes, eines neuen Erzeugungsmittels, oder einer neuen Erzeugungsmethode (nach ſeiner Wahl in Oeſterreich bis auf die Dauer von 15 Jahren) das alleinige Recht zur gewerblichen Ausnützung ſeiner Erfindung; er ſichert demſelben den Lohn ſeiner geiſtigen Arbeit, ſpornt zu neuen Verſuchen an und leiſtet dadurch dem wirtſchaftlichen Fortſchritte einen weſentlichen Dienſt. Im Intereſſe der Geſammtheit liegt es, daß die nach Regiſtri= rung bei den Landesbehörden durch das Handelsminiſterium patentirten Erfindungen möglichſt bald veröffentlicht und ſo zum Gemeingut wer= den, wodurch nicht bloß die zukünftige Benützung derſelben nach Ablauf der Schutzfriſt, ſondern auch die ſofortige Verwertung auf dem Gebiete theoretiſcher Forſchung und die beſtmöglichſte Ausnützung, durch die Concurrenz der ſich zur Ausführung anbietenden Unternehmungen, ſicher= geſtellt, dann aber auch der wirkſamſte Schutz gegen oft unwiſſentliche Eingriffe in die Privilegienrechte erzielt wird. Die in Oeſterreich der= malen geſtattete Geheimhaltung der privilegirten Erfindungen wäre daher bei der im Zuge befindlichen und im Abgeordnetenhauſe neuerlich wieder urgirten Reform des Patentſchutzes aufzuheben. Um die bei dem jetzt geltenden Anmeldungsverfahren durch die Nöthigung, jedes ange= meldete oder erworbene Patent rückſichtlich der Neuheit und Identität ſelbſt zu prüfen, herrſchende Beläſtigung und Unſicherheit des Verkehres thunlichſt zu vermeiden, erſcheint ferner die Einführung eines Vorprü= fungsverfahrens durch ein zu beſtellendes Patentamt, verbunden mit einem Aufgebote der Einſprecher gegen das nachgeſuchte Patent als nöthig. Aus öffentlichen Rückſichten empfiehlt ſich auch die Feſtſetzung des Licenzzwanges, wonach der Patentinhaber in allen Fällen, wo es das allgemeine Intereſſe erheiſcht, ſeine Erfindung allen geeigneten Be= werbern gegen angemeſſene Vergütung zur Benützung überlaſſen muß, endlich die Vorſchrift der Kenntlichmachung aller patentirten Induſtrie= Erzeugniſſe.

Pfandbrief, eine von einer hiezu vom Staate autoriſirten Anſtalt ausgegebene Schuldverſchreibung, deren Verzinſung und Tilgung vor= zugsweiſe ſichergeſtellt iſt, durch von ſolcher Anſtalt (Sparcaſſe oder Bank) erworbene und grundbücherlich ſichergeſtellte Hypothekarforderungen. Zur Wahrung der Intereſſen der Pfandbriefbeſitzer wird in gewiſſen Fällen, namentlich beim Concurſe der Anſtalt, ein dieſelben vertretender gemeinſamer Curator ernannt. Da die Hypothekardarlehen nur bis zur Hälfte des Wertes eines Hauſes oder zwei Drittel eines Grundſtückes gewährt werden, bieten Pfandbriefe große Sicherheit und können zur Anlage von Pupillengeldern verwendet werden.

Plutokratie, die Herrschaft der Reichen. Da Reichthum Macht gibt, so werden die Reichen unter jeder Wirtschaftsform sich und ihre Interessen zur Geltung zu bringen wissen, ganz besonders aber ist das System der freien Concurrenz der Plutokratie günstig, indem jede Schranke zu Gunsten der wirtschaftlich Schwachen beseitigt ist. Die Actiengesellschaften, der Gründerschwindel, der Gimpelfang an der Börse, die Privatbahnen und Banken, die fortwährende Geldnoth der Staaten haben riesige Reichthümer in einzelnen Händen aufgestapelt. Die Plutokratie dictirt die Kurse an den Börsen Europas, läßt die Papiere sinken, um sie billig einzukaufen, treibt sie wieder in die Höhe, hängt sie dann dem Publicum an und läßt sie wieder stürzen, um das Spiel von vorne zu beginnen. Diese Gruppe beherrscht mittelbar oder unmittelbar die größten industriellen Unternehmungen und versteht es, die Zölle zu ihrem Nutzen zu reguliren, sie beherrscht das Verkehrswesen und die Presse. Aber auch Leute, die unabhängig sein könnten, wagen es nicht, gegen jene Macht aufzutreten, woran meist die sehr unbegründete Furcht vor der Presse Schuld ist. Dabei wissen gerade diese Allerreichsten sich am besten der Besteuerung zu entziehen. Da die modernen Plutokraten nur einen kleinen Theil ihrer Einkünfte verzehren und dieselben größtentheils wieder zu weiterer Capitalisation verwenden, so ist die Zeit abzusehen, wo der beste Grund und Boden, die unentbehrlichsten Industrien, der ganze Bergbau und das Transportwesen in den Händen einiger weniger Eigenthümer sein muß, die über Millionen von Beamten, Dienern, Arbeitern, Pächtern u. s. w. gebieten. Auf diesen Augenblick warten die Socialdemokraten. Um daher sowohl jenen unleidlichen Zustand als den gewaltsamen Umsturz zu vermeiden, muß das Privatcapital aus dem Transport-, Bank- und Versicherungswesen ausgeschlossen, die Börse ihrer eigentlichen Aufgabe wiedergegeben, die Latifundienbildung erschwert, die großen Vermögen durch eine progressive Einkommensteuer und Erbsteuer beschränkt, die Capitalpresse aber durch ein System geeigneter Maßregeln und durch das Gegengewicht unabhängiger Blätter unschädlich gemacht werden.

Polen. Das österreichische Polen wird gebildet aus den ehemals zum Königreiche Polen gehörigen Fürstenthümern Halicz und Wladimir, dem Großherzogthume Krakau, sowie den ehemals schlesischen Herzogthümern Auschwitz und Zator. Es trägt den Titel „Königreich Galizien und Lodomerien". Die Bukowina wurde erst im Jahre 1849 als besonderes Kronland abgetrennt. Oesterreichisch-Polen hat rund 6 Millionen Einwohner, von denen 48% auf die Ruthenen, 49.5% auf die Polen und der Rest auf die Juden (600.000) und verschiedene andere Nationen, als: Armenier, Griechen, Rumänen, Zigeuner ꝛc. entfallen. In Westgalizien machen die Polen circa 86% der Bevölkerung aus, während sie in Ostgalizien kaum 20% betragen. Die Zahl der Deutschen beträgt 108.000. Trotzdem die Ruthenen in der Mehrzahl sind, sind sie doch durch die herrschende polnische Race vollständig unterdrückt und es gelingt ihnen selten, in irgend einem Bezirke einen Vertreter eigener Nationalität durchzusetzen. Das ehemals gute Verhältnis zwischen Polen und Ruthenen ist in letzter Zeit durch den maßlosen Chauvinismus und die

Herrschaft der Polen zu einem feindseligen geworden, und wird diese Antagonie noch durch confessionelle Differenzen (die Polen sind katholisch, die Ruthenen griechisch unirt) verschärft. Obwohl Polen seit seiner Einverleibung mit Oesterreich mit allem Wohlwollen behandelt wurde, ist es doch in seinem ganzen Wesen der westlichen Reichshälfte gegenüber fremd und ohne Zuneigung geblieben und die Wiederaufrichtung eines unabhängigen polnischen, eines „Jagellonenreiches" spukt allenthalben in den polnischen Versammlungen. Während Russisch-Polen vollständig russificirt worden, und der Posener Kreis durch den Einfluß deutschen Wesens, ohne die polnischen guten Eigenschaften zu verlieren, deutsche Arbeit und Sparsamkeit gelernt hat und zu hoher Blüthe gelangt ist, haben die österreichischen Polen ihre nationale Eigenart mit allen Fehlern aufrecht erhalten: in unfruchtbarem Parteihader und prahlerischem Hochmuthe, Verschwendungssucht, Pfaffenherrschaft und schlechter Wirtschaft vergeuden sie ihre Kraft; Mangel an geordneten Zuständen, Käuflichkeit und Bestechlichkeit in Handel, Verkehr und im öffentlichen Leben stoßen den Fremden ab. In Galizien fand das Polenthum Pflege, und in Folge der Decentralisation kam die ganze Verwaltung in die Hände der chauvinistischen Elemente. Daß aber auch bei einem höheren Maße politischer und nationaler Selbstständigkeit die Polen nicht vermögen, ihre wirtschaftlichen Verhältnisse zu entwickeln, zeigt zur Genüge der heutige tiefe wirtschaftliche Stand Galiziens und besonders die Thatsache, daß die Beisteuer des Landes zum österreichischen Staatshaushalte bei Weitem nicht ausreicht, um seine öffentlichen Bedürfnisse zu bestreiten, ja daß Polen im österreichischen Haushalte mit rund 40 Millionen jährlich passiv ist. Galizien hat eine Bodenfläche von 25% des Gesammtstaates, 27% der Gesammtbevölkerung und zahlt nur 10% Steuer und ist mit 16·4% passiv. Nichtsdestoweniger ist Galizien im Reichsrathe mit 63 Abgeordneten, d. i. mit 17·8%, vertreten! Aber nicht allein dies krasse Mißverhältnis zwischen Steuerleistung und Antheil an der Vertretung, als vielmehr der Umstand, daß die Polen sich nicht als Reichsangehörige betrachten, sondern bei jeder Gelegenheit sich ihre Stimmen für schwere, meist klingende Concessionen abringen lassen und so thatsächlich mit den anderen passiven Provinzen über die activen eine Willkürherrschaft ausüben, macht das heutige Verhältnis Polens zu der westlichen Reichshälfte zu einem unerträglichen Drucke und rechtfertigt den Wunsch nach einer Sonderstellung Polens. Wie weit eine solche zu gehen habe, läßt sich nicht leicht präcisiren, jedenfalls aber sollen die Polen in Angelegenheiten, welche nur die anderen Provinzen betreffen, nicht mitreden dürfen. Die Polen genießen jetzt schon eine gewisse Selbstständigkeit in der Verwaltung und im Schulwesen, dennoch haben sie auch in diesen Dingen bei uns das entscheidende Wort. Die inneren Verhältnisse Polens, die Zerrissenheit des Grundbesitzes, Verschuldung, Adelsvorrechte, Judenthum, Faulheit und Bestechlichkeit, — alle diese Zustände sind so traurig und zugleich so grundverschieden von den unseren, daß es undenkbar erscheint, wie die für jeden modernen Culturstaat nothwendigen Reformen auch in Galizien zur Durchführung gebracht werden können. Geographische Lage, geschichtliche Entwicklung, Culturzustand, materielle und commercielle Verhältnisse, sowie politische Gründe machen Galizien unter den heutigen Umständen zu einer beständigen Calamität für Oesterreich, und die **Sonderstellung Galiziens** wird der Moment sein, wo die deutschen Provinzen, wie von einem Alp befreit, materiell und national aufathmen werden.

Postsparcasse. Verwendung der Postanstalten zu Sammlung von Spareinlagen, nach dem Vorgange Englands (1861), Belgiens (1870), Italiens (1875) und Frankreichs (1885) in Oesterreich eingeführt durch Gesetz vom 28. Mai 1882, Beginn 1. Jänner 1883. Der Zweck, Sammlung von kleinen und kleinsten, scheinbar unbedeutenden Beträgen, welche private Sparcassen noch nicht annehmen und örtliche Ausdehnung der Sparanstalten, somit möglichste Ausdehnung des Sparens kann als erreicht bezeichnet werden. An mehr als 4000 Sammelstellen empfängt die Postsparcasse Einlagen, die sich vom Jänner 1883 (773.830 Gulden) auf 14,065.502 Gulden im Jänner 1885 gesteigert haben. Die Postsparcasse verwaltet jetzt rund 18 Millionen Gulden, ein Beweis ihres Nutzens und des Sparsinnes der Bevölkerung, insbesondere der **deutschen** Bevölkerung, denn **mehr als die Hälfte** aller Einlagsbücher ist nur in deutscher Sprache ausgegeben und auch von den gemischtsprachigen entfällt ein grosser Theil auf Deutsche. Die Gestattung des portofreien Verkehres mit der Postsparcasse wurde zur Einführung von Anweisungen (Checks) benützt, mittelst welcher die Einleger bequem und billig über ihr Guthaben verfügen, indem sie **jede Zahlung** mit den einfachen Kosten der Anweisungsblankette (zwei **Kreuzer** per **Stück** gegen das **bis zu sechs Gulden** steigende Porto der Postanweisungen!) leisten können. Eine Wiener Firma erklärte dadurch jährlich bei 2000 Gulden Porto zu ersparen Wenn man sich auch mit dem wirtschaftlichen Nutzen dieser Einrichtung, durch welche die **Staatssparcasse** sich zu einer **Staatsbank** zu entwickeln beginnt, befreunden kann, so muss man doch eine **gesetzliche Regelung des Checkverkehres** fordern, da das Gesetz über die Postsparcasse das Maximum dessen, was Jemand in einem Jahr einlegen darf, mit 300 Gulden bemisst und Niemand überhaupt mehr als 1000 Gulden in der Postsparcasse liegen haben darf, die Praxis des Anweisungsverkehrs aber damit in Widerspruch steht. Am wenigsten sollte doch von der Regierung, welche jene Einrichtung durch Verordnung geschaffen hat, der Glaube erschüttert werden, dass die Gesetze dazu da seien, gehalten zu werden!

Presse. Je unvollkommener unser Parlamentarismus ist, eine um so wichtigere Aufgabe fällt der Presse zu. Aber auch die Presse ist durch mehrfache Umstände in ihrer Entwicklung und Wirksamkeit gehemmt. Durch das **objective Verfahren** verfällt ein Blatt ohne richterliches Urtheil der Confiscation, und wird die Confiscation in erster Instanz ohne Einvernahme und Vertheidigung der beschuldigten Partei rechtskräftig. Durch den **Zeitungsstempel** wird das Blatt vertheuert und der Herausgeber gezwungen, das Annoncengeschäft auszubeuten und sich von der Rücksicht auf grosse Inserenten in seinem

Urtheile über wirtschaftliche Angelegenheiten zum Schaden der Bevölkerung bestimmen zu lassen. Endlich wird durch das **Verbot der Colportage** die Verbreitung gehindert und eine Art von Privilegium für die großen und lange bestehenden Blätter geschaffen. In allen diesen Beziehungen wäre eine Abhilfe erwünscht und durchführbar. Schwerer aber sind die inneren Schäden unserer Preßzustände. Von den großen Wiener Blättern sind mit Ausnahme der „Deutschen Zeitung" und des „Vaterland" alle geschäftliche Unternehmungen, bei denen die Politik lediglich das Mittel ist, um Geld, und zwar möglichst viel Geld zu verdienen. Daß der größte Theil derselben im Besitze von Actiengesellschaften sich befindet, macht diesen Charakter um so klarer und das Geldverdienen um so ungenirter. Der Journalist schreibt nach den Anweisungen seines Chefredacteurs, und dieser redigirt nach den Befehlen der Bank, welcher die Zeitung gehört, oder jener Unternehmung, welche die Zeitung bezahlt, um durch deren Vermittlung das Publicum irre führen zu können. Dadurch wird der Charakter des Journalisten bepravirt, er sinkt zum gesinnungslosen Lohnschreiber herab, schreibt einmal in einem deutschnationalen, ein Jahr darauf in einem officiösen Blatte mit derselben Wärme der Ueberzeugung. In beiden Fällen bleibt er dem Principe des Gelderwerbes treu, und in beiden Fällen deckt ihn die Anonymität. Nicht viel, aber doch Einiges wäre gewonnen, wenn die Journalisten gezwungen würden, die Artikel mit ihrem Namen zu zeichnen; freilich würden auch dann Viele sich über die Schande des Meinungswechsels hinaussetzen und dabei mit Erfolg auf die Vergeßlichkeit und Toleranz des Publicums rechnen.

Die Folge dieser Betriebsweise ist die, daß in irgend einem entscheidenden Momente die deutschliberale Partei eines Morgens fast ohne publicistische Vertretung dastehen könnte, weil die Directionen der verschiedenen Actiengesellschaften, denen die Blätter direct oder indirect gehören, es für gut befunden haben, eine andere politische Richtung zu commandiren. Alle diese Blätter sind daher politisch unzuverlässig und innerlich unwahr, sie versuchen es, zwei Zwecke im höheren Geschäftsinteresse zu vereinigen, nämlich den Weisungen ihrer Auftraggeber zu entsprechen und dabei den Instincten und Vorurtheilen des Publicums zu schmeicheln; diesen Aufgaben müssen sich Wahrhaftigkeit und Principientreue unterordnen. Pikanterie und Tratschsucht, Scandal und Erfindungen müssen das der harten Kost der Wahrheit entwöhnte Publicum entschädigen. Eine Specialität der Wiener Tagespresse ist das Todtschweigen aus geschäftlichen, politischen und confessionellen Gründen, und es muß gesagt werden, daß nirgends in der Welt es eine Bevölkerung gibt, welche sich so weit gehende Leistungen auf diesem Gebiete gefallen ließe. Abgeordnete und deren Reden, die größten Versammlungen, ja das ganze Parlament wird aus dem Buche der Lebendigen gestrichen, ohne daß die allgemeine Entrüstung sich anders als in Wirthshausbemerkungen Luft machte.

Unter den Wiener liberalen Tagesblättern nimmt die „**Deutsche Zeitung**" eine Ausnahmsstellung ein. Gegründet und unterstützt von politischen Gesinnungsgenossen, trägt sie nicht Geld, sondern kostet Geld, denn das große Publicum hat bisher die guten Absichten ihrer Gründer und deren große Opfer zu wenig gewürdigt. Die „Deutsche Zeitung" hat immer die Principien der Fortschrittspartei vertreten, sie hat auch immer im Sinne eines Compromisses zwischen der liberalen Partei und den Forderungen der Socialreform gewirkt, sie ist das anständigste Blatt und wird deshalb von den anderen angefeindet.

Die „Neue Freie Presse", Eigenthum der Oesterr. Journal-Actiengesellschaft, will als eigentlich großes Blatt, als Weltblatt gelten. Sie hatte seinerzeit die schwungvollst geschriebenen Leitartikel und hat gegenwärtig das beste Feuilleton. Dafür vertritt sie auch die Interessen des „Welthauses" Rothschild und aller großen Unternehmungen und bekämpft auf das ungenirteste alle socialreformatorischen Bestrebungen. Die „Neue Freie Presse" erblickte in der Freisprechung Ofenheim's einen Sieg des Gewissens, der Rechtssicherheit und der Ethik und in dem ersten, von allen Parteien einstimmig zurückgewiesenen Uebereinkommen mit der Nordbahn eine schwere Schädigung der Actionäre. Das System des Todtschweigens betreibt sie auf das exacteste.

Die alte „Presse", Eigenthum der Länderbank, officiöses Blatt, geht bei einem Systemwechsel hoffentlich ein.

Die „Wiener Allgemeine Zeitung", unter Mitwirkung einiger streng verfassungstreuer Parteimänner begründet, sprang eines Sonntags Morgens plötzlich ab und erfand die „Deutsche Volkspartei" der Herren Kronawetter, v. Walterskirchen, Fischhof und Singer. Seit dieser Zeit tänzelt sie zwischen Regierungsfreundlichkeit und Koketterie mit den demokratischen Utopisten hin und her und kann bei der Versatilität ihres Herausgebers noch die verschiedenartigsten Wandlungen durchmachen. Einst streng manchesterlich, schmähte sie den deutschen Reichskanzler in der unerhörtesten Weise, während sie heute manchmal socialreformatorisch flunkert, einst wies sie bei Gulden und Kreuzer nach, was die Verstaatlichung der Nordbahn dem Staate für Vortheile bringe, während sie heute schweigt. Sie soll von der Länderbank unterstützt werden. Zur Belohnung ihrer guten Sitten darf sie eine stempelfreie Volksausgabe herausgeben, welche einen Absatz von 20.000 Exemplaren haben soll.

Das „Neue Wiener Tagblatt", das „demokratische Organ", Eigenthum der Actiengesellschaft „Steyrermühl", ist geschäftlich am besten, d. h. einträglichsten geleitet. Im Gebiete des Sensationellen, des Pikanten, der Entdeckungen und Erfindungen steht es obenan; die letzte Seite seines Inseratentheiles dient als Auskunftsbureau in delicaten Angelegenheiten. Viel Kopfzerbrechen verursacht es seinen Lesern nicht.

Die „Constitutionelle Vorstadt-Zeitung", ebenfalls Eigenthum der Actiengesellschaft „Steyrermühl", ist etwas decenter und langweiliger als ihr Gesellschaftsgenosse.

Das „Illustrirte Extrablatt", Eigenthum der Länderbank, officiös, bringt abscheuliche Illustrationen von Jubelpaaren und Verbrechern, ist einzig dastehend in Raubmorden und Hinrichtungen und gibt durch seine hohe Auflage einen traurigen Beweis von der Richtung des Geschmackes in den untern Schichten.

Die „Morgenpost", officiös, wird unglaublicher Weise noch immer von einigen Leuten gelesen.

Das „Fremdenblatt", freiwillig officiös, Eigenthum der Actiengesellschaft „Elbemühl", verhältnismäßig anständig gehalten, dient vorwiegend den nichtpolitischen Bedürfnissen vieler Leser, die an dem handlichen Format Gefallen finden.

Alle die acht genannten Blätter machen auf die Bezeichnung „liberal" Anspruch, woraus man ersieht, daß man sich unter „Liberalismus" alles Mögliche denken kann. Scheinbar politisch indifferent, aber wo es Noth thut regierungsfreundlich oder clerical angehaucht, ist das „Weltblatt", welches sich vorwiegend von den Ausschnitten aus andern Blättern nährt und es zur höchsten Auflage gebracht hat; seine Verbreitung findet es fast ausschließlich in der Provinz. Eine Sonderstellung nimmt das Organ der Conservativen, richtiger gesagt der Feudalen und Clericalen ein, das „Vaterland". Die socialpolitischen Aufsätze, namentlich auf agrarischem Gebiete, beanspruchen die allgemeinste Aufmerksamkeit; dabei muß freilich das Blatt manchen salbungsvollen Quark seiner Patrone mit auf den Markt bringen. Bedauernswerter als dies ist die namentlich in den Correspondenzen hervortretende Feindschaft gegen die nationalen Interessen des eigenen Stammes. — Endlich sollen noch erwähnt werden die clericale „Gemeinde=Zeitung" und der brav fortschrittliche „Freisinnige", beide mehrmals in der Woche erscheinend.

Auf die Besprechung der Wochenblätter und periodischen Zeitschriften kann hier nicht eingegangen werden, nur Friedjung's „Deutsche Wochenschrift", Schönerer's „Unverfälschte deutsche Worte", Pernerstorfer's „Deutsche Worte" und die auf dem politischen Standpunkte des „Vaterland" stehende „Monatschrift für christliche Socialreform" müssen als solche Blätter genannt werden, die sich von der Unzahl von einerleiartigen Geschäftsunternehmungen charakteristisch abheben. Eine böse Partie in der Wiener Journalistik bilden die meist unglaublich blöden Witzblätter. Der einzige „Figaro" mit seinem Beiblatt, der „Wiener Luft", hat Humor, Geist und Gesinnung; bezüglich der übrigen kann man schwer entscheiden, welchem der letzte Rang gebührt. Da das Publicum gegen Verblödung nach dem heutigen Stande der Gesetzgebung nicht geschützt werden kann, so sollten doch wenigstens die in ihrer Einförmigkeit nicht einmal amusanten Ehebruchsscherze irgend einer eindämmenden Controle unterzogen werden.

Soll eine anständige Presse geschaffen werden — und dies ist wichtiger als Wahlreform und manches Andere — so genügt eine Veränderung der Gesetzgebung bezüglich des Zeitungsstempels, der Colportage und des objectiven Verfahrens nicht. Das Publicum muß sich auch selbst helfen, kein gesinnungsloses Blatt kaufen, in kein solches inseriren und geneigt sein, einen den Selbstkosten eines anständigen Blattes entsprechenden Preis auch zu bezahlen. So lange aber dasselbe nur recht viel Papier und Lesestoff verlangt, gleichgiltig, aus welchen Quellen der Ausfall gedeckt wird, dann hat es eben eine Presse, wie

es sie verdient. Zum Glücke sind wenigstens die Zustände der Provinz=
presse ungleich erfreulicher.

Preßgesetzgebung. Jedermann kann von ihm allein oder unter
Mitwirkung Anderer verfaßte Schriften in Selbstverlag nehmen und
für eigene Rechnung verkaufen. Das Recht zur Erzeugung, zum Ver=
lage von Druckschriften und zum Verkehre mit denselben wird durch die
Gewerbegesetze geregelt. Die Colportage, d. h. das Vertheilen oder Feil=
bieten von Druckschriften an öffentlichen Orten ist jedoch verboten.
Davon sind nur Annoncen u. dgl. ausgenommen. Auf jeder Druckschrift
muß nebst dem Druckorte der Name des Druckers und der des Verlegers
oder statt des Letzteren der des Herausgebers und eines verantwortlichen
Redacteurs angegeben werden. Wer eine periodische Druckschrift heraus=
geben will, hat dies vorläufig dem Staatsanwalte und der landesfürst=
lichen Sicherheits=Behörde des Bezirkes, in welchem der Ort der Heraus=
gabe gelegen ist, anzuzeigen. Jeder Herausgeber einer öfter als zweimal
monatlich erscheinenden periodischen Druckschrift ist zum Cautionserlag
verpflichtet, wenn die Druckschrift, sei es auch nur nebenher, die
politische Tagesgeschichte behandelt oder politische, religiöse oder
soziale Tagesfragen bespricht. Von jedem Blatte oder Hefte einer
periodischen Druckschrift hat der Drucker bei Beginn der Austheilung
oder Versendung, von jeder anderen nicht mehr als fünf Bogen be=
tragenden Druckschrift spätestens vierundzwanzig Stunden früher bei
der Sicherheitsbehörde des Abgabeortes, und am Sitze einer Staatsan=
waltschaft auch bei dieser, ein Exemplar zu hinterlegen. Ausgenommen
hievon sind solche Preßerzeugnisse, welche lediglich den Bedürfnissen des
Gewerbes, des Verkehres, des häuslichen und geselligen Lebens zu dienen
bestimmt sind. In einer periodischen Druckschrift muß jede Berichtigung
von darin mitgetheilten Thatsachen in das nach gestelltem Begehren
zunächst erscheinende oder zweitfolgende Blatt abgedruckt werden und
zwar unverändert und ohne Einschaltung. Zum Sammeln von Pränu=
meranten und Subscribenten ist ein Erlaubnißschein, zu Placatirungen
die Bewilligung der Sicherheitsbehörde nöthig. Ankündigungen von
Theatervorstellungen, öffentlichen Lustbarkeiten, Vermiethungen, Verkäufen
u. dgl. sind hievon ausgenommen. Die durch den Inhalt einer Druckschrift
begangene strafbare Handlung wird weder durch die beigefügte Er=
klärung, damit nicht einverstanden zu sein, noch dadurch aufgehoben,
daß ein Anderer die Verantwortlichkeit allein übernehmen zu wollen er=
klärt. Für wahrheitsgetreue Mittheilungen öffentlicher Verhandlungen
des Reichsrathes und der Landtage kann Niemand zur Verantwortung
gezogen werden. Wegen des strafbaren Inhaltes einer periodischen Druck=
schrift ist der Redacteur, selbst wenn ihm die strafbare Handlung nach
den allgemeinen Grundsätzen des Strafrechtes nicht zugerechnet werden
kann, doch immer, und der Verleger dann wegen Vernachlässigung der
pflichtgemäßen Obsorge verantwortlich, wenn er nicht einen im Gel=
tungsgebiete des Preßgesetzes wohnhaften Verfasser oder Herausgeber
namhaft machen kann. Mit jedem gerichtlichen Erkenntnisse, das den
Inhalt einer Druckschrift als Verbrechen erklärt, ist auch das Verbot ihrer
weiteren Verbreitung zu verbinden. In Preßsachen entscheiden bei Ueber=

tretungen die Bezirksgerichte, bei Vergehen und Verbrechen die Geschwornengerichte. Gegen die Vorschriften des Preßgesetzes ausgegebene oder wegen ihres Inhaltes im öffentlichen Interesse zu verfolgende Druckschriften können von der Sicherheitsbehörde mit Beschlag belegt werden. Will man gegen keine bestimmte Person eine Anklage erheben, so kann der Staatsanwalt begehren, daß das Gericht darüber erkenne, ob der Inhalt einer Druckschrift eine strafbare Handlung begründe, und daß es das Verbot der Weiterverbreitung ausspreche. Hierüber wird in nichtöffentlicher Sitzung erkannt. Dagegen ist der Einspruch zulässig, über den in öffentlicher Sitzung zu entscheiden ist. Dagegen ist noch die Beschwerde an die nächste Instanz gegeben. Durch dieses (das sogenannte objective) Verfahren wurde jedoch auf Umwegen die Zensur wieder eingeführt. In allen möglichen Fällen, in denen man nie einen Menschen wegen eines Verbrechens verurtheilen würde, wird nun erkannt, daß der betreffende Inhalt der Druckschrift den Thatbestand eines Verbrechens bildet. Die Vorbedingung zur Erlangung wirklicher Preßfreiheit ist somit die Aufhebung des objectiven Verfahrens.

Prioritätsobligation, auf Inhaber lautende oder durch Indossament übertragbare Theilschuldverschreibung über eine Darlehensforderung an eine Actiengesellschaft, deren Verzinsung sichergestellt sein muß, bevor an die Actionäre eine Dividendenzahlung geschehen kann, welche mithin die Priorität vor anderen Gesellschaftsschulden und Ansprüchen der Actionäre hat. Für ihre Verzinsung und Tilgung haftet das ganze Vermögen der Actiengesellschaft in erster Linie. Curatorbestellung, wie bei Pfandbriefen (s. diese). Bei Eisenbahn-Prioritätsobligationen findet ähnlich wie bei Pfandbriefen eine bücherliche Sicherstellung des Darlehens auf den im Eisenbahnbuche eingetragenen unbeweglichen Gütern der Bahn statt. Dieselben können, wenn sie Staatsgarantie für Verzinsung und Rückzahlung genießen, zur Anlage von Pupillengeldern verwendet werden.

Privatrechtspflege ist nicht nur an sich ein wichtiger Zweig der Staatsverwaltung, sondern auch durch ihre Rückwirkung auf andere Gebiete, insbesondere auf die Volkswirtschaft von höchster Bedeutung. Sie soll nicht nur richtige Entscheidungen gewähren, sondern auch rasch und billig sein. Unser Privatrecht ist im Allgemeinen trefflich, der Richterstand pflichtgetreu, allein die Rechtspflege weder rasch noch billig. Unsere Processordnung, welche für ihre Zeit ein ganz gutes Werk war, stammt von 1781, ist daher begreiflicherweise für die heutigen Verhältnisse zu schwerfällig. Seit Jahren wird daher die Reform des Civilprocesses geplant, es sind schon mehrfach Entwürfe vorgelegt worden, allein die Arbeit ist noch immer nicht sehr vorgeschritten. Es sind hauptsächlich finanzielle Rücksichten, welche die Reform verzögern. Der neue Proceß mit seinem mündlichen öffentlichen Verfahren erfordert eine neue Organisation, insbesondere eine Vermehrung des Richterstandes, welche den Staat neu zu belasten droht. Allein die Vortheile der Reform sind unverhältnismäßig gewichtiger als die geringfügige Erhöhung des Justiz-Budgets.

Productivgenossenschaften (Productiv-Associationen). Diese sind Vereinigungen von Arbeitern, eine Unternehmung auf eigene Rechnung zu führen. Die großen Erwartungen, welche man vor Jahrzehnten an die Verallgemeinerung dieser Geschäftsform — namentlich auf dem Gebiete der Industrie — knüpfte, indem man darin eine Art Lösung der socialen Frage erblickte, sind geschwunden: man weiß heute aus Erfahrung, daß sie nur innerhalb sehr enger Grenzen gedeiht. Wo sich aber die Unternehmungsform erhält, ist sie ein vortreffliches Mittel, dem Arbeiter eine selbstständigere und freiere Stellung zu gewähren und die Früchte seines Fleißes in höherem Maße zuzuwenden, als es beim Lohnsystem geschieht. Voraussetzung für das Gedeihen einer Productivgenossenschaft war aber regelmäßig, daß die Betheiligten einen hohen Grad von Fleiß und Tüchtigkeit, sowie die Fähigkeit der Unterordnung unter gleichgestellte Genossen besitzen; daneben die Eignung des Geschäftes zum genossenschaftlichen Betriebe und das Gewinnen einer tüchtigen Geschäftsleitung. Die Erfüllung dieser Bedingungen trifft nur in seltenen Fällen zusammen, und haben auch thatsächlich die Productivgenossenschaften überall nur eine sehr geringe Ausdehnung gewonnen. In Oesterreich bestanden (Ende 1881) 41 gewerbliche und 61 landwirtschaftliche Productivgenossenschaften, letztere fast ausschließlich Molkereigenossenschaften. Die unbillige Steuergesetzgebung erschwert ihr Aufkommen ungemein; so unterliegen z. B. die gewerblichen Productivgenossenschaften einfach der allgemeinen Erwerbs- und Einkommensteuer. Da jedoch ihre Bilanzen öffentlich sind, während Einzelunternehmungen ꝛc. bekanntlich über ihre Erträge einen geheimnißvollen Schleier zu verbreiten wissen, so kommt es, daß die concurrirenden rein capitalistischen Unternehmungen, namentlich die größeren, in der That nur einen sehr geringen Theil ihrer Erträge besteuert sehen, während die Arbeiter-Associationen ihre Erträge voll und ganz der Besteuerung unterziehen müssen. Dieser Umstand kann namentlich Jenen Stoff zum Nachdenken geben, welche, sobald von der socialen Frage die Rede ist, den Lobgesang auf die Selbsthilfe erschallen lassen und uns die Gleichberechtigung Aller als verwirklicht hinstellen wollen.

Progressive Steuer ist eine Steuer, bei welcher ein größerer Ertrag oder größeres Einkommen mehr Procente Steuer zahlt, als ein kleines. Gegenwärtig ist nur die zweite Classe der Einkommensteuer, d. i. die der Beamten, Aerzte, Künstler u. s. w. progressiv. Diese Personen zahlen nämlich von einem Einkommen bis fl. 600 gar nichts, bis fl. 1050 1%, von fl. 1050—2100 2% u. s. w., über fl. 10.000 10%; wobei zu bemerken ist, daß die Steuer von jedem 1000 für sich bemessen wird; z. B. von fl. 2500, wie folgt:

$$\begin{array}{rcl} fl. \ 1050 \ - \ 1\% \ - \ 10{\cdot}50 \\ ,, \ \ \ 1050 \ - \ 2\% \ - \ 21{\cdot}- \\ ,, \ \ \ \ 400 \ - \ 3\% \ - \ 12{\cdot}- \\ \hline fl. \ 2500 \ - \ \ \ \ - \ 43{\cdot}50 \end{array}$$

Außerdem ist noch bei allen directen Steuern bis fl. 30 Jahresvorschreibung 70%, darüber 100% Zuschlag zu zahlen; was ebenfalls eine

Progression darstellt. Die projectirte Einkommensteuer soll ebenfalls progressiv sein, was schon deswegen sehr zweckmäßig ist, weil die Aermeren durch die indirecten Steuern viel härter getroffen werden, als die Wohlhabenberen.

Radical, wörtl. gründlich; Radicalismus, das rücksichtslose Verfolgen einer Richtung bis in ihre äußersten Consequenzen, ohne auf die faktischen Verhältnisse Bedacht zu nehmen. Es kann also unter Andern National-Radicale, Politisch-Radicale und Sozial-Radicale geben, meist versteht man aber darunter den politischen Radicalismus. Zum Wegräumen von Schwierigkeiten, womit die Gemäßigten nicht fertig werden, sind radicale Vorstöße oft äußerst nützlich; häufiger allerdings übertreiben die Radicalen ein an sich berechtigtes Bestreben, rufen dadurch eine Gegenbewegung hervor und schaden der Sache. In Oesterreich allerdings, wo namentlich der bajuvarische Volksstamm viel zu wenig Rücksichtslosigkeit entwickelt, ist von den schädlichen Wirkungen des Radicalismus wenig zu verspüren.

Reaction, eigentlich Gegenbewegung. Es gibt eine gesunde und nothwendige Reaction, z. B. gegen moderne Irrthümer, allgemein verbreitete Vorurtheile, gegen die Herrschaft einer corrupten Presse u. s. w. Meist aber versteht man unter Reaction das Bestreben, entgegen den Forderungen einer fortschrittlichen Entwicklung veraltete Zustände und Formen, besonders des Rechts- und Verfassungslebens, wieder herzustellen. Die capitalistischen Zeitungen lieben es, auch eine gesunde Reaction mit dieser letzteren, der schädlichen und bornirten Rückschrittsbewegung, gleichzustellen, um so das Publicum von unbequemen Reformgedanken abzuhalten.

Rechnungsabschluß, Central-. Da die Regierung im Finanzgesetz (s. dieses) das Recht zur Einhebung und Leistung bestimmter Einnahmen und Ausgaben während einer bestimmten Zeitperiode erhält, muß die Volksvertretung controliren können, ob die Regierung diese Ordnung auch eingehalten hat. Darum legt der Oberste Rechnungshof (s. diesen) den Vertretungskörpern eine Rechnung (Central-Rechnungsabschluß) vor, welche den Nachweis darüber enthält, welche Einnahmen die Regierung wirklich eingehoben und welche Ausgaben sie wirklich innerhalb der Budgetperiode geleistet hat, wobei jeder dieser Posten verglichen ist mit jenen des Finanzgesetzes. Dadurch ist die Volksvertretung in der Lage, das Gebaren der Regierung zu prüfen und sie zur Verantwortung zu ziehen, wenn ein Mißbrauch in der Verwendung der Gelder vorliegt. Je strenger diese Controle, desto vorsorglicher und sparsamer wird die Regierung mit den Geldern umgehen. Darum muß diese Rechnung möglichst rasch geliefert werden und müssen die Abgeordneten dieselbe mit ebenso großer Gewissenhaftigkeit prüfen wie das Budget. Die Erstere gibt ja das wirkliche Resultat der Finanzwirtschaft und es wäre die Tauglichkeit der Regierung hieran ebenso zu prüfen, wie an letzterem. Leider wird diese allerdings etwas mühsame Arbeit sehr leicht genommen und man gibt der Regierung durch die

Nichtbeachtung der geschehenen Verwendung den Muth, den Auftrag der Vertretungskörper bezüglich der künftigen Verwendung (im Budget) nicht immer in peinlichst gewissenhafter Weise zu besorgen und nicht immer und überall mit der größten Sparsamkeit vorzugehen.

Rechnungshof, Oberster, oberste Centralbehörde zur Prüfung der Rechnungen der Staatsbehörden über alle Geldempfänge und Ausgaben. Der Präsident desselben ist unabsetzbar, hat gleichen Rang mit den Ministern und untersteht direct dem Kaiser, dem er jährlich über die Gebarung der Staatsbehörden mit den Geldern Bericht erstatten muß. Alle Wahrnehmungen, welche die Außerachtlassung oder Ueberschreitung des Finanzgesetzes (s. dieses) zum Gegenstand haben, faßt der Oberste Rechnungshof in Bemerkungen zum Centralrechnungsabschluß (s. diesen) zusammen und liefert so dem Reichsrath das Material zur Beurtheilung der finanziellen Seite der Verwaltung.

Refactien. Eine großen Verfrächtern von den Eisenbahn-Unternehmungen bewilligte Rückvergütung eines Theiles der gezahlten Frachtspesen. Wenn die Refactien allen Jenen bewilligt werden, die ein bestimmtes Quantum verfrachten, so haben sie den Nachtheil, daß dadurch die großen Verfrächter gegenüber den kleinen begünstigt werden. Weit schädlicher sind die geheimen Refactien, die nur bestimmten Personen gewährt werden. Durch dieselben können Verwaltungsräthe und Directoren ungerechtfertigt Gnaden austheilen und der Corruption ist Thür und Thor geöffnet.

Reichsgericht. Demselben steht die Entscheidung zu: über Competenz-Conflicte zwischen den Gerichts- und Verwaltungsbehörden und zwischen staatlichen und autonomen Behörden; dann über Rechtsstreitigkeiten zwischen den Kronländern und dem Gesammtstaate und zwischen den Kronländern untereinander, dann auch über alle Ansprüche an die Kronländer oder den Gesammtstaat, welche nicht zur Austragung im ordentlichen Rechtswege geeignet sind. Weit wichtiger ist aber die Aufgabe des Reichsgerichtes, über Beschwerden wegen Verletzung der verfassungsmäßig gewährleisteten Rechte in letzter Instanz zu entscheiden. Dadurch erscheint das Reichsgericht als der oberste Wächter der Verfassung. Freilich wird diese Rolle ziemlich hinfällig, wenn Regierung und Majorität sich über Entscheidungen des Reichsgerichtes hinwegsetzen, wie dies bei den Wahlen aus dem oberösterreichischen Großgrundbesitze geschehen ist. Obwohl das Reichsgericht den Vorgang bei den Wahlen für gesetzwidrig erklärt hatte, wurden dieselben doch von den Majorität des Abgeordnetenhauses anerkannt. Um solchen Uebelständen vorzubeugen, ist auch schon der Vorschlag aufgetaucht, die Verificirung der Wahlen dem Abgeordnetenhause zu entziehen. — Das Reichsgericht besteht aus zwölf Mitgliedern, von welchen sechs über Vorschlag des Abgeordnetenhauses, sechs über Vorschlag des Herrenhauses vom Kaiser auf Lebensdauer ernannt werden.

Reichsrath, die gemeinsame Vertretung der österreichischen Königreiche und Länder (mit Ausnahme der Länder der ungarischen Krone), an deren Mitwirkung der Monarch bei der Gesetzgebung, sowie bei einzelnen wichtigen Verwaltungsgeschäften, insbesonders bei Feststellung des Staatshaushaltes, gebunden ist; außerdem hat der Reichsrath die Regierung zu controliren, kann seinen Ansichten in Adressen und Resolutionen Ausdruck geben, Petitionen entgegennehmen und Interpellationen an die Regierung stellen und kann die Minister vor dem Staatsgerichtshofe zur Verantwortung ziehen. Zur Competenz des Reichsrathes gehören: 1. In Bezug auf die auswärtigen Angelegenheiten: Die Prüfung und Genehmigung der Handelsverträge und jener Staatsverträge, die das Reich oder Theile desselben belasten, oder einzelne Bürger verpflichten, oder eine Gebietsveränderung der im Reichsrathe vertretenen Königreiche und Länder zur Folge haben. 2. Im Gebiete des Heerwesens: Die Gesetzgebung über die Ordnung und Dauer der Militärpflicht, sowie die allgemeinen Grundsätze über die sachlichen Leistungen für das Heer und die jährliche Bewilligung der Anzahl der auszuhebenden Mannschaft. 3. Im Gebiete des Finanzwesens: die Gesetzgebung über die öffentlichen Abgaben, die Feststellung des Staatsvoranschlages, die jährliche Bewilligung der Steuern, Abgaben und Gefälle, die Ermächtigung zur Veräußerung, Umwandlung oder Belastung des unbeweglichen Staatseigenthums, die Prüfung der Resultate der Finanzgebarung, die Zustimmung zur Aufnahme neuer Anlehen oder zur Convertirung bestehender Staatsschulden. 4. In volkswirthschaftlicher Beziehung: Die Gesetzgebung über Geld-, Münz- oder Zettelbankwesen, über die Zoll- und Handelsangelegenheiten, über das Telegraphen-, Post-, Eisenbahn-, Schiffahrts- und das sonstige Reichscommunicationswesen, die Credit-, Bank-, Privilegien-, und Gewerbegesetzgebung, sowie die über Maß und Gewicht, über Marken- und Musterschutz. 5. Die Medicinalgesetzgebung, sowie die zum Schutze gegen Epidemien und Viehseuchen. 6. Die Gesetzgebung über Staatsbürger- und Heimatsrecht, über Fremdenpolizei, Paßwesen und Volkszählung. 7. Die Gesetzgebung über die confessionellen Verhältnisse, über Vereins- und Versammlungsrecht, über die Presse und den Schutz des geistigen Eigenthums. 8. Die Feststellung der Grundsätze bezüglich der Volksschulen und Gymnasien, dann die Gesetzgebung über die Universitäten. 9. Die Gesetzgebung über das allgemeine und besondere Privatrecht (Handels- und Wechselrecht, See-, Berg- und Lehenrecht), über den Civilproceß, das Strafrecht und den Strafproceß. 10. Die Gesetzgebung über die Grundzüge der Organisirung der Gerichts- und Verwaltungsbehörden. 11. Die zur Durchführung der Staatsgrundgesetze über die allgemeinen Rechte der Staatsbürger, über das Reichsgericht, über die richterliche, Regierungs- und Vollzugsgewalt zu erlassenden Gesetze. 12. Die Gesetzgebung über jene Gegenstände, welche sich auf Pflichten und Verhältnisse der einzelnen Länder unter einander beziehen, 13. rücksichtlich der Angelegenheiten des österreichisch-ungarischen Gesammtstaates die Entsendung einer Delegation, sowie die Feststellung des zwischen beiden Theilstaaten bestehenden Rechtsverhältnisses und die Ausbildung der politischen Institutionen des Gesammtstaates mittelst materiell übereinstimmender Doppelgesetze. Alle übrigen Gegenstände der Gesetzgebung, welche in dem §. 11 des Staatsgrundgesetzes vom 21. December 1867 nicht ausdrücklich dem Reichsrathe vorbehalten sind, gehören in den Wirkungskreis der Landtage.

Der Reichsrath besteht aus dem Abgeordneten= und dem Herren=
hause (s. d. A.). Beide Häuser des Reichsrathes können sich nur gleich=
zeitig versammeln, und ein rechtlich wirksamer Beschluß liegt nur vor,
wenn beide Häuser materiell übereinstimmende Beschlüsse gefaßt haben.
Jedes Haus hat das Recht der Initiative, Regierungsvorlagen können
nach Ermessen der Regierung entweder in dem einen oder dem andern
Hause eingebracht werden, Finanzvorlagen und der Entwurf des Rekruten=
gesetzes jedoch müssen zuerst im Abgeordnetenhause eingebracht werden.

Sächsische Nation in Siebenbürgen. Die im 12. und 13. Jahr=
hundert nach Siebenbürgen eingewanderten Deutschen wuchsen im Laufe
der Zeit zu einem politischen Ganzen zusammen, zur dritten ständischen
Nation des Landes, die in ihrer Nationsuniversität eine autonome oberste
Vertretungs= und Verwaltungsbehörde besaß. Der gesammte Rechtsstand
der Nation wurde in dem, die Stelle eines Vertrags vertretenden, Unions=
artikel von 1868 gewährleistet. Seither aber ist derselbe durch den
ungarischen Reichstag, der Rechtsbruch auf Rechtsbruch häufte, systema=
tisch vernichtet worden. Im Jahr 1876 wurde gegen das Unionsgesetz
die Munizipaleinheit des Sachsenlandes aufgehoben, die auseinander=
gerissenen Theile des Sachsenlandes mit magyarischen und rumänischen
Landestheilen zu neuen Comitaten vereinigt, in welche, unter ernannten
Obergespänen, die zum Theil nicht einmal eine Gymnasialbildung haben,
die ganze verrottete magyarische Comitatswirtschaft ihren Einzug hielt,
mit dem ausgesprochenen Ziel, alle nichtmagyarische Lebensregung zu
unterbinden. Gegen das Gesetz hat der Minister die freie Verfügung
über das sächsische Nationalvermögen der Universität entrissen und zwingt
sie, nach ministeriellen Weisungen Unterstützungen an Geld aus ihrem
Vermögen zu geben. Durch ein drückendes Gesetz ist 1879 der obli=
gatorische Unterricht in der magyarischen Sprache in alle Volksschulen
eingeführt worden und das Mittelschulgesetz von 1883 hat die Forde=
rung aufgestellt, daß alle Lehramts=Candidaten eine Staatsprüfung, und
zwar ausschließlich in magyarischer Sprache, abzulegen haben. Die
sächsische Nation in Siebenbürgen, die gegen die Bedrückungen der Re=
gierung und die geplante Magyarisirung sich tapfer wehrt, hat ein wohl=
geordnetes deutsches Schulwesen, eine bedeutende Literatur, eine Menge
Culturvereine aufzuweisen und ist mit allem Eifer bestrebt, geistigen und
wirtschaftlichen Fortschritt mit allen Mitteln unter sich zu verbreiten.
Die Anzahl der Deutschen in Siebenbürgen ist gegenwärtig 211.000
und nimmt die Zahl derselben jährlich um $1/2\%$ zu, während die ungar=
ländische Bevölkerung jährlich nur um $0·35\%$ zunimmt, darunter die
magyarische noch weniger, wenn die Magyarisirten abgerechnet werden.
Ueber die Geschichte der Sachsen vergleiche G. D. Teutsch: Geschichte
der Siebenbürger Sachsen. Leipzig, Hirzel 1874.

Slovenen. So nennen sich in letzter Zeit die in Krain, Istrien,
Untersteiermark und einem kleinen Theile von Kärnten ansässigen
Slaven.

Die Deutschen nennen sie von jeher „Windische", ihre Sprache
die „windische". Dieser Name kommt auch vom siebenten Jahrhunderte
bis auf unsere Zeit bei allen Geschichtsschreibern vor und ebenso in den

geographischen Bezeichnungen: „Windische Mark, Windisch-Landsberg, Windisch-Feistritz, Windisch-Graz, Windisch-Bühelu" ꝛc. ꝛc., daher gemeinhin unter „Slovenen" nicht die eigentliche windische Bevölkerung, sondern vielmehr die slavische „nationalpolitische" Partei in diesen Gebieten verstanden wird. Die Gesammtzahl der windischen Slaven in Cisleithanien beträgt etwa 1,100.000. Während dieselben in Krain ein ziemlich geschlossenes Gebiet inne haben, worin die Deutschen nur Oasen bilden, ist dies Gebiet an der Grenze vielfach von fremdsprachigen Elementen durchsetzt, so im Westen und Süden von Italienern, im Osten von Ungarn, im Norden von Deutschen. In Steiermark liegt das slavische Gebiet zwischen der Drau und Save — doch sind die Städte und Märkte nahezu ganz deutsch, die Thalsohle zum großen Theile, sowie auch der Großgrundbesitz in den Händen der Deutschen ist. Bis vor Kurzem lebten Deutsche und Windische in guter Eintracht, die nationalen Hetzen der letzten Jahre haben auch hier nahezu unleibliche Verhältnisse geschaffen und werden namentlich in Krain die Deutschen in rohester Weise unterdrückt.

Es ist gelungen, in Krain die beinahe ausnahmslos deutschen Städte (siehe Valvasor) zu slavisiren, der ehemals ganz deutschen Stadt Laibach ein slavisches Gepräge zu geben und die Terrorisirung hat die deutschen Bewohner (mit Ausnahme der wackeren Gottscheer und eines kleinen Häufleins in Laibach) beinahe völlig niedergeworfen. Wie im Norden zu den Deutschen, so stellen sich die „Slovenen" in Istrien und Görz zu den Italienern, welche dort die ehemals venetianischen Küstenstädte und den Handel in Händen haben. Die Sprache der Slovenen ist noch unfertig und besteht aus verschiedenen Dialekten, eine nennenswerte Literatur besteht zur Stunde noch nicht. Die „neuslovenische" Sprache ist aus der windischen mit Zuziehung von zahlreichen kroatischen, serbischen und sogar russischen Worten gebildet worden, wird aber vom Volke selbst weder gesprochen noch verstanden. Trotz aller Wühlereien gibt es unter dem windischen Volke noch eine sehr große Partei, die den Frieden mit ihren deutschen Landsleuten, wie er seit mehr als einem Jahrtausende bestanden hat, herzlich wünschen. Namentlich waren die von außen hineingetragenen Hetzereien in Kärnten bisher ganz erfolglos.

Ende der 30er Jahre entstand hauptsächlich durch Ljubevit Gaj die sogenannte illyrische Bewegung, welche unter dem Schilde literarischer Bestrebungen das politische Ziel einer Vereinigung der Länder Kroatien, Slavonien, Dalmatien, Bulgarien, Bosnien, Krain, Kärnten, Südsteiermark zu einem Reiche „Illyrien" im Auge hatte. Diese Bewegung wurde Anfangs von der Regierung unterstützt, seit 1844 aber eingedämmt. — Erst in unseren Tagen treten wieder ähnliche Bestrebungen auf. Zwar denkt man nicht mehr an eine Zusammenfassung des ganzen „Dreiecks zwischen Skutari, Varna und Villach", wie Gaj; an die Stelle dieser Phantasie ist eine andere, bescheidenere getreten: das Königreich Slovenien! Dasselbe soll das Küstenland, Krain, einen großen Theil Kärntens und das südliche Steiermark umfassen. Gelänge eine solche Neubildung, so wären die in jenen Gebieten wohnenden Deutschen der schonungslosen Willkür des „slovenischen Volkes" preisgegeben, und das deutsche Sprachgebiet dauernd vom Adriatischen Meere abgetrennt. Diese Verbindung mit dem Adriatischen Meere muß aber, so weit sie besteht, aufrechterhalten, so weit es möglich ist, gekräftigt werden durch Stärkung des deutschen Elementes. Unser nationales Interesse erheischt es daher dringend, den slovenischen Zukunftsträumen entgegenzutreten.

Socialismus. Alle socialen Parteien sind darin einig, daß sie die Schäden der heutigen Gesellschaftsordnung durch eine mehr oder weniger weitgehende Ausdehnung der Gemeinwirtschaft beheben wollen. Innerhalb dieses Rahmens gehen sie aber sehr weit auseinander. Während die Socialdemokraten die alleinige Herrschaft der Gemeinwirtschaft anstreben, wollen alle anderen socialen Parteien Privateigenthum am Capital und damit die Lohnarbeit bestehen lassen. Im engeren Sinne versteht man unter Socialisten die volle Gemeinwirtschaft anstrebenden Communisten der Schule Marx-Engels. Die theoretische Grundanschauung der letzteren ist kurz folgende: „Die capitalistische, auf Arbeitstheilung und Maschinenbetrieb beruhende, Productionsweise habe den feudal organisirten Staat zerstört und die bestehende bürgerliche Gesellschaftsordnung geschaffen. Das Wesen dieser Gesellschaftsordnung sei, daß die Productionsmittel (das Capital), obwohl sie nur von einer Gesammtheit von Menschen anwendbar, also wesentlich gesellschaftlich, seien, trotzdem das Eigenthum Einzelner verbleiben. Die Production ist gesellschaftlich, das Product wird vom Einzelnen, vom Capitalisten, angeeignet und der, Nichts als seine Arbeitskraft besitzende Lohnarbeiter wird Proletarier. Sein Lohn sei gleich den Gestehungskosten seiner Arbeitskraft, d. h. den Kosten der Erhaltung und Weiterzüchtung der Arbeiterfamilie. Auf der Beschlagnahme des Restes vom Product, des „Mehrwerts" beruht die Accumulation des Capitals. Die immer großartigere Entwicklung der Arbeitstheilung und des Maschinenwesens, die dadurch anwachsenden Productivkräfte, machen immer mehr Arbeiter überzählig, erzeugen den Pauperismus. Die Producte vermehren sich, die Consumtionsfähigkeit vermindere sich. Auch die wachsende Ausdehnung des Weltmarktes könne der gesteigerten Production nicht folgen; daher die periodisch wiederkehrenden großen Absatzkrisen mit ihren verheerenden Wirkungen. Sowohl die Perioden des Aufschwungs, wie die Krisen haben die Tendenz, die Production zu concentriren in riesigen Actien-Gesellschaften u. dergl. Eine weitere Entwicklungsstufe der Vergesellschaftlichung der Production sei die Verwandlung in Staatseigenthum, deren Nothwendigkeit sich zunächst beim Verkehrswesen ergeben hat. Die Bourgeoisie und die ihr entsprechende Eigenthumsform, das Capital-Eigenthum, habe sich also als zur Verwaltung der modernen Productivkräfte sowohl unfähig als überflüssig erwiesen. Sie seien ihr über den Kopf gewachsen. Wie sich jede Productionsform die ihr entsprechende Eigenthumsform schafft, müsse und werde die collective Production das Collectiv-Eigenthum und den Socialstaat schaffen und damit an Stelle der gesellschaftlichen Productionsanarchie eine gesellschaftlich-planmäßige Regelung der Production nach den Bedürfnissen der Gesammtheit sowie jedes Einzelnen setzen. Der bewußte Träger dieser

Entwicklung sei naturgemäß das Proletariat, dessen Sieg die Aufhebung aller Classengegensätze bedeute. Sein Classenkampf müsse solidarisch in allen civilisirten Ländern, also „international", geführt werden." Von dieser Marxistischen Richtung unterscheiden sich die politischen Anschauungen von Robbertus hauptsächlich dadurch, daß er die Aufgabe der Ueberführung der Gesellschaft in den Socialstaat auf nationaler Grundlage anstrebt und die Führung dem „socialen" Königthume zuweist.

Der Staatssocialismus stimmt in seinen Zielen so ziemlich mit dem heute die deutschen Universitäten beherrschenden sog. Kathedersocialismus überein. Die Vertreter dieser Richtung glauben die gerechte Vertheilung der producirten Güter, die Besserung der Lage der arbeitenden Classen, die Einschränkung der Macht des Privatcapitals ohne einschneidende Veränderung der heute herrschenden volkswirtschaftlichen Organisation erreichen zu können. Dieses Ziel soll erreicht werden durch Ausdehnung der Thätigkeit des Staates und der Selbstverwaltungskörper zunächst auf dem Gebiete des Transport-, Bank- und Versicherungswesens, durch Einführung einer obligatorischen Arbeiterversicherung (vgl. diese) und durch eine Arbeiterschutzgesetzgebung, welche den Arbeiter einerseits durch Einschränkung der Frauen- und Kinderarbeit und durch Einführung eines Normalarbeitstages von übermäßiger Ausbeutung schützen, andererseits auch die Gefahren des Gewerbebetriebes nach Möglichkeit einschränken soll. Der leitende Gedanke für den Staatssocialismus bleibt neben der Besserung des Loses der arbeitenden Classen das Zurückdrängen des Einzelninteresses durch das Interesse der Gesammtheit. Auf den Principien des Socialismus beruht die in großen Zügen vom deutschen Kanzler in Angriff genommene Socialreform.

Der christliche Socialismus will die „Reconstruction der Gesellschaft auf corporativer Grundlage". Seine Motive entnimmt er der christlichen Ethik, seine Angriffe richtet er hauptsächlich gegen die Verschärfungen, welche das jüdische Element dem Manchesterthum verliehen hat. In der Praxis knüpft er gerne an alte Formen, wie Zwangszünfte u. dgl. an und deckt sich sonst vielfach mit dem Staatssocialismus.

Die Socialdemokratie steht vollständig auf dem Boden von Marx-Engels. Als politische Partei verlangt sie vom heutigen Staate: Das Recht der unbeschränkten Meinungsäußerung und öffentlichen Discussion; das allgemeine, gleiche und directe Wahlrecht für alle Vertretungskörper; Abschaffung aller indirecten Abgaben und Ersetzung durch eine einzige progressive Einkommensteuer; eine umfassende internationale Arbeiterschutzgesetzgebung, insbesondere den 8stündigen Maximalarbeitstag; unbeschränktes Coalitionsrecht; volle Selbstverwaltung für alle Arbeiter-Hilfs- und Unterstützungscassen. Ihr Ziel ist, die physische Erhaltung des Proletariates zu ermöglichen und es durch Propaganda und Organisation auf die Lösung der ihm zugedachten Aufgabe vorzubereiten. Sie ist besonders in Deutschland und Oesterreich, neuestens auch in England in Wachsen begriffen und ihr Anwachsen scheint durch Ausnahmsgesetze nur befördert zu werden. Im deutschen Reichstage verfügt die Socialdemokratie jetzt über 25 Sitze. Ihre Theilnahme an der Gesetzgebung erscheint wünschenswert, weil ihre Sachkenntnis der legislatorischen Behandlung der Arbeiterfrage zu Statten kommt und sie Gelegenheit erhält, durch positive Anträge den Vorwurf des Utopismus abzuwälzen.

Nicht mit der Socialdemokratie zu verwechseln ist der **Anarchismus**. Seine Anhänger vermeinen auf gewaltsamem Wege die ökonomische Entwicklung beschleunigen zu können und wollen durch die „Propaganda der That" die „Revolution" und mit ihr den Sprung in den communistischen Staat herbeiführen. Es sind meist durch das Elend verkommene und durch politische Verfolgungen zu blindem Fanatismus getriebene Menschen, die sinn- und planlose Attentate verüben.

Sparcasse, Anstalt, um Minderbemittelten Gelegenheit zu geben zur sicheren Aufbewahrung, Verzinsung und allmäligen Vermehrung kleiner Ersparnisse. Nach Regulativ vom 2. September 1844 können Private und Gemeinden mit Bewilligung der politischen Behörden die Bildung von Sparcassen vornehmen. Sparcassen sind keine Erwerbsanstalten. Sie müssen die eingelegten Gelder verzinsen und daher mit denselben Creditgeschäfte machen, doch soll der Gewinn aus letzteren nur die Verwaltungskosten und die Verzinsung der Einlagen decken. Gestattete Creditgeschäfte sind: Hypothekardarlehen gegen pupillarische Sicherheit, Vorschüsse auf gewisse Wertpapiere. Andere, wie Darlehen an Gemeinden gegen Bewilligung der Landesstelle. Zur Ueberwachung der Geschäftsgebarung ist jeder Sparcasse ein landesfürstlicher Commissär beigegeben. Der Zinsfuß, welchen die Sparcassen gegenwärtig fordern, ist im Allgemeinen zu hoch, dadurch ergeben sich große Ueberschüsse. Diese werden allerdings zu wohlthätigen Zwecken verwendet, doch wäre es zweckmäßiger, die Sparcassen würden billigen Credit geben, statt mit schwer gezahlten Zinsen ihrer Schuldner Wohlthaten erweisen. Ganz ungerechtfertigt ist es, wenn Sparcassen einen übermäßig hohen Reservefond anlegen, wie die böhmische Sparcasse, welche einen Reservefond von 12 Millionen hat. Wo bedeutende Ueberschüsse vorhanden sind, würden sie am besten zur Gründung von Vorschußcassen verwendet. Mißwirtschaft wird mit den Vermittlungswesen getrieben, wodurch selbst in kleineren Gemeinden nur besondere Cliquen, diese aber oft auch bei mangelnder Sicherheit Vorschüsse erhalten. Sehr zu bedauern ist es, daß auch die Darlehensvermittlung durch bezahlte Agenten überhand nimmt und häufig die Erlangung von nothwendigen und durchaus sicheren Darlehen von der Zahlung einer Vermittlungsgebühr an verschiedene Personen (Agenten, Grundbuchsführer, auch Sparcassebeamte) abhängig ist. — Die durchschnittliche Höhe der Spareinlagen per Kopf der Einleger beträgt gegen 500 Gulden gegen nicht 200 in anderen Staaten, ein Zeichen, daß hauptsächlich die Vermögenden, die sich anderswo Unternehmungen zuwenden, bei uns in die Sparcasse einlegen.

Staatsausgaben. Die Ausgaben des österreichischen Staates sind in den letzten Decennien, wie die aller Staaten Europas, bedeutend gestiegen. Sie hoben sich von 324 Millionen im Jahre 1868 auf 519 Millionen (nach dem Voranschlag) im Jahre 1885. Es hängt dies innig zusammen mit der wachsenden Ausdehnung der Aufgaben, welche der Staat zu übernehmen hat, mit der Ausbildung der Verwaltung in der neuen Organisation, welche geschaffen werden mußte, um der Idee des modernen Staates Genüge zu leisten. Es ist thöricht, dafür die Verfassung verantwortlich zu machen, welche im Gegentheile die einzige Gewähr dafür bietet, daß diese Ausgaben den wahren Bedürfnissen des Staates entsprechen. Es ist einer der ungerechtfertigsten Vorwürfe, welcher der Verfassungspartei gemacht wird, daß sie die Steigerung der Ausgaben nicht aufgehalten habe. Während ihrer zehnjährigen Herrschaft von 1868—1878 beträgt die Vermehrung allerdings 90 Millionen, während der Herrschaft des gegenwärtigen Regimes stiegen die Ausgaben aber von 415 auf 519 Millionen. Es ist überhaupt ein falsches Prinzip rundweg die Steigerung der Ausgaben einer Partei vorzuwerfen. Nicht auf die Höhe kommt es in erster Linie an, sondern auf die Verwendung. Dieselbe Summe erscheint hoch, wenn man ihre Verwendung nicht im Interesse des Staates glaubt und weniger drückend, wenn man ihre Verwendung in den Händen einer vertrauenswürdigen Regierung zu förderlichen Zwecken weiß, wenn man die fortschreitende Entwicklung des Staates sieht, wenn mit der Macht des Staates zugleich der Wohlstand der Bevölkerung wächst. Die Deutschen in Oesterreich wissen ihre Geschicke nicht von einer solchen Regierung geleitet, welche die Realisirung jenes letzten Zieles wahrscheinlich machen könnte. Unserem Volksthume fremd gegenüberstehende Nationen bestimmen, wie unsere Gelder verwendet werden sollen. Die Polen, ohne deren Stimmen die Deutschen die Majorität im Parlamente hätten, fordern vom Reiche den Nachlaß ihrer Grundentlastungsschuld im Betrage von 72 Millionen und fügen in egoistischem Uebermuthe die Forderung hinzu, das Reich möge ihnen 15 Millionen zu Flußregulirungen votiren. In einem Jahr ein Geschenk von 87 Millionen! Was polnische Wirtschaft zu Grunde gerichtet hat, soll deutscher Fleiß wieder gut machen. So lange solche Zehrer mit am Tische essen, werden die besten Gerichte nicht den Deutschen zu gute kommen. In die Staatsausgaben kann erst Ordnung gebracht, und ihre Verwendung zu Nutz und Frommen der Bevölkerung geregelt werden, wenn die Deutschen wieder Herren ihrer Geschicke sind, d. h. die ehemals deutschen Bundesländer ohne Galizien und ohne Dalmatien wieder Selbstständigkeit erhalten. Hier stehen dann wesentlich gleichartige Elemente wirtschaftlicher Tüchtigkeit zusammen, die Verwaltung kann wechselnden Einflüssen entzogen und gefestigt werden, die Ausgaben kommen einem Gemeinwesen zugute, an dem jeder hängt, das jeder liebt als die Heimat von Stammesgenossen und wenn sie nicht geringer werden, so werden sie doch zu besseren Zwecken verwendet. Will man an dem verschwommenen Ideal eines centralistischen Oesterreich vom Pruth bis an die Bocche di Cattaro festhalten, dann muß man sich klar werden, daß dies Ideal viel Geld kostet und nicht murren über die Steigerung der Ausgaben. Will man Mäßigung oder bessere Verwendung der letzteren, dann entschließe man sich, die schöne engere Heimat Deutsch=Oesterreich als ganz Oesterreich anzusehen. — Folgende Tabelle zeigt die Steigerung der wichtigsten Staatsausgaben seit 1868:

Jahr	Hofstaat und Cabinets-kanzlei	Gemeinsame Angelegen-heiten (Heer)	Staats-schuld	Cultus	Unterricht	Pol. Verwaltung	Justiz
			in Tausenden von Gulden				
1868	3.609	84.220	105.491	1.305	2.622	14.149	10.416
1885	4.725	89.387	120.462	5.121	12.875	18.964	20.532

Staatseinnahmen. Das Bewußtsein österreichischer Staatsbürger zu sein, bezahlt jedermann mit einer durchschnittlichen jährlichen Abgabe von 14 Gulden, welche der Staat von ihm in directer oder indirecter Weise einhebt. Da bei dieser Auftheilung der ganzen Staatseinnahmen aus Abgaben per Kopf der Einwohner alle lebenden menschlichen Wesen, auch Greise, Weiber, Kinder, also alle productiv und improductiv Thätigen, wie alle Unthätigen mitgezählt sind, ist natürlich der Betrag, der auf den Kopf der wirtschaftlich Tüchtigen und Producirenden entfällt, bedeutend höher. Von jenem Durchschnitt entfallen 4·30 Gulden auf die directen, 9·70 Gulden auf die indirecten Steuern. Betrachtet man die Vertheilung länderweise, so kommt man zu einem für die Deutschen noch ungünstigeren Resultate. Denn in Galizien entfällt auf den Kopf der Einwohner an directen Steuern ein Betrag von 1·77 Gulden, in Dalmatien 1·33 Gulden, während in Nieb.-Oesterr. entfallen 12·39 Gulden, in Ober-Oesterr. 5·29 Gulden, Salzburg 4·56 Gulden, Mähren 4·76 Gulden u. s. w. Aehnlich ist es mit den indirecten Steuern. So entfällt an Verzehrungssteuer pro Kopf der Einwohner in Dalmatien 0·34 Gulden, Galizien 0·92 Gulden, Nieb.-Oesterr. 7·52 Gulden, Ober-Oesterr. 2·54 Gulden, Salzburg 3·52 Gulden, Steiermark 2·32 Gulden, Kärnten 1·36 Gulden, Böhmen 6·78 Gulden, Mähren 5·97 Gulden u. s. w. Damit die Polen und Dalmatiner sich zur österreichischen Staatsbürgerschaft gehörig legitimiren können und auch für sie der Durchschnittsbetrag von 14 Gulden Steuer per Kopf zu Stande komme, müssen also die deutschen Provinzen um so viel mehr aufbringen. Alle Vortheile, welche diesen Nationen aus ihrer Zugehörigkeit zum österreichischen Staate erwachsen, fließen ihnen daher aus den Ueberschüssen anderer Provinzen zu und dafür, daß sie uns majorisiren, nehmen wir ihnen noch eine Bürde ab und belasten uns selbst damit. Und diese Belastung ist nicht gering, denn über 80% der ganzen, auf rund 500 Millionen Gulden veranschlagten Einnahmen des Staates (also über 400 Millionen) geht durch Steuern 'ein. Die Einnahmen aus dem Staatseigenthum betragen etwa 13 Millionen. Aus seinen Bahnen bezieht Oesterreich noch gar keine Reineinnahmen. Jede Steigerung der Ausgaben muß daher wieder gedeckt werden durch eine Steigerung der Einnahmen aus den Steuern und ruft dadurch eine neue Belastung hervor, deren Ungleichmäßigkeit, wie oben gezeigt, stets die deutschen Schultern schwerer drücken wird, als polnisch-dalmatinische. Eine Uebersicht über die gegenwärtig zu Recht bestehenden directen und indirecten Steuern, sowie über die Einnahmsquellen des Staates über-

haupt f. unter Staatsvoranschlag (vgl. auch Art. Defizit, Staats=
ausgaben und die die einzelnen Steuern betr. Artikel).

Staatscredit, das Vertrauen, das man in die Zahlungs=
fähigkeit des Staates setzt, demnach für den Staat die größere oder
geringere Leichtigkeit, Capitalien geliehen zu erhalten. Die Größe des
Staatscredits drückt sich aus in den Zinsen, die der Staat für seine
Schulden zahlen muß. Je geringer das Vertrauen, um so höhere Ver=
zinsung fordert man, damit eventuelle Verluste durch den zeitweiligen
Genuß jener aufgehoben werden. Hat der Staat Schulden zu festem
Zinsfuße aufgenommen, z. B. 4%ige, 5%ige Renten ausgegeben, so
drückt sich sein Credit im Preise der Schuldtitel, ihrem Kurse, aus.
Doch wirken auf letzteren auch ein: die Höhe des allgemeinen Zinsfußes
und die Capitalmenge, welche Anlage sucht. Wenn in anderen Anlagen die
Verzinsung sinkt, so können die Preise der Schuldverschreibungen steigen,
ohne daß das Vertrauen zum Staate gestiegen wäre, weil er noch
immer relativ höhere Zinsen zahlt. Endlich kommt es auf die Wäh=
rung an und es werden Schuldtitel, die auf bessere Währung, z. B.
Gold, lauten, natürlich immer höher stehen, als solche, die auf Papier
lauten. In Oesterreich sind die Preise der Schuldtitel gestiegen und
ihre thatsächliche Verzinsung steht nur etwa $1/2$% höher als die sicherer
Privatpapiere. Die Regierung sieht hierin gerne ihr Verdienst. Allein
es muß bemerkt werden, daß in den letzten Jahren die Unternehmungs=
lust abgenommen hat und daher stets viel Capital vorhanden war und
daß der allgemeine Zinsfuß stetig gesunken ist. Noch immer zahlt
Oesterreich höhere Zinsen als z. B. Frankreich oder Preußen, das jetzt
daran geht, statt $4\frac{1}{2}$%iger Schuldtitel 4%ige hinauszugeben, oder
England, das sogar den Versuch machen konnte, statt 3% nur $2\frac{1}{2}$%
zu zahlen.

Staatsgrundgesetze. Der Inbegriff aller jener Gesetze, durch
welche die Verfassung eines Staates und die allgemeinen Rechte der
Staatsbürger geregelt werden. Die Basis der österreichischen Staats=
grundgesetze bildet noch immer das October=Diplom von 1860 und das
Februar=Patent von 1861, wenngleich seither durch den Ausgleich mit
Ungarn und durch die Einführung directer Wahlen für den Reichsrath
wichtige Bestimmungen abgeändert wurden. Nur die mit dem Februar=
Patent erlassenen Landes= und Landtags=Wahlordnungen stehen in der
Hauptsache noch in Kraft. Im Uebrigen sind aber nebst den Gesetzen
über das Verhältnis zu Ungarn (vgl. Ausgleich) maßgebend die
Staatsgrundgesetze vom 21. December 1867: Das Grundgesetz über
die Reichsvertretung (theilweise abgeändert durch die Gesetze vom
2. April 1873 und vom 4. October 1882), das Staatsgrundgesetz über
die allgemeinen Rechte der Staatsbürger, durch welches die Freiheit
und Gleichheit aller Staatsbürger gewährleistet werden soll. Ergänzt
wird dieses Gesetz durch das Vereins= und Versammlungsgesetz
(vgl. diese), das Gesetz zum Schutze der persönlichen Freiheit, die Ge=
setze zum Schutze des Hausrechtes und zum Schutze des Brief= und
Schriftengeheimnisses, dann durch das sehr wichtige Gesetz vom 5. Mai
1869, wodurch die Regierung ermächtigt wird, diese Gesetze ganz oder

theilweise zu suspendiren (gegenwärtig angewendet in den Gerichts-
sprengeln Wien, Wr.-Neustadt und St. Pölten, dann in Dalmatien).
Ferner die Staatsgrundgesetze über die Einsetzung eines Reichsgerichtes,
über die richterliche Gewalt und über die Ausübung der Regierungs-
und Vollzugsgewalt. — Die österreichischen Staatsgrundgesetze entsprechen bei Weitem nicht den Anforderungen, welche man heute an
eine freiheitlich entwickelte Verfassung zu stellen berechtigt ist. Vor Allem
ist das Wahlrecht ein beschränktes und ungleichmäßiges, aber auch das
Vereins- und Versammlungsrecht lassen viel zu wünschen übrig. Dazu
kommt noch, daß die Gleichheit aller Staatsbürger vor dem Gesetze
eben nur auf dem Papier steht. Abgesehen von den thatsächlich, wenn
auch nicht mehr gesetzlich vorhandenen Vorrechten des Adels, hat heute in
den gemischtsprachigen Ländern die Gleichheit vor dem Gesetze nahezu
aufgehört, und die Deutschen in Böhmen wissen ein Stückchen von der
Gleichheit der Deutschen und Tschechen vor tschechischen Behörden zu
erzählen. — Zu einer Abänderung der Staatsgrundgesetze ist im Reichsrathe die Zweidrittel-Majorität erforderlich. Da aber der Präsident
und besten Falles die einfache Majorität darüber entscheidet, ob eine
solche Abänderung vorliegt, so kann diese Bestimmung leicht umgangen
werden.

Staatssprache. Man hat viel darüber gestritten, was unter
„Staatssprache" zu verstehen. Es wurden gelegentlich der Debatten über
den Wurmbrand'schen Antrag eine lange Reihe von Begriffsbestim-
mungen aufgeführt. Wir schließen uns der des Abgeordneten Magg an.
Demzufolge ist die Staatssprache: „1. Sprache der Gesetze, 2. die
Amtssprache im eigentlichen Sinne (d. h. die Sprache der inneren
Geschäftsführung der Behörden), 3. die Sprache des äußeren Dienstes
der Behörden (d. h. Verhandlungs- oder Amtssprache im Verkehre mit
den Parteien, die Entscheidungssprache), 4. die Erfordernissprache
für gewisse staatliche Zwecke (Erforderniss für Anstellungen im Staatsdienste. Erforderniss des Verkehres, daß man z. B. im praktischen Eisen-
bahndienste, im Telegraphendienste im Staatsinteresse mit der deutschen
Sprache als Staatssprache vertraut ist)." Es muß eine Forderung der
Deutschen in Oesterreich sein, die Geltung der deutschen Sprache als
Staatssprache in diesem Sinne durch ein Gesetz sicherzustellen. Daß
eine solche Sicherstellung damals versäumt wurde, als die Deutschen
die Macht hatten, muß als schwere Vernachlässigung des nationalen und
Staatsinteresses angesehen werden. In demselben Grade, als die föderalistischen Bestrebungen überhand nehmen, wird das Geltungsgebiet
der deutschen Sprache eingeengt. Dagegen ist heute nicht mehr der Centralismus im alten Sinne anzurufen, wohl aber der Centralismus
eines „Deutsch-Oesterreichs" mit der deutschen Staatssprache. Die örtliche Berechtigung der verschiedenen Volkssprachen bleibt dabei außer
Frage. Gerade gewisse Maßregeln der gegenwärtigen Regierung, wie
z. B. die Sprachenverordnung vom Jahre 1880, haben auf deutscher
Seite als natürliche Reaction die Aufstellung der Forderung der deutschen
Staatssprache hervorgerufen. Diese Forderung bleibt nunmehr für immer
ein Programmpunkt einer jeder deutschen Partei in Oesterreich. — In

Galizien hat die polnische Sprache unbestritten gegenüber der ruthenischen jene Geltung, welche wir der deutschen gegenüber allen anderen Sprachen gesichert wissen wollen. Daß die galizischen Abgeordneten im Parlamente gegen diese Forderung der Deutschen, welche auf Galizien keine Anwendung findet, mit Heftigkeit aufgetreten sind, beweist nur wieder, daß es vor Allem nothwendig ist, es unmöglich zu machen, daß die galizischen Abgeordneten in unsere Angelegenheiten dreinreden, zumal wir auf die ihrigen bald nahezu gar keinen Einfluß mehr haben werden. Diesem unwürdigen Zustande ein Ende zu machen gibt es nur Ein Mittel: ein selbstständiges Deutsch-Oesterreich. In diesem unseren Vaterlande wollen wir dann **die deutsche Sprache als Staatssprache** erklären.

Staatsschuld. Allgemeine Staatsschuld. In Folge der Zweitheilung der Monarchie mußten die Verpflichtungen beider Reichshälften der Verzinsung und Capitalszahlung der bisherigen allgemeinen Staatsschuld gegenüber festgestellt werden und es wurden diese Verhältnisse durch ein Uebereinkommen vom 24. December 1867 in der Weise geregelt, daß, so weit als möglich, alle bisher im Umlauf befindlich gewesenen Schuldtitel in eine einheitliche Rentenschuld umgewandelt wurden. Zur Bedeckung der Zinsen dieser Schuld leistet Ungarn seit dem Jahre 1868 einen dauernden, einer weiteren Aenderung nicht unterliegenden Jahresbeitrag von 29,188.000 Gulden. Was die Rückzahlung der nicht zur Umwandlung geeigneten Schulden (z. B. Lose) betrifft, wurde vereinbart, daß dieselben von Oesterreich übernommen werden und Ungarn nur einen jährlichen Beitrag von 1,150.000 Gulden zur Tilgung derselben leiste. Jeder Staat vermindert seine Beitragspflicht durch Aufkauf von Schuldtiteln. Die Zinsen der allgemeinen, durch oberwähnte Umwandlung entstandenen (unificirten) Staatsschuld theils in Noten, theils in Silber zahlbar sind mit einer 16%igen Steuer belastet. Daher ihr niedriger Kurs.

Gegenwärtiger Stand der allgemeinen Staatsschuld	Zinsenerfordernis
in Gulden	
nicht rückzahlbare Rentenschuld 2384,756.654	115,003.868 davon
rückzahlbare nicht fällige Schuld 295,053.380	30,166.735 auf Ungarn
Summe . . . 2679,810.034	115,003.868

Oesterreichische Staatsschuld. Bis zum Jahre 1876 bestand keine besondere österreichische Staatsschuld, die Abgänge wurden zum Theil durch Ausgabe von Schuldtiteln der allgemeinen Staatsschuld, zum Theil durch schwebende Schulden (s. unten) gedeckt. Seit jener Zeit werden auch besondere österr. Schuldtitel (Renten) ausgegeben und zwar in einem leider immer steigenden Maße. Die zuerst ausgegebenen waren in Gold verzinslich (Goldrenten). Seit 1881 werden auch in Noten verzinsliche Schuldtitel ausgegeben (Notenrenten, nach dem gegenwärtigen Finanzminister, welcher sie einführte, auch Dunajewskirente genannt).

Gegenwärtiger Stand der österreichischen Staatsschuld	Zinsenerfordernis in Gulden
Goldrente 272,680.000	13,634.008 Gold
Notenrente 154,019.900	8,236.351 Noten
Rückzahlbare Schuld, darunter Bankschuld, s. Oest.-ung. Bank 103,490.000	738.194 Silber
Summe . . . 530,189.900	22,608.545

Schwebende Staatsschuld. Außer der oberwähnten festen, theils nicht, theils nur in langen Perioden rückzahlbaren Schuld hat Oesterreich noch eine bedeutende, unter solidarischer Garantie beider Reichshälften stehende schwebende Schuld, d. h. eine Schuld, welche principiell nur kurze Zeit ausstehen soll. Dieselbe besteht aus den Staatsnoten und den sog. Salinenscheinen, welche zusammen den Betrag von 412 Millionen Gulden nicht überschreiten dürfen. Innerhalb dieser Maximalgrenze können wieder die Salinenscheine bis zu 100 Millionen ausgedehnt werden. Werden sie vermindert, so treten Staatsnoten an ihre Stelle. Ueber die Bedeutung der Staatsnoten s. Art. Papierwährung. Die Salinenscheine, für welche durch die Einverleibung des Pfandrechtes in die öffentlichen Bücher auf die Aerarialsalinen in Gmunden, Hallein und Aussee eine Sicherstellung gegeben ist, werden durch Vermittlung der Oesterr.-ungar. Bank von der österr. Finanzverwaltung ausgegeben und sind in 6 Monaten zahlbar. Sie werden mit $3\frac{1}{2}\%$ verzinst. Nach dem letzten Ausweise waren im Umlauf: 92 Millionen Salinenscheine, 320 Millionen Staatsnoten.

Grundentlastungsschuld. Die österreichischen Länder tragen außer der aus den vorangeführten Staatsschulden hervorgehenden Belastung auch die aus der Grundentlastung (s. diese) hergegangenen Schulden. Die Höhe der Grundentlastungsschulden betrug mit Ende Juni 1884 für die einzelnen Länder in Gulden:

Niederösterreich 19,549.761		Schlesien 156.439	
Oberösterreich 10,083.696		Görz 648.070	
Salzburg 1,129.222		Istrien 681.250	
Steiermark 10,653.247		Galizien 57,080.457	
Kärnten 3,659.796		Bukowina 9,109.138	
Krain 5,025.468		Summa . . 141,215.861	
Tirol 2,283.802		Zinsenerfordernis . . . 7,060.793	
Böhmen 8,556.282			
Mähren 12,599.233			

Eisenbahnschuld, die vom Staate übernommenen Schulden der verstaatlichten Bahnen. Ein besonderer Ausweis über dieselben liegt nicht vor und sind diese Schulden bisher als Theile der Ausgaben für die betreffenden Bahnen betrachtet worden. Da aber an Stelle der Bahnschuldverschreibungen, Staatsschuldverschreibungen ausgegeben worden sind, wird auch die Eisenbahnschuld als Staatsschuld ausgewiesen und der Staatsschulden-Control-Commission (s. Staatsschuldenverwaltung) zu unterstellen sein.

Die gesammte gemeinsame und speciell österreichische Schuld, sammt den Grundentlastungsschulden ohne Eisenbahnschuld und ohne Staatsnoten beläuft sich auf fl. 3443,115.795 mit einem jährlichen Zinsenerfordernis von fl. 147,893.206.

Doch ist es nicht genug mit dieser Belastung an Staats- und Landesschulden, man muß auch die Belastung erwägen, welche aus den zahlreichen, im öffentlichen Interesse aufgenommenen **Gemeindeschulden** erwächst, um eine Vorstellung zu bekommen von der Größe jener Summen, welche als Schulden die Gemeinschaft bedrücken. Die Steuerkraft der Bewohner wird in immer erhöhtem Maße zur Zahlung der Zinsen der Staats- und anderen öffentlichen Schulden in Anspruch genommen und während einem Theile der Besitzenden daraus der Vortheil erwächst, eine sichere Anlage für Capitalien zu haben, welche gestattet, daß man ruhig von seinen Renten lebe, spürt die überwiegende Mehrzahl der Erwerbenden nur den Druck der Abgabe. Wo ein gerechtes, gleichmäßig belastendes System von Steuern besteht, trifft eine directe Erhöhung der Steuer alle Besitzenden gleichmäßig, während der Weg der Anleihe den Einen Vortheile bietet. Wenn immer die Summe, welche nothwendig ist, es noch zuläßt, soll man daher lieber zur Steuererhöhung als zu einem Anlehen greifen. Ueber die Art, wie die öffentlichen Anleihen vermittelt werden, s. Art. Banken. Wie dort hervorgehoben, soll der Staat direct mit seinen Bürgern in Verbindung treten, Vermittler vermeiden. (Vgl. auch Staatscredit, Staatsschuldenverwaltung.)

Staatsschuldenverwaltung. Die Verwaltung sowohl der allgemeinen, wie der speciell österreichischen Staatsschuld steht dem österreichischen Finanzministerium zu. Zur Controle besteht eine Commission für die ganze Dauer des Mandates der Abgeordneten, welche durch Wahl aus beiden Häusern des Reichsrathes eingesetzt wird. (Staatsschulden-Control-Commission des Reichsrathes.) Sie hat darüber zu wachen, daß die obige Staatsschuld nur im verfassungsmäßigen Wege vermehrt oder vermindert werde, daß genau im Sinne der gesetzlichen Bestimmungen die Verzinsung sowie die Verlosung, die bare Zurückzahlung oder die börsemäßige Einlösung stattfinde und daß die für die Verzinsung und Capitalsrückzahlung gewidmeten Mittel ihrer Bestimmung gemäß verwendet werden. Sie kann alle Bücher prüfen, muß die Ausfertigung neuer Schuldurkunden überwachen und alle solchen unterfertigen. Die gemeinsame schwebende Schuld (Staatsnoten und Salinenscheine) steht unter der Verwaltung des Reichsfinanzministeriums. Auch hier findet eine ähnliche Controle wie oben statt und zwar durch die oberwähnte Commission in Verbindung mit einer gleichen vom ungarischen Reichstag gewählten. Diese Commissionen haben regelmäßige Ausweise über den Stand der Staatsschuld zu veröffentlichen und dem Reichsrath, bezw. ungar. Reichstag Bericht zu erstatten. Es ist also die ganze Staatsschuldenverwaltung einer genauen Controle seitens der Vertretungskörper unterworfen, was angesichts der früheren Mißwirtschaft ein großes Verdienst der Verfassung ist.

Staatsvoranschlag für das Jahr 1885.
Ausgaben.

	Gulden
1. Hofstaat	4,650.000
2. Kabinetskanzlei Sr. Majestät	75.012
3. Reichsrath	1,116.444
4. Reichsgericht	24.000
5. Ministerrath	1,028.627
6. Beitrag zum Aufwand für gemeinsame Angelegenheiten	89,387.439
7. Ministerium des Innern	18,964.609
8. Ministerium für Landesvertheidigung	9,537.754
9. Ministerium für Kultus und Unterricht:	
a) Centrale	1,509.688
b) Kultus	5,121.224
c) Unterricht	12,875.179
10. Ministerium der Finanzen:	
a) Finanzverwaltung	16,838.436
b) allgemeine Kassenverwaltung	2,161.298
c) Einhebungskosten der Staatseinnahmen	87,599.052
11. Handelsministerium:	
a) Eigentlicher Staatsaufwand	2,661.844
b) Post- und Telegrafenanstalt	21,660.000
c) Postsparcassenamt	381.000
d) Staatseisenbahnbau	12,180.009
e) andere Auslagen für Eisenbahnen	825.000
f) Staatseisenbahnbetrieb	48,053.110
12. Ackerbauministerium	13,973.816
13. Ministerium der Justiz	20,832.886
14. Oberster Rechnungshof	153.000
15. Pensionsetat	15,961.800
16. Subventionen und Dotationen	10,925.230
17. Staatsschuld	120,462.518
18. Verwaltung der Staatsschuld	934.200
Summe	**519,893.166**

Einnahmen:

	Gulden
1. Ministerrath	715.200
2. Ministerium des Innern	1,132.297
3. Ministerium für Landesvertheidigung	218.461
4. Ministerium für Kultus und Unterricht:	
Centrale	27.460
Kultus: Einnahmen der Religionsfonde und Stiftungen	3,806.160
Unterricht: Schulgelder, Stiftungen u. dgl.	1,521.626
5. Ministerium der Finanzen:	
Finanzverwaltung	1,952.350
Militärtaxe	1,200.000
Verschiedene Einnahmen	1,021.300
Directe Steuern:	
Grundsteuer	33,650.000
Gebäudesteuer	26,392.000
5%ige Steuer vom Ertrage hauszinssteuerfreier Gebäude	1,412.000
Erwerbsteuer	10,100.000
Einkommensteuer	24,530.000
Steuerexecutionsgebühren	546.000
Verzugszinsen von rückständigen Steuern	315.000
Zoll	46,815.452
Indirecte Abgaben:	
Branntweinsteuer	9,000.000
Wein- und Moststeuer	4,214.000

	(Gulden)
Biersteuer	23,312.000
Fleisch- und Schlachtviehsteuer	5,116.000
Zuckersteuer	38,215.000
Andere Verzehrungssteuern	10,637.000
Salz	20,274.500
Tabak	72,742.000
Stempel	17,600.000
Taxen und Gebühren von Rechtsgeschäften	33,250.000
Lotto	20,224.000
Mauthen	2,462.000
Abgabe betr. Handel mit geistigen Getränken	1,220.500
Einnahmen vom Staatseigenthum	2,077.070
6. Handelsministerium:	
Post- und Telegrafenanstalt	26,400.000
Staatseisenbahnbetrieb	39,496.890
Uebrige Einnahmen	1,407.920
7. Ackerbauministerium:	
(Forste, Domänen, Montanwerke)	10,928.158
8. Sonstige Einnahmen	11,884.617
Summe	504,816.961

Steuern. (Staatssteuern, Landessteuern, Gemeindesteuern). Die Leistung der Steuer ist nächst der Militärpflicht die wichtigste Pflicht der Staatsbürger gegenüber dem Staate. Von ihrer vollständigen und praktischen Erfüllung hängt die Ordnung des Staatshaushalts zum großen Theile ab. Nach dem Ergebnisse des Jahres 1882 entfallen von den gesammten reinen Staatseinnahmen der im Reichsrathe vertretenen Königreiche und Länder per 344·9 Mill. auf die Steuern 309·3 Mill., dazu noch ein entsprechender Theil der in das gemeinsame Budget gehörigen Zölle per 40·5 Millionen. Die öffentliche Aufforderung zur Verweigerung von Steuern ist daher als Verbrechen der Störung der öffentlichen Ruhe strafbar.

Die Steuerzahlung ist für die Steuerträger eine empfindliche — leider oft genug drückende — Last. Es ist daher Pflicht, aller an der Leitung der Staatsangelegenheiten theilnehmenden Factoren, insbesondere der Volksvertreter und der Regierung dafür zu sorgen, daß diese Last nicht über das nothwendige Maß hinaus gesteigert werde. Dies erfordert sowohl der Bestand einer gesunden Volkswirtschaft, als die Rücksicht auf das berechtigte Interesse der einzelnen Staatsbürger. Die Mittel hiezu sind Sparsamkeit in den Ausgaben, insbesondere aber eine angemessene Vertheilung der Steuerlast und Vermeidung, beziehungsweise Abschaffung aller unberechtigten Steuerfreiheiten und Steuerbegünstigungen (z. B. für große Transport-Unternehmungen u. s. f., s. auch Steuerfreiheiten).

Eine angemessene Steuervertheilung ist dann vorhanden, wenn Jeder in dem Verhältnisse zu seiner Steuerfähigkeit oder Leistungsfähigkeit zur Steuerleistung herangezogen wird, d. h. wenn derjenige, der mehr zahlen kann, auch wirklich mehr zahlt. Das wichtigste Merkmal der Steuerfähigkeit ist das Einkommen und Vermögen. Es ist daher zu verlangen, daß die Steuer ungefähr im Verhältnisse zum Einkommen und Vermögen vertheilt werde. Wenn man wissen will, wie die bestehenden Steuern vertheilt sind, muß man nicht nur jene Summe in

Betracht ziehen, welche Einer selbst zahlt, sondern auch berücksichtigen, welche Steuerlast ihn durch die erhöhten Preise besteuerter Producte, wie Bier, Branntwein, Tabak u. s. w. trifft (siehe indirecte Steuern). Auch andere Steuern bewirken Preisveränderungen, z. B. erhöht die Hauszinssteuer die Miethzinse. Andererseits ist auch nicht zu übersehen, daß derjenige, der Steuer zahlt und die Steuer auf den Preis seiner Ware schlägt, diese Steuer selbst nicht zu tragen hat (z. B. Bierbrauer u. s. w.). Daß ein Einzelner **mehrere** Steuern, z. B. die Erwerbsteuer und die Einkommensteuer zu zahlen hat, ist an und für sich noch kein Fehler, wenn er in beiden zusammen nicht mehr zahlt, als seiner Leistungsfähigkeit entspricht. Die Personal-Einkommensteuer, welche man in Oesterreich schon lange einführen will, soll nicht anstatt der übrigen Steuern, sondern außer denselben entrichtet werden, und soll dazu dienen, die durch die übrigen Steuern hervorgerufene Ungleichmäßigkeit der Besteuerung auszugleichen. Die endliche Durchführung dieser Personal-Einkommensteuer ist daher dringend zu wünschen.

Die Steuern stellen auch insoferne eine Last dar, als sie den Producenten nöthigen, die Preise seiner Producte höher zu halten und ihm so den Absatz erschweren, dies kommt namentlich in Betracht für den Absatz der Producte ins Ausland, oder im Falle der Concurrenz ausländischer Producte im Inland. Im letzteren Falle kann eine hohe Besteuerung einen Schutzzoll nothwendig machen, siehe Zoll. (Bezüglich aller Details siehe die Schlagworte der einzelnen Steuern, z. B. directe Steuern, Einkommensteuer c.)

Die Steuerlast beträgt pro Kopf in Oesterreich directe Steuern fl. 4·26, indirecte und Gebühren fl. 13·15 gegen fl. 2·58 und fl. 4·55 in Preußen (fl. 1 = M. 2) (in Frankreich aus Steuern und Gebühren fl. 26, England fl. 20).

Steuerfreiheit, Steuerbegünstigung, Steuernachsicht. "Gleiches Recht und gleiche Pflicht für Alle" ist einer der obersten Grundsätze des Rechtsstaates. Nur eine Consequenz aus diesem Satze ist es, daß Steuerfreiheiten und Steuerbegünstigungen Einzelner oder einzelner Gesellschaftsclassen principiell verworfen werden müssen. Aus demselben Grunde ist auch die Nachsicht gesetzlich auferlegter Steuern unzulässig. Dieses allgemeine Princip erleidet aber eine Reihe theils wirklicher, theils scheinbarer Ausnahmen. 1. Personen, welchen es an Mitteln gebricht, ihre dringendsten eigenen Bedürfnisse zu befriedigen, sind **außer Stande**, zu dem gemeinsamen Bedarfe, d. i. dem Staatsbedarfe etwas beizutragen. Wenn auch der Beitrag zur Erhaltung des Staatswesens zu den nothwendigsten Aufgaben jedes Einzelnen gezählt, die Steuer als eine der dringendsten Ausgaben bezeichnet werden muß, und auch im Rechtsbewußtsein gerade der Minderbemittelten thatsächlich von diesem Standpunkte aus betrachtet wird, so hat dies doch dort seine Grenze, wo der Einzelne durch die Steuerleistung in seiner Existenz bedroht würde. Der Staat hat die Aufgabe, die Wohlfahrt seiner Mitglieder zu fördern, nicht ihre Existenz zu gefährden. Es ist daher die Forderung berechtigt, Personen, die den allernothwendigsten Lebensbedarf (das Existenzminimum) nicht oder eben nur bedecken können, von der

Steuer frei zu lassen (Steuerfreiheit des Existenzminimums). So lange wir Steuern auf unentbehrliche Lebensbedürfnisse, wie Salz, Petroleum haben, ist die Realisirung dieser Forderung in weite Ferne gerückt. Durch die Beschränkung der indirecten Steuern auf Genußgegenstände könnte die Befreiung des Existenzminimums annähernd erreicht werden. Unter dem Ausdrucke Steuerfreiheit des Existenzminimums versteht man aber noch die Freiheit der Einkommen unter einer gewissen Größe von der directen Steuer (Besoldungssteuer, Einkommensteuer — gegenwärtig bis 600 fl. in der II., bis 300 fl. in der III. Classe, s. Einkommensteuer). Eine solche Befreiung ist schon deswegen nothwendig, weil die Berechnung und Einhebung so zahlreicher ganz kleiner Steuersummen unmäßig viel Arbeit und Kosten und die Execution der Steuerpflichtigen allzu große Beschwerde verursacht. In Wirklichkeit handelt es sich hier gar nicht um eine Steuerfreiheit, weil die Befreiten von den indirecten Steuern getroffen werden. Die Steuerfreiheit des Existenzminimums bei den directen Steuern ist ebenso wie die Progression (s. dort) keine Ausnahme von der Gleichheit, sondern gerade im Interesse der Gleichmäßigkeit der Steuer zu verlangen. 2. Die Steuerfreiheit der Sparcasse- und Postsparcasse-Einlagen ist bis zu einer gewissen Höhe ebenfalls gerechtfertigt, weil sie den so nothwendigen Ersparnissen der Unbemittelten zu Gute kommt und einem wichtigen socialpolitischen Zwecke dient. 3. Auch die zeitliche Steuerfreiheit der Neubauten (12 Jahre) läßt sich durch das öffentliche Interesse, welchem durch die Errichtung neuer Gebäude gedient wird, zu rechtfertigen. Sie ist übrigens bei der Zinssteuer nur eine nominelle, in Wirklichkeit nur eine Steuerbegünstigung, weil die zinssteuerfreien Häuser die 5% Steuer zahlen müssen (s. directe Steuern). 4. Als Steuerbegünstigungen sind häufig solche Ausnahmen vom allgemeinen Gesetze bezeichnet, welche nur dazu dienen, die ungleiche Besteuerung, welche das letztere herbeiführen würde, zu mildern, z. B. landwirtschaftliche Brennereien, Credit- und Vorschußvereine u. s. w. Insoweit sind sie natürlich gerechtfertigt. Aber auch wirkliche Steuerbegünstigungen, unter Umständen auch Steuerfreiheit sind zu fordern, wenn es sich um Unternehmungen handelt, welche nicht auf den Gewinn Einzelner ausgehen, sondern die Erfüllung socialpolitischer Aufgaben zum Zwecke haben, deren Erreichung durch die Besteuerung gefährdet würde. So würden z. B. Unternehmungen zur Herstellung billiger und anständiger Arbeiterwohnungen — ein wiederholt, leider bisher mit geringem Erfolg angeregter Gedanke — mit Recht auf Steuerbegünstigungen Anspruch machen. Um so verkehrter sind natürlich rechtliche oder factische Steuerfreiheiten oder Steuerbegünstigungen der großen Steuerträger (Beispiele s. indirecte Steuer) oder großer Gesellschaften. Selbst wo solche vielleicht aus speciellen Gründen (wie die Einkommensteuerfreiheit der Oest.-ung. Bank in ihrem dem Staatscredit geleisteten Dienste) eine gewisse Berechtigung haben, ist ihre Beseitigung wünschenswert. Eine ganz eigenthümliche Frage stellt die Steuerfreiheit der Staatsunternehmungen, insbesondere der Staatsbahnen dar. Für den Staatsschatz ist sie natürlich unbedenklich, sie stört nur die Berechnung der Rentabilität im Vergleich mit den Privatbahnen; von der weittragendsten Bedeutung ist sie aber für Land und Gemeinde (s. Zuschläge).

Steuerstrafen, Gefällsstrafen. Bei allen Steuerarten, directen, wie indirecten kommen Steuerstrafen vor, mit welchen jene bedroht sind, welche sich absichtlich oder durch listige Mittel der Steuerpflicht entziehen, oder den zur Steuercontrole eingeführten Maßregeln nicht unterwerfen. Für die indirecten Steuern ist das Strafwesen durch ein zwar veraltetes, seinerzeit (1835) aber ausgezeichnetes Gesetz geregelt. Die wichtigsten Fälle sind: Schleichhandel (Contrebande, Schwärzen), verbotener Handel mit Tabak und die Verzehrungssteuerübertretungen (in Brauereien, Brennereien u. s. f.). Bei den schwersten Fällen können Arreststrafen eintreten. Für die directen Steuern (der wichtigste Fall: Zinsverheimlichung [unrichtige Fassion]) bestehen nur vereinzelte Vorschriften. Das Strafverfahren bedarf in allen Stücken einer Reform. Schwere Uebertretungen, die den Charakter der Unredlichkeit an sich tragen, sollten nach dem allgemeinen Strafgesetz, wenn auch nicht immer als Betrug, doch als Vergehen oder Uebertretung strafbar sein, vor den ordentlichen Strafgerichten im öffentlichen Verfahren verhandelt werden. Dies würde die allgemeine Steuermoral heben und dadurch auch wieder dem Aerar zu statten kommen. Dadurch würde auch das gegenwärtig bei indirecten Abgaben vorkommende Ablassungs(Abfindungs)verfahren in die rechten Schranken verwiesen, während es gegenwärtig ein dem Begriff der Strafe widersprechendes Pactiren des Thäters mit der Behörde darstellt, die Rechtsbegriffe verwirrt und überdies zu Parteilichkeiten, namentlich zu Gunsten von Thätern in angesehener Stellung Anlaß gibt. Ein Krebsschaden sind ferner die Anzeigersbelohnungen, die namentlich soferne sie den amtlichen Aufsichtsorganen (der Finanzwache) zukommen, diese Functionäre leicht dem Verdacht gehässigen Eigennutzes aussetzen (Finanzbeamte sind von Anzeigersbelohnungen 2c. ausgeschlossen). Da man schwer auf das Prinzip der Belohnung ganz verzichten kann, so wäre mindestens ein anderer Modus zu wählen, durch welchen der Anschein vermieden wird, als ob die Partei um des Anzeigers willen zur Strafe verhalten würde. Minder bedenklich sind Anzeigersbelohnungen bei geringfügigen Stempelcontraventionen, die ohne weiteres Verfahren durch einfache Vorschreibung eines höheren Betrages (gewöhnlich das Dreifache) bestraft werden. Wo die Strafe höher wird, z. B. bei Wechseln, Rechnungen (Ges. 10. 3. 1876) das 50fache, treten jedoch die oben angeführten Uebelstände wieder ein. Auch in den geringfügigsten Angelegenheiten bleibt die Anzeigersbelohnung gehässig und gibt Anlaß zu unlauteren Manipulationen (Ablösen der Stempel). Wenn schon die Abschaffung nicht möglich ist, muß wenigstens die möglichst weitgehende Reduction angestrebt werden.

Strafhausarbeit. Ganz selbstverständlich ist es, daß der Staat die Sträflinge angemessen beschäftigt und dadurch theils seine eigenen Kosten für die Strafanstalten zu mindern sucht, theils den Häftlingen selbst einen Verdienst verschafft. Ganz verwerflich ist es aber, wenn er derartige Arbeiten in solchen Posten und zu solchen Preisen absetzt, welche dem kleineren Unternehmer die Concurrenz erschweren und den Lohn freier Arbeiter zu drücken geeignet sind. Klagen über diesen Punkt sind auf der Tagesordnung, consequentes Hintanhalten ähnlicher Vorkommnisse in Zukunft unbedingt geboten.

Straßenbahnen oder Tramways nennt man jene Bahnen von localem Interesse, deren Schienen auf den, auch dem Wagenverkehre dienenden Straßen liegen. Dieselben können entweder mit Pferden betrieben werden, wie dies gewöhnlich innerhalb der Städte der Fall ist, oder mit Dampf. Die Dampftramways haben bisher in Oesterreich eine sehr geringe Ausdehnung. — Hingegen haben die meisten größeren Städte Pferdebahnen, die durchwegs im Privatbetriebe stehen. Weit richtiger wäre die Uebernahme derselben durch die Communen. Abgesehen von den anderen Gründen, welche überhaupt für die Verdrängung des Privatcapitals auf dem Gebiete des Verkehrswesens sprechen, kommt hier noch der Umstand dazu, daß die Straßen, auf welchen die Geleise gelegt werden, Eigenthum der Communen sind. Wenn nun die Tramways im Privatbetriebe stehen, so entstehen aus diesem Verhältnisse nur allzuleicht Streitigkeiten. — Hierauf beruht auch der gegenwärtig zwischen der Commune Wien und der Regierung schwebende Tramwaystreit. Die Regierung nimmt für sich das Recht in Anspruch, auch gegen den Willen der Commune Tramways in Wien zu concessioniren. Die Commune bestreitet dieses Recht unter Hinweis auf ihr Eigenthum an den Straßen. Formell ist die Commune allerdings im Rechte. Auf der anderen Seite muß aber anerkannt werden, daß die Regierung mehr das Interesse der Bevölkerung vertreten hat, als die Communal-Verwaltung, welche dem Zustandekommen neuer Tramway-Linien fortwährend Schwierigkeiten in den Weg legt.

Strike (sprich Streik), zu deutsch Arbeitseinstellung, das einzige Mittel, das den Arbeitern zur Verfügung steht, um in einzelnen Fällen Lohnsteigerungen zu erwirken, Lohnherabsetzungen zu verhindern oder sonst günstigere Arbeitsbedingungen durchzusetzen. Die Lohnhöhe folgt dem Wechsel von wirtschaftlichem Aufschwung, Krach, Stagnation und langsamer Besserung der Conjunctur zwar im Allgemeinen; im Einzelnen aber bringt es das Interesse der Unternehmer mit sich, daß der Lohn langsamer steigt, als es eine aufsteigende Conjunctur zuläßt, und schneller, auch tiefer fällt, als es die absteigende nothwendig macht. Sind die Arbeiter durch geeignete Organisation in der Lage den Markt zu übersehen, und beurtheilen sie ihn richtig, so können sie in beiden Fällen recht erfolgreich die Lohnhöhe beeinflußen. Ihre Organisation hat dann die Aufgabe, sämmtliche Arbeiter der Branche zu gemeinsamer Action zu vereinigen, Zuzug fremder Arbeiter zu verhindern und die strikenden Arbeiter während der freiwilligen Arbeitslosigkeit zu erhalten. Die Verantwortung der Führer bei einem solchen Strike ist eine beträchtliche; denn haben sie die Marktlage falsch beurtheilt, endet die Sache ohne Erfolg, so sind nicht nur oft kolossale Opfer nutzlos gebracht worden, sondern auch das Selbstvertrauen der Arbeiter auf lange hinaus geschädigt. Dagegen kann man an dem Rechte der Arbeiter zum Strike nicht zweifeln und der capitalistische Staat wird in dem Maße, als er sich entwickelt, überall gezwungen, auch diese ihm minder angenehme Folgerung aus dem „laissez faire" zu ziehen und Coalitionsbeschränkungen fallen zu lassen. (S. Coalitionsrecht.)

Tarif, im Allgemeinen Preisverzeichnis z. B. Preistarif der Tabakregie; von besonderer Wichtigkeit die Tarife der Verkehrs-Anstalten, Eisenbahn, Telegraphen, Dampfschiff, s. dort. In Bezug auf Abgaben, bezeichnet Tarif ein Verzeichnis von Abgaben-Objecten mit den entfallenden Abgaben: Gebäudesteuer-Classentarif, Gebührentarif, Verzehrungssteuer-Tarif: von besonderer Wichtigkeit der Zolltarif, s. Zoll.

Taxen. Das Wort Taxen kommt in zweierlei Bedeutung vor: 1. als behördlich bestimmte Preise, z. B. Lohnfuhrwerkstaxe, Dienstmannstaxe, und ähnliche. In dieser Beziehung ist namentlich die in letzter Zeit wiederholt besprochene Brod- und Fleischtaxe von Wichtigkeit.

2. Als eine Abgabe für Titel, Würden, Orden, Dienststellen, dann für gewisse behördliche Amtshandlungen, Zähltaxen rc. Diese Taxen sind eine Art von Gebühren. Die Taxen für Titel und Orden sind ganz gerechtfertigt. Bezüglich der Taxen von Ernennungen im Staatsdienst ist zu erwähnen, daß sie gegegenwärtig nicht mehr dem Pensionsfonds, der als selbstständiger Fonds überhaupt nicht mehr existirt, sondern der Staatscasse zufließen. Den Taxen an die Seite zu stellen ist die Gebühr von Anstellungen bei Privaten. (Sc. III.)

3. Eine ganz besondere „Taxe" genannte Abgabe ist die Militärtaxe, welche alle Jene zu bezahlen haben, welche wegen körperlicher Untauglichkeit vom Militärdienste befreit sind; im Falle der wirtschaftlichen Unselbstständigkeit zahlen sie die Eltern. Das Ausmaß beträgt fl. 1—100 jährlich. Der Ertrag ist den Angehörigen Mobilisirter und der Versorgung der Invaliden gewidmet. Der Grundgedanke der Militär-Taxe ist zu loben, weil Jene, welche vom Militärdienste befreit sind, in wesentlich günstigerer Lage sind, als ihre Mitbürger, welche 3 Jahre lang den Heeresdienst leisten müssen, und es daher nur billig ist, daß auch sie während dieser Zeit zu einer Leistung für den Staat herangezogen werden. Die Ausführung ist aber mangelhaft, weil die Militärtaxe viel Arbeit verursacht und fast nichts trägt. Ertrag 1882 fl. 785.575. Dabei sind aber die sehr namhaften Kosten, welche den Gemeinden aus der Einhebung dieser Taxen erwachsen, noch nicht abgezogen.

Transportsteuer. Jene Abgabe, welche von dem Transporte auf Eisenbahnen und anderen Verkehrsanstalten erhoben wird. Die Höhe derselben ist entweder eine fixe oder percentual festgesetzt. Die Einhebung erfolgt entweder gleichzeitig mit der Einhebung des Fahrpreises oder durch Stempelung der Frachtbriefe rc. In Oesterreich wird von den Personenbillets eine Abgabe von 2%, welche aber 25 kr. nicht übersteigen darf, eingehoben. Außerdem sind die Frachtbriefe stempelpflichtig. Gegenüber anderen Staaten ist diese Besteuerung eine verhältnismäßig sehr niedrige. So erhebt Frankreich 10—20% mit einem jährlichen Erträgnisse von nahezu 100 Millionen Francs, während das genannte Erträgnis in Oesterreich noch nicht 1·5 Millionen Gulden erreicht.

Eine im Jahre 1879 eingebrachte Vorlage, wonach die Transportsteuer erhöht werden sollte, ist nicht zur Verhandlung gelangt. — Obgleich die Transportsteuer eigentlich nicht den Principien einer richtigen Besteuerung entspricht, so bietet dieselbe doch wegen ihres hohen Ertrages und der bequemen Einhebung viele Vortheile.

Tschechen. Jener slavische Volksstamm, welcher in Böhmen, Mähren und Schlesien wohnt. Sie selbst nennen sich, wenn sie sich unserer Sprache bedienen, fälschlich Böhmen, beziehungsweise Mährer. Ihre gesammte Anzahl beträgt, inclusive der vereinzelt in anderen Provinzen Lebenden, nach der Volkszählung von 1880 5,180.908 oder 23·77% der Bevölkerung. Wie es im vormärzlichen Oesterreich überhaupt nur Oesterreicher gab, so wurden auch die Tschechen als Nation erst 1848 entdeckt. Um als Nation gelten zu können, brauchten sie eine nationale Literatur. Bei dem herrschenden Mangel daran wurde eine solche Literatur künstlich geschaffen. Man „entdeckte" die Königinhofer Handschrift und andere wertvolle Manuscripte, die von dem Fälschungstalente ihrer Entdecker glänzendes Zeugnis ablegen. Dann wurde die vernewerte Landesordnung von 1627 als „böhmisches Staatsrecht" ausgegraben und unter gänzlicher Mißachtung aller seither erfolgten staatsrechtlichen Umwälzungen für Böhmen, Mähren und Schlesien als die „Länder der böhmischen Krone" eine Sonderstellung mit weitgehenden Privilegien verlangt. Um ihren Forderungen Geltung zu verschaffen, traten sie nicht in den Landtag und Reichsrath ein, die sie als ihrem „Staatsrechte" zuwiderlaufend erklärten. Erst in dem Momente, wo sie hoffen konnten, die Majorität zu erlangen, überwanden sie großherzig ihre Rechtsbedenken und erschienen sowohl im Reichsrathe als im Landtage. Außerdem liebäugelten sie bald mit den Franzosen, die ihnen durch den Deutschenhaß congenial waren, bald mit den Russen, zu welchen ihre Führer im Jahre 1869 die berühmte Pilgerfahrt nach Moskau unternahmen. Da aber weder Napoleon noch Väterchen Czar den Kreuzzug gegen Oesterreich für die armen Tschechen unternehmen wollten, so arbeiteten sie auf eigene Faust mit den unterschiedlichen Winkelzügen weiter. Auf diese Art haben sie auch thatsächlich große Erfolge erzielt, wozu ihnen zum großen Theile die alte Verfassungspartei verholfen hat. Dieselbe war einerseits in dem Wahne befangen, die Tschechen durch Concessionen zur Anerkennung unserer Verfassung und zur Mitarbeit im Parlamente bewegen zu können. Andererseits glaubte sie in ihrem unglückseligen Billigkeitsgefühl für die Tschechen als Gegner mehr als für ihre deutschen Anhänger sorgen zu müssen. Mit dem Ministerium Taaffe kam dann vollends die Herrschaft der Tschechen zur Geltung. Während noch in den 50er Jahren nur tschechische Volksschulen bestanden, alle höheren Unterrichtsanstalten aber an der deutschen Unterrichtssprache festhielten, besitzen die Tschechen heute 2 Hochschulen, 43 Mittelschulen, 11 Lehrerbildungsanstalten und eine Reihe von Fachschulen. Die Amtssprache war bis zur Verfassungsära ausschließlich die deutsche. Heute ist die tschechische Sprache nicht nur vollkommen gleichberechtigt, sondern genießt vielfältige Vorrechte gegenüber der deutschen. Durch die Sprachenverordnung wurde nämlich festgesetzt, daß auch in den rein deutschen Bezirken alle Behörden tschechische Eingaben annehmen und tschechisch erledigen müssen. Infolge dessen wären die Deutschen, wenn sie sich der Beamtenlaufbahn widmen wollen, gezwungen, dieses — Idiom zu erlernen, und sind dadurch fast gänzlich von dieser Laufbahn abgehalten. Der Umstand, daß nach dem Urtheile einer ganzen Reihe von Gerichten die Sprachenverordnung den bestehenden Gesetzen zuwiderläuft, kann daran nichts ändern, so lange dieselbe trotzdem von der Regierung aufrecht erhalten wird. Aber auch anderweitig hat das Tschechenthum stetige Fortschritte gemacht. Alle autonomen Körperschaften, z. B. der Landesausschuß, der Landescultur rath, die Museums-Gesellschaft, alle großen Vereine, die bis in die letzte Zeit utraquistisch waren, sind heute fast ausschließlich in den Händen der Tschechen. Selbst auf dem Gebiete der Industrie, die fast ganz in den Händen der Deutschen war, haben die Tschechen schon bedeutende Fortschritte gemacht, wie dies die letzten Handelskammerwahlen beweisen. Fast überall wird die Sprachgrenze langsam aber stetig zu Gunsten der Tschechen verschoben, das Deutschthum in die Defensive gedrängt. Diese großen Erfolge verdanken die Tschechen vor Allem ihrer Rücksichtslosigkeit und ihrer strammen Parteidisciplin. In beiden Beziehungen haben wir viel von ihnen zu lernen. Dann genießen sie die Unterstützung der Geistlichkeit und eines großen Theiles der Aristokratie, von der nur wenige tschechischen Ursprungs sind, der größere Theil aber urdeutscher Abstammung ist, wie die „Svarcemberk", die Harrach, die Schönborn und Andere. Endlich kommt noch die erbärmliche Indolenz der Deutschen hinzu, die so weit geht, daß eine Anzahl Deutscher, die ein dringendes Bedürfnis nach Titeln und Orden empfinden, die sogenannte Schneider partei, offen die Bestrebungen der Tschechen unterstützen. — Auch die von den Deutschen in Böhmen in neuerer Zeit angestrebte „Zwei theilung" Böhmens, wonach eine vollkommene administrative Trennung in ein deutsches und ein tschechisches Böhmen eintreten sollte, würde kaum eine Stärkung des Deutschthums mit sich bringen, denn nur die in geschlossenen Massen wohnenden Deutschen würden dadurch in ihrer nationalen Existenz einigermaßen gesichert. Die Deutschen in den gemischten Bezirken würden um so sicherer aufgeopfert, wenn diese Zweitheilung von der gegenwärtigen oder einer ähnlichen Regierung ausgeführt würde. Wenn aber wir Deutschen jemals werden die Macht erlangen, eine solche Zweitheilung in unserem Sinne durchzuführen, dann hätten wir auch die Macht ohne Zweitheilung das durch die culturelle Entwicklung der Deutschen begründete Uebergewicht derselben zu sichern. — Der Kampf, den wir gegen die Tschechen zu führen haben, ist kein Kampf um einen tschechischen oder deutschen Nachtwächter, es ist ein Kampf um die heiligsten Interessen unserer Nation, um ihre Existenz, und diese kann nur gesichert werden, wenn wir von der Macht der Tschechen bewahrt sind. Wir haben den Kampf nicht gesucht, er ist uns aufgedrungen worden, heute ist es aber die unbedingte Pflicht eines Jeden, der nicht nur deutsch spricht, sondern auch deutsch fühlt, diesen Kampf zu führen mit allen gesetzlichen Mitteln, unter Einsetzung seiner ganzen Kraft, und wenn es sein muß, bis zur Selbstaufopferung.

Unfallverſicherung. Der Zweck der Unfallverſicherung iſt, dem Arbeiter Erſatz zu gewähren für die wirtſchaftlichen Folgen der mit der Arbeit verbundenen Gefahren; daneben ſoll die Organiſation der Unfallverſicherung ein Glied in der Kette der geſetzlichen Maßnahmen ſein, welche die Hintanhaltung von Unfällen, die Unfallverhütung, fördern. Haftpflichtgeſetze ſind ungenügend: in beiderlei Hinſicht iſt eben eine weitgehende ſtaatliche Einflußnahme nothwendig (vgl. Artikel „Haftpflicht"). — Die Regierung hat Ende 1883 eine Vorlage über dieſen Gegenſtand eingebracht, welche eben die Berathung durch den Gewerbe=Ausſchuß des Abgeordnetenhauſes überſtanden hat; die etwas ſpäter im deutſchen Reichstage eingebrachte Vorlage gleicher Richtung iſt bereits Geſetz geworden! — Der Gewerbe=Ausſchuß iſt in den wichtigſten Punkten der Regierungsvorlage beigetreten; die Minorität hingegen, aus Mitgliedern der Vereinigten Linken beſtehend, hat manche ſtark abweichende Anträge eingebracht. — Die Regierungsvorlage und die Abänderungsvorſchläge gipfeln in folgenden Punkten: a) **Kreis der Verſicherten.** Alle Arbeiter in Fabriken, Bergwerken, Hüttenwerken u. dgl., Bauarbeiter, Arbeiter bei land= und forſtwirtſchaftlichen Betrieben mit Kraftmaſchinen (Gewerbe=Ausſchuß: Beſchränkung der Verſicherungspflicht in dem letzten Falle auf die bei der Maſchine unmittelbar verwendeten Arbeiter); ferner Betriebsbeamte mit einem Jahresgehalte von höchſtens 800 fl. b) **Organiſation der Verſicherung.** Die Verſicherung geht vermittelſt Verſicherungs=Anſtalten vor ſich, die in der Regel die verſicherungspflichtigen Betriebe eines Handelskammerbezirkes (Ausſchuß: Landes) umfaſſen. Die Verwaltung beſorgt unter ſtaatlicher Aufſicht ein Vorſtand, deſſen Mitglieder zu gleichen Theilen aus Vertretern der Unternehmer, Vertretern der Arbeiter und durch die Regierung ernannten Perſonen beſtehen. c) **Leiſtungen.** Im Falle einer Körperverletzung: eine Rente vom Beginne der fünften Woche an für die Dauer der Erwerbsunfähigkeit im Ausmaße von 60%, des Jahresarbeitsverdienſtes, eventuell bei theilweiſer Erwerbsunfähigkeit weniger; im Falle des Todes durch Betriebsunfall: Beerbigungskoſten, Rente an die Hinterbliebenen (Witwe und erwerbsunfähiger Witwer 20%, jedes Kind nach Umſtänden 10 oder 15% des Jahresarbeitsverdienſtes; Maximum der Renten: 50%; Ascendenten, wenn der Verſtorbene ihr einziger Ernährer war: 20%). — d) **Beiträge.** Die verſicherungspflichtigen Betriebe werden auf Grund der Unfallſtatiſtik nach Gefahrenclaſſen und die einzelnen Betriebe einer Gefahrenclaſſe nach Maßgabe der minder oder beſſer zur Unfallverhütung getroffenen Einrichtungen u. dgl. nach ſog. Gefahrenpercenten eingetheilt. Darnach werden die Erforderniſſe für die Verſicherungs=Anſtalt berechnet und die Höhe der Beitragsleiſtungen beſtimmt. Die Mittel für die Deckung der zu leiſtenden Erſätze und Verwaltungskoſten, ſowie die Bildung eines Reſervefondes werden durch die Mitglieder, als welche Unternehmer und Arbeiter gelten, aufgebracht. Die Unternehmer entrichten die Beiträge, nur Arbeiter mit einem täglichen Verdienſte über einen Gulden haben 25% des Verſicherungs=Beitrages zu übernehmen (Ausſchuß: in allen Fällen Arbeiter 10%, Unternehmer

90%). — e) **Schiedsgericht.** Für Beschwerden gegenüber den Entscheidungen der Anstalt hinsichtlich der Ersatzansprüche ꝛc. besteht ein Schiedsgericht, dessen Mitglieder zum größeren Theile von der Regierung ernannt werden. — f) **Privatrechtliche Haftung der Unternehmer.** Dieselbe ist gegenüber dem Arbeiter bei Betriebsunfällen aufgehoben, böser Vorsatz ausgenommen, wo dann der Arbeiter Ansprüche nach gemeinem Rechte, soweit sie die Leistungen der Versicherungs-Anstalten übertreffen, erheben kann. — Die abweichenden Anträge der Minorität betreffen namentlich: die Beseitigung jeder Beitragslast der Arbeiter und die Organisirung von Berufsgenossenschaften anstatt der Territorial-Verbände. Beides wäre in der That vorzuziehen, die Beiträge der Arbeiter in der vom Ausschusse beantragten Form haben gar keinen Sinn, und zur Organisation von territorialen Versicherungs-Verbänden eignet sich Oesterreich mit seiner zerstreuten, in ganzen Provinzen nur sporadisch vertretenen Großindustrie gar nicht. Auch spricht der Vorgang Deutschlands dafür, sowie der Umstand, daß es vielleicht für manche socialpolitische Actionen in späterer Zeit von Vortheil wäre, die Industrie bereits berufsgenossenschaftlich organisirt vorzufinden. — Die Hauptmängel des Regierungs- und des Ausschuß-Entwurfes sind weiter: die Beschränkung auf bestimmte Kategorien von Arbeitern (nicht viel mehr als ein Zehntel der in Oesterreich beschäftigten Arbeiter!), die gänzlich ungenügende Vertretung der Arbeiter im Vorstande, wo ihre Vertreter in der That zu bloßen Beiräthen herabgedrückt sind, und im Schiedsgerichte, die Beschränkung der privatrechtlichen Haftung der Unternehmer auf den Fall des bösen Vorsatzes, was einem Privilegium bei der Zufügung von Schaden an Leib und Leben dritter Personen gleichkommt. — Ohne Aenderung dieser Punkte könnte das Gesetz nur wenig zur Herstellung des socialen Friedens beitragen und jedenfalls muß noch eine rationelle humane Praxis, z. B. bei der Entscheidung der Fragen, was als Unfall anzusehen, wann Erwerbsunfähigkeit anzunehmen sei ꝛc., ferner eine energische Handhabung der den Versicherungs-Anstalten zugestandenen Einflußnahme auf die Einrichtungen im Betriebe zum Zwecke der Unfallverhütung hinzutreten.

Ungarn. Das „Königreich Ungarn" im weiteren Sinne („Länder der ungarischen Krone", „Ungarisches Staatsgebiet", „Transleithanien") umfaßt das Königreich Ungarn im engeren Sinne, d. i. Ungarn und Siebenbürgen mit . . . . 279.486·6 ^{2}Km. und 13,812.446 E.
die kgl. Freistadt Fiume mit . . 19·5   „   „   21.634   „
das Königreich Kroatien-Slavonien 42.516   „   „   1,904.902 „

zusammen 322.022 ^{2}Km. und 15,738.982 E.

Hievon entfallen der Nationalität nach: 42% auf die Magyaren, 15% auf die Rumänen, 15% auf die Kroaten und Serben, 12% auf die Slovaken, 2% auf die Ruthenen, 1½% auf andere Volksstämme (Zigeuner, Türken, Griechen ꝛc.) und 12½% auf die Deutschen. Doch ist die staatliche Statistik durchaus unzuverlässig und die Zahl der Magyaren entschieden nicht so hoch. Die Deutschen in Ungarn sind über das ganze Königreich zerstreut, und wohnen meist in den Städten und größeren Märkten; die absolute Mehrzahl bilden sie im Wieselburger Comitat, in den 16 Zipserstädten und in den ehemaligen Siebenbürger Stühlen Mediasch, Schäßburg, Groß-Schenk und Bistritz. Große Sprach-Inseln bilden sie in den Comitaten Hermannstadt, Kronstadt, Oedenburg, Eisenburg, Temes, Torontal, Baranya, Tolna, Zips, Bacs, Preßburg ꝛc. In den Comitaten Wieselburg, Oedenburg, Eisenburg, zum Theil auch in Preßburg sind die Deutschen schon seit Karl dem Großen ansässig; in den übrigen Gegenden sind sie als Colonisten theils in ganzen Stämmen, zuerst unter Geisa II., aus der Gegend von Köln und Flandern nach Siebenbürgen, der Zips und den Bergstädten, theils in kleineren Scharen aus Schwaben und Franken meist zu Ende des 17. und Anfang des 18. Jahrhundertes eingewandert. Von allen Deutschen in Ungarn haben sich die Siebenbürger „Sachsen" am wackersten gehalten, während die deutschsprechenden Juden großentheils zum Magyarismus übergegangen sind. Seit der Wiedererlangung ihrer staatlichen Selbstständigkeit arbeiten die Magyaren mit allen Mitteln an der Magyarisirung der Deutschen; dieselben sind den härtesten Bedrückungen ihrer nationalen Selbstständigkeit ausgesetzt, ihre Schulen werden magyarisirt, — so ist die Zahl der deutschen Volksschulen von 1232 im Jahre 1869 auf 690 im Jahre 1883 gesunken; für die Deutschen in Ungarn gibt es keine einzige deutsche Mittelschule (Gymnasium, Realschule) oder Volksschullehrer-Bildungsanstalt; blos die Siebenbürger Deutschen erhalten solche aus ihren eigenen Mitteln und vertheidigen sie gegen die immer gewaltthätiger auftretenden Magyarisirungsbestrebungen der Gesetzgebung und Regierung — die magyarische Sprache ist thatsächlich allein im öffentlichen Gerichts- und Verwaltungswesen zugelassen, selbst in deutschen Städten, wie Hermannstadt, darf der Vertheidiger vor Gericht den deutschen Angeklagten nicht in dessen Muttersprache, sondern nur magyarisch vertheidigen. Nichtsdestoweniger kann eine Verminderung des deutschen Elementes in Ungarn nicht constatirt werden, da die Deutschen das wohlhabendste, fleißigste und culturell entwickeltste Element in Ungarn vorstellen. Allerdings wird die deutsche Intelligenz vermöge des magyarischen Schulwesens und des amtlichen Druckes größtentheils magyarisirt; aus ihr gehen die fanatischesten magyarischen Chauvinisten und Renegaten hervor. Der Religion nach sind 60% in Ungarn Katholiken, 20% Protestanten, $15\frac{1}{2}$% Griechen, 4% Juden. Ungarn ist ein an Bodenproducten reiches Land — Getreide, Wein, Pferde, Rindvieh, Schafe, Schweine, zum Theil auch Geflügel sind seine Hauptproducte und auch seine mineralischen Schätze sind erheblich. Demgemäß läßt sich auch die von Ungarn befolgte Zoll- und Handelspolitik beurtheilen. Seine Industrie ist, wenn auch nicht auf gleicher Höhe mit der Cisleithaniens, doch im steten Wachsen begriffen. Sie verdankt dies besonders der zielbewußten Förderung durch die Regierung, welche durch Steuerbefreiung, durch unverzinsliche Darlehen, durch ein systematisch durchgeführtes Eisenbahnnetz, durch Differenzialtarife ꝛc. den neuen Unternehmungen in jeder Beziehung unter die Arme greift. — Siebenbürgen wurde sofort nach dem Ausgleiche Ungarn ganz incorporirt, mit Fiume ein Abkommen getroffen. Bez. Kroatien-Slavoniens wurde ein Ausgleich (1868) zwischen Ungarn und Kroatien geschlossen in Form eines bilateralen Vertrages, demzufolge der kroatisch-slavonische Landtag hinsichtlich der inneren Verwaltung, des Cultus-, Unterrichts- und Justizwesens, Gewerbe-, Vereins-, Paßwesens, Fremdenpolizei, Staatsbürgerschaft und Naturalisirung allein competent ist. An der Spitze der königlich kroatisch-slavonischen Landesregierung in Agram steht ein Banus, der dem Landtage verantwortlich ist. Der erste ungarisch-kroatische Ausgleich wurde 1868 abgeschlossen, im Jahre 1873 revidirt und in Folge der schroffen Auslegung des „paritätischen Vertrages" seitens der Ungarn und der nationalen Unabhängigkeitsbestrebungen der Kroaten dauern die kroatischen Wirren" noch an. Die Volksvertretung in Ungarn besteht aus dem „ungarischen Reichstage" und dem „kroatisch-slavonischen Landtage". Der ungarische Reichstag hat 453 Abgeordnete, von denen die 413 der ungarischen Comitate und Städte aus directer Wahl hervorgehen, 40 vom kroatischen Landtage entsendet werden. Die Functionsdauer ist 3 Jahre. Die Magnatentafel (Oberhaus) besteht aus den ungarischen Bannerherren, römisch-katholischen und griechischen Bischöfen, Magnaten und 3 Repräsentanten des kroatischen Landtages. (Bez. des Oberhauses und der Mandatsdauer sind Aenderungen in Vorlage.) Zum Zwecke der Verwaltung ist Ungarn in 64 Comitate eingetheilt und bestehen noch dazu 25 königliche Freistädte mit Municipal-Verfassung. Weder die Verwaltung noch die Rechtspflege können derzeit als mustergiltig angesehen werden.

Vagabundenwesen und Bettelei. Eine unheimliche Erscheinung, die ein grelles Streiflicht auf unsere socialen und wirtschaftlichen Verhältnisse wirft, ist das üppige Blühen des Landstreicherthums, dieser Pflanzschule für das berufsmäßige Gaunerwesen, und des Bettels, deren Vertretern man sowohl auf dem eleganten Corso der Residenz als auf den einsamen Pfaden entlegener Gebirgsdörfer begegnet. Für die bäuerliche Bevölkerung ist das Vagantenthum geradezu zu einer Landplage geworden, die ihr jährlich ungezählte Millionen aus der Tasche lockt — ist es doch für den minder geschützten Landbewohner geradezu gefährlich Landstreicher abzuweisen und damit zu riskiren, den „rothen Hahn" auf's Dach gesetzt zu bekommen. Was die Mittel zur Abhilfe betrifft, so ist die Polizei gewiß am Platze gegen liederliches, arbeitsscheues Gesindel, das Arbeit haben könnte, aber keine will; aber auch sie nützt nichts, wenn man, wie es jetzt zumeist geschieht, Bettler und Vagabunden ein paar Stunden oder Tage einsperrt oder vermittelst des Schubes in ihre Heimats-Gemeinde schickt, wo sie dann so lange derselben zur Last fallen, als es ihnen nicht beliebt wieder auszureißen. Es muß eine planmäßige humane Thätigkeit hinzutreten (durch Asylhäuser, Zwangsarbeitshäuser, Besserungs-Anstalten, Fürsorge für entlassene Sträflinge ꝛc.), um die mehr oder minder verdorbenen Elemente der Gesellschaft wieder zu nützlichen Gliedern derselben zu machen. Die Hauptsorge muß aber vorbeugender Natur sein, daß nämlich möglichst Wenige zu Landstreichern und Bettlern herabsinken, und möglichst Wenige von Letzteren zu

Berufsbettlern und Gaunern. Wenn der brotlos gewordene Arbeiter, der von Haus und Hof vertriebene Bauer, der durch die Maschine verdrängte Gewerbsmann, wer immer, dessen Kräfte unzulänglich sind für den Kampf um's Dasein in unserer individualistisch organisirten Gesellschaft, zum Landstreicher wird, so kann Polizei, Schub, Gefängnis, Almosen ihn nicht wieder zu einem nützlichen Mitgliede der Gesellschaft machen. Der Staat muß sich in großem Maßstabe der schwächeren oder unglücklicheren Elemente annehmen, muß ihnen Gelegenheit zu ehrlichem Verdienst verschaffen und sie gegen gewissenlose Ausbeutung schützen. Mehr als die Millionen, welche jährlich Armenpflege, Bettel, erhöhter Polizeiaufwand ꝛc. verschlingen, dürfte auch das „Recht auf Arbeit" und ähnliche Einrichtungen nicht kosten. Hauptsache muß es daher immer sein, daß die Gesetzgebung nicht darnach ist, um aus ordentlichen Leuten Vagabunden zu machen — dann wird man sich auch weniger darum sorgen müssen, wie man die Vagabunden wieder los wird.

Valutaregulirung, Regelung der Währung; in einem Lande mit Papiergeldumlauf Uebergang von der Papierwährung zur Metallwährung; bei den großen Nachtheilen der Papierwährung (s. diese) ein anzustrebendes, stets im Auge zu behaltendes Ziel. Jede Papierwährung bezieht sich auf eine Metallwährung, an deren Stelle sie getreten ist und Valutaregulirung heißt sodann Rückkehr zu dieser letzteren. Diese ist in Oesterreich die Silberwährung (s. Währung, Münzfuß) und man könnte daher unter Valutaregulirung Aufhebung des Zwangskurses der Noten und Wiedereinsetzung der Silbergulden als gesetzlicher Zahlungsmittel verstehen. Dies würde bei den gegenwärtigen niedrigen Silberpreisen und dem voraussichtlichen weiteren Sinken derselben keinen Nutzen bringen und Valutaregulirung bedeutet daher für Oesterreich nicht Wiederaufnahme der Barzahlungen in den gesetzlichen Silbergulden, sondern Uebergang zur Gold- oder Doppelwährung. In jedem Falle müßte der Staat die umlaufenden Staatsnoten (die Banknoten sind gedeckt, s. Oesterr.-ungar. Bank) einlösen und zu diesem Zwecke eine Anleihe aufnehmen, die entsprechend der Höhe der umlaufenden Noten sich auf etwa 350 Millionen belaufen würde. Dies bedeutet eine dauernde Belastung des Staates mit der jährlichen Verzinsung im Betrage von etwa 16 Millionen. Da die Staatsnoten unter gemeinsamer Garantie stehen, würde hievon Ungarn 4·6, Oesterreich 11·2 Millionen tragen. Die Ersparungen, die sich für den Staat durch den Wegfall des Agios ergeben könnten, reichen keineswegs an diese Höhe heran. Positive Vortheile würden überhaupt nicht, wie man gewöhnlich annimmt, erreicht, es würde aber der Gefahr einer weiteren Verschlechterung unseres Geldes, einer Dauer der gegenwärtigen Schwankungen und ihrer Rückwirkung auf die Preisbildung mit all' den nachtheiligen Folgen (s. Papierwährung) vorgebeugt sein, und aus diesem Grunde sollte der Staat, sobald die Finanzen es gestatten, zur Regelung der Valuta schreiten. Ungarn ist gegenwärtig nicht geneigt, seine Zustimmung dazu zu geben. Es fürchtet den im Agio liegenden Schutzzoll (s. Papierwährung) zu verlieren. Abgesehen davon, daß die Wirkung dieses Schutzzolles zweifelhaft ist, sobald die

Preisausgleichung stattgefunden hat, ist dies doch kein genügender
Grund, da man sonst gar nie zur Aufnahme der Barzahlungen
schreiten dürfte. Sollte der Vorschlag der internationalen Doppel=
währung (s. Währung) greifbarere Gestalt annehmen, dann würde es
für Oesterreich sehr zweckmäßig sein, sich diesem Währungsverein anzu=
schließen, wodurch die Kosten der Valutaregulirung, Größe der Anleihe
u. s. w. sich bedeutend vermindern würden.

Vereinsrecht. Dasselbe findet hauptsächlich seine Regelung im
Patente vom 26. November 1852 und im Gesetze vom 15. November
1867. Die dem Gesetze von 1852 unterstehenden Vereine bedürfen der
staatlichen Genehmigung. In der Praxis ist aber die Anwendung dieser
beiden Gesetze eine schwankende. Gerade gegenwärtig hat man Vereine,
die früher dem Gesetze von 1867 unterstanden, als nunmehr dem Gesetze
von 1852 unterstehend erklärt, und zwar unter dem Vorgeben, diese
Vereine seien „auf Gewinn berechnete". Diese Frage ist bei allen
Vereinen eine offene, welche wie wechselseitige Versicherungsanstalten,
Krankenvereine ꝛc. zwar die Förderung der Interessen ihrer Mitglieder
im Auge haben nicht aber mit dritten auf Gewinn abzielende Ge=
schäfte schließen. Dem Vereinsgesetze von 1867 unterstehen nicht:
Die auf Gewinn berechneten Vereine, die auf Grund der Berg= und
Gewerbe=Gesetze errichteten Gewerkschaften, Bruderladen, Genossenschaften
und Unterstützungscassen, ferner die Religionsgenossenschaften, geistlichen
Orden und Congregationen. Die dem Gesetze von 1867 unterstehenden
Vereine sind geschieden in politische und nicht politische. Betreffs der
letzteren gilt in den Hauptpunkten Folgendes: Die Concessionswerbung
ist ersetzt durch die vorgängige Anmeldung der Vereinsgründung. Wenn
die Landesstelle die Unternehmung nicht binnen 4 Wochen untersagt, so
darf der Verein seine Thätigkeit beginnen. Der Behörde ist der Einblick
in die Vereinsthätigkeit gestattet. Die Wahl der Vorstände, die Ab=
haltung der Versammlungen und die Vertheilung von Rechenschaftsberichten
muß der staatlichen Localbehörde rechtzeitig zur Kenntnis gebracht wer=
den. Diese besitzt jederzeit das Recht, einen Commissär in die Versamm=
lungen zu entsenden und in die Protokolle Einsicht zu nehmen. Die
Ueberwachungsbehörde hat das Recht, einzelne Versammlungen zu unter=
sagen oder zu schließen; die Landesstelle kann den Verein selbst auf=
lösen, wenn er seinen statutenmäßigen Wirkungskreis überschreitet, dem
Strafgesetze zuwiderhandelt, sich eine öffentliche Autorität anmaßt oder
überhaupt den Bedingungen seines rechtlichen Bestandes nicht entspricht,
d. h. in der Praxis, wenn es eben der Landesstelle paßt. Sämmtliche
Vereine sind somit in Abhängigkeit gebracht von dem arbiträren Er=
messen der politischen Behörden und die durch das rein administrative
Auflösungsverfahren herbeigeführte Unsicherheit des Bestandes macht
eine wirkliche Vereinsfreiheit illusorisch. Von den Vorschriften, betreffend
die politischen Vereine, ist hervorzuheben: Ausschließung von Frauen,
Minderjährigen, Ausländern, Verbot der Vereinszeichen, Forderung der
Namenslisten, Bildung des Vorstandes aus 5 bis 10 Mitgliedern und
als das Wichtigste von Allem: Verbot der Coalition und Afiliation.
Die Tendenz ist klar. Die Wirksamkeit der politischen Vereine soll

localisirt werden, auf keinen Fall sollen dieselben als Mittel dienen zur Organisation fester politischer Parteien, sie sollen unbedingt nur eine geringe Macht und Autorität vereinigen dürfen. Die Anwendung dieser Beschränkung hängt vom Ermessen der Verwaltungsbehörden ab, da über den politischen Charakter eines Vereines in erster Linie die Landesstelle, in zweiter Instanz das Ministerium des Innern entscheidet. Eine für alle Vereine gemeinsame Bestimmung ist, daß deren Bildung zu untersagen ist, wenn sie nach ihrem Zwecke oder ihrer Einrichtung gesetz- oder rechtswidrig oder staatsgefährlich sind. Was aber im einzelnen Falle unter diese drei Begriffe subsumirt werden kann, entscheidet eben diese, die Untersagung verfügende Behörde im vorgeschriebenen Instanzenzuge. Das in Artikel 12 der Staatsgrundgesetze über die allgemeinen Staatsbürgerrechte principiell gewährleistete Vereinsrecht ist nach diesen Gesetzen ein nichts weniger als fest umschriebenes, sondern ein nach dem jeweiligen arbiträren Ermessen der politischen Behörden schwankendes und somit unzuverlässiges Recht, dem für die Berechtigten die Erzwingbarkeit fast gänzlich fehlt. Weiters wird durch das Gesetz vom 5. Mai 1869 in Ausführung des Artikels 20 des Staatsgrundgesetzes und des §. 37 des Vereinsgesetzes bestimmt, daß, wenn in den bezeichneten Fällen durch den vom Kaiser genehmigten Beschluß des Gesammt-Ministeriums eine Suspension des Artikels 12 des Staatsgrundgesetzes über die allgemeinen Rechte eintritt, Vereine, die unter das Gesetz von 1867 fallen, ohne Bewilligung der Behörde nicht mehr gebildet werden dürfen und daß letztere die Thätigkeit bereits bestehender Vereine untersagen oder von besonderen Bedingungen abhängig machen könne. Die Handhabung des Vereinsrechtes in der Praxis wird am besten dadurch gekennzeichnet, daß selbst angesichts der Kautschuk-Natur der hier einschlägigen Bestimmungen das Reichsgericht in circa der Hälfte der Fälle, in denen es um seine Judicatur angegangen wurde, eine Verletzung des Vereinsrechtes durch die angefochtenen Ministerialentscheidungen constatiren konnte.

Versammlungsrecht. Die dem Gesetze vom 15. November 1867 unterstehenden Versammlungen theilen sich in solche unter freiem Himmel, denen auch öffentliche Aufzüge gleichgestellt sind, und in solche, die in geschlossenen Räumen stattfinden. Die ersteren bedürfen einer vorausgehenden Genehmigung und dürfen während der Versammlung des Reichsrathes oder eines Landtages an dem Orte ihres Sitzes und in einem Umkreise von fünf Meilen nicht stattfinden; die letzteren müssen drei Tage vor Abhaltung schriftlich angemeldet werden. Ausgenommen von diesem Gesetze sind die Versammlungen der Wähler zu Wahlbesprechungen, sowie zu Besprechungen mit den gewählten Abgeordneten, wenn sie zur Zeit der ausgeschriebenen Wahlen und nicht unter freiem Himmel stattfinden, ferner die volksgebräuchlichen und Cultusversammlungen. Versammlungen unter Waffen sind verboten. Die Behörde kann einen oder mehrere Abgeordnete entsenden und diese haben das Recht, die Versammlung aufzulösen nicht nur, wenn sie gegen die Vorschrift des Gesetzes veranstaltet wurde und wenn sich in derselben gesetzwidrige Vorgänge ereignen, sondern auch wenn nach dem subjectiven Ermessen eines solchen Delegirten die Versammlung einen die öffentliche Ordnung bedrohenden Charakter annimmt. Dagegen gibt es zwar eine Berufung an die Landesstelle und an das Ministerium des Innern; allein da eine aufgelöste Versammlung nicht wieder restituirt werden kann, ist die Anwendung eines solchen Rechtsmittels praktisch bedeutungslos. Wurde eine Versammlung aufgelöst, haben alle Anwesenden den Versammlungsort zu verlassen und auseinanderzugehen, widrigens die Anwendung von Zwangsmitteln in Vollzug gesetzt werden kann. Adressen und Petitionen, welche von Versammlungen ausgehen, dürfen von nicht mehr als zehn Personen überbracht werden. Die Strafgrenze ist Arrest bis zu 6 Wochen und Geldstrafe bis zu 200 fl. ö. W. Am entscheidendsten für die Bedeutung des den österreichischen Staatsbürgern gewährleisteten Versammlungsrechtes ist die Bestimmung des §. 6, nach welcher eine Versammlung nicht blos, wenn deren Zweck den Strafgesetzen zuwiderläuft, sondern auch wenn „deren Abhaltung die öffentliche Sicherheit oder das öffentliche Wohl gefährdet", von der Behörde zu untersagen ist. Was aber geeignet ist, die öffentliche Sicherheit oder das öffentliche Wohl zu gefährden, das ist von eben dieser Behörde im angegebenen Instanzenzuge zu entscheiden. Da somit Versammlungen, in denen Mißliebiges besprochen werden soll oder besprochen wird, unter Anwendung dieser wie Kautschuk dehnbaren Normen jederzeit untersagt oder aufgelöst werden können, so ist es klar, daß das in den Staatsgrundgesetzen gewährleistete **Princip** des Versammlungsrechtes noch nicht durchgeführt ist. Uebrigens kann von diesem **Principe** nicht nur praktisch, sondern auch principiell abgegangen werden, denn in Ausführung des Artikels 20 des Staatsgrundgesetzes bestimmt das obcitirte Gesetz vom 5. Mai 1869, daß im Falle eines Krieges, sowie wenn der Ausbruch kriegerischer Unternehmungen unmittelbar bevorsteht, dann im Falle innerer Unruhen, sowie wenn in ausgedehnter Weise hochverrätherische oder sonst die Verfassung bedrohende oder die persönliche Sicherheit gefährdende Umtriebe sich offenbaren, auf Grund eines Beschlusses des Gesammt-Ministeriums nach eingeholter Genehmigung des Kaisers der obige Artikel 12 des Staatsgrundgesetzes suspendirt werden kann. Dann dürfen Versammlungen nach §. 2 des Versammlungsgesetzes überhaupt nicht, und selbst solche nach §. 4 und §. 5, das sind Wählerversammlungen, Feste, Aufzüge, Wallfahrten ꝛc. nur mit Bewilligung der politischen Behörde abgehalten werden. Das bestehende Versammlungsrecht entspricht somit nach keiner Richtung auch nur geringen Anforderungen, so daß auf diesem Gebiete nicht durch Stückwerk, sondern nur durch eine völlig neuschaffende Gesetzgebung eine wirkliche Verbesserung erreichbar wäre.

Verwaltungsgerichtshof. Derselbe hat in allen Fällen zu entscheiden, in denen Jemand durch eine gesetzwidrige Entscheidung oder Verfügung einer Verwaltungsbehörde in seinen Rechten verletzt zu sein glaubt. Die Beschwerde an den Verwaltungsgerichtshof kann erhoben werden sowohl gegen Entscheidungen der Staatsbehörden als der autonomen Verwaltungsorgane, aber immer erst dann, wenn der ordentliche Instanzenzug erschöpft ist. Abgesehen von jenen Angelegenheiten, deren Entscheidung den ordentlichen Gerichten und dem Reichsgerichte (s. dieses) zusteht, sind gewisse Angelegenheiten von der Competenz des Verwaltungsgerichtshofes ausgeschlossen, so insbesondere alle gemeinsamen Angelegenheiten, alle Personal- und Disciplinar-Angelegenheiten, dann Entscheidungen der Steuereinschätzungscommissionen ꝛc. — Die Mitglieder des Verwaltungsgerichtshofes werden vom Kaiser ernannt, und sind — im Unterschiede vom Reichsgerichte, dessen Mitgliedschaft ein Ehrenamt ist — richterliche Beamte.

Verwaltungsorganisation. Unsere ganze Verwaltung beruht auf der Theilung in staatliche und autonome Verwaltungsbehörden. Nur in der untersten verwaltungsrechtlichen Einheit, der Gemeinde, sind diese Behörden in Einer verschmolzen. Die Gemeindebehörden fungiren einerseits als Organe der staatlichen Verwaltung, andererseits als unabhängige Vertreter der niedrigsten Kategorie der Selbstverwaltung. Gesetzlich wird diese Doppelnatur der Gemeinden ausgedrückt durch die Trennung ihres Wirkungskreises in einen „selbstständigen" und einen „übertragenen". In Bezug auf den übertragenen Wirkungskreis, d. i. in Bezug auf ihre Verpflichtung zur Mitwirkung für die Zwecke der öffentlichen Verwaltung unterstehen die Gemeinden in erster Reihe der untersten staatlichen Verwaltungsbehörde, der Bezirkshauptmannschaft. Der Wirkungskreis der Bezirkshauptmannschaften ist bisher nicht durch ein einheitliches Gesetz geregelt, sondern beruht auf einer Unzahl von einzelnen Gesetzen und Verordnungen. Dieselben fungiren als unterste staatliche Behörde in allen sogenannten politischen Angelegenheiten, also insbesondere Gewerbe, Militärstellung, Heimatszuständigkeit und Armenversorgung, Sanitätswesen, Cultus und Unterricht, dann der gesammten Polizei in ihren verschiedenen Zweigen, als Sicherheitspolizei, Marktpolizei, Straßenpolizei, Baupolizei ꝛc. In allen diesen Angelegenheiten bilden die Bezirkshauptmannschaften theils die erste Instanz, theils die zweite Instanz, nämlich dort, wo die Entscheidung in erster Instanz den Gemeinden zusteht. Die Bezirkshauptmannschaften sind wieder den Statthaltereien (oder Landesregierungen) untergeordnet. Den Statthaltereien untersteht je ein Kronland, so daß deren Geschäftsumfang außerordentlich verschieden ist. Die Einwohnerzahl der einzelnen Kronländer variirt zwischen rund 160.000 (Salzburg) und 5,960.000 (Galizien). Der Wirkungskreis der Statthaltereien ist ebensowenig genau umgrenzt als der der Bezirkshauptmannschaften. Einerseits fungiren sie durchwegs als Appellationsinstanz gegenüber jenen. Andererseits bilden sie aber in manchen Angelegenheiten auch die erste Instanz, so in allen Vereinssachen, vielen Cultusangelegenheiten, dann rücksichtlich der Spitäler, der Stiftungen ꝛc. Von diesen Landesbehörden geht endlich der Instanzenzug an die Ministerien (s. diese), eventuell noch als letzte Instanz an den Verwaltungsgerichtshof.

Unabhängig von diesen staatlichen Behörden bestehen nun die Behörden der Selbstverwaltungskörper. Diese gliedern sich gleichfalls in Gemeinde-, Bezirks- und Landesbehörben. Die Gemeinde- und Landesbehörden sind in allen Kronländern wesentlich gleich organisirt. In der Gemeinde finden wir den Gemeindeausschuß als beschließendes, den Gemeindevorstand, bestehend aus dem Gemeindevorsteher (Bürgermeister) und einigen Gemeinderäthen als executives Organ. Dem analog bildet im Lande der Landtag das beschließende, der von diesem gewählte Landesausschuß mit dem vom Kaiser ernannten Landeshauptmann (Landmarschall, Oberstlandmarschall) an der Spitze, das ausführende und verwaltende Organ. Dagegen ist die Selbstverwaltung der Bezirke in den einzelnen Kronländern sehr verschieden entwickelt. In den meisten Kronländern beschränkt sich die Selbstverwaltung der Bezirke auf den **Bezirksschulrath**, welcher unter Vorsitz des Bezirkshauptmannes die Volksschulen zu verwalten hat, dann auf den **Bezirksstraßenausschuß**, welchem die Verwaltung der Bezirksstraßen obliegt. Beide Körperschaften werden von den gesammten Gemeindeausschüssen des Bezirkes gewählt. Nur in Böhmen, Galizien, Schlesien, Steiermark und Tirol bestehen, abgesehen vom Bezirksschulrath, besondere **Bezirksvertretungen**, welche wieder einen Bezirksausschuß als ausführendes Organ wählen. Denselben ist ein Theil jener Geschäfte übertragen, welche in den anderen Kronländern den Bezirkshauptmannschaften obliegen. Außerdem bilden sie ein Mittelglied in dem Instanzenzuge zwischen Gemeinde und Landesausschuß. — Darüber, daß unsere Verwaltungsorganisation auch sehr bescheidenen Anforderungen nicht entspricht, sind alle Parteien einig. Die Zweitheilung führt zu fortwährenden Competenzstreitigkeiten und verhindert unbedingt jede einheitliche Fortentwicklung, während auf der anderen Seite die Ueberbürdung der staatlichen Behörden, oder wenigstens deren langgewohnte Bequemlichkeit und Langsamkeit, ebenso wie die Ungeübtheit und Unwissenheit der autonomen Behörden, einen schleppenden Geschäftsgang mit sich bringen wodurch oft wichtige Interessen auf das Schwerste geschädigt werden.

Verzehrungssteuern (s. auch indirecte Steuern).

a) Die Verzehrungssteuer wird in den geschlossenen Städten (Wien, Graz, Prag, Brünn, Lemberg, Krakau, Linz und Laibach [Triest]) an der „Linie" erhoben von geistigen Getränken, Schlachtvieh, Fleisch, Reis, Mehl, Brodfrüchten, Fett, Holz und Kohlen. Die Liniensteuer ist nicht nur wegen der Belastung unentbehrlicher Lebensmittel sehr drückend, sondern auch ein äußerst lästiges Hemmnis für den Verkehr. Namentlich ist die Entwicklung Wiens durch den Linienwall beeinträchtigt. Der schon lange in Aussicht genommenen Vereinigung der Vororte mit Wien steht als wichtiges Hinderniß stets die Liniensteuer im Wege, wobei hervorzuheben ist, daß nicht nur der Staat, sondern namentlich auch die Stadt Wien in Verlegenheit ist, den reichen Ertrag dieser Steuer (für den Staat 5·9 Mill. fl., für die Stadt an Zuschlägen 1·2 Mill. fl.) auf andere Weise hereinzubringen. Auf dem Lande besteht nur eine Verzehrungssteuer von Wein (Obstmost) und Fleisch (Schlachtvieh), deren Einhebung sehr schwierig und gewöhnlich im Wege der Abfindung, häufig auch der Verpachtung geschieht (Ertrag 1882: ca. 9 Millionen). Die Reform beider höchst mangelhaften Steuerformen ist nicht früher zu erwarten, als nach vollständiger Entwicklung der Einkommensteuer (s. dort).

b) Die **Petroleumsteuer** per fl. 6·50 für 100 Kilogramm (Ertrag im Voranschlag 1885 1·2 Mill. fl.) wäre zwar durch ihre Erhebung bei der Raffinerie nicht besonders lästig, dagegen ist die durch diese Steuer gerade den Aermsten auferlegte Last nicht zu rechtfertigen. Besonders empfindlich ist sie für den kleinen Handwerker, noch mehr für die Hausindustrie (s. dort), deren trotz der angestrengten Nachtarbeit karges Verdienst durch die Vertheuerung der dazu nothwendigen Beleuchtung noch geschmälert wird. Im nordöstlichen Böhmen beträgt die hieraus resultirende Belastung bis zu 7% des Verdienstes.

c) Die **Biersteuer** wird von dem Biere nach dem Sude vor der Gährung (Bierwürze) nach der Stärke des Bieres erhoben, weshalb (ganz angemessen) Abzugbier weniger als Lager, letzteres weniger als Märzen- oder Bockbier zahlt. Die Steuer beträgt auf dem Lande für 1 Liter (9 grädiges) Abzugbier etwa 1·5 kr., für (12 grädiges) Lagerbier etwa 2 kr. (in Wien 3·2 und 3·9 kr.). Gesammtertrag (1882) rund 23 Mill. Gulden.

d) **Branntwein.** Die Branntweinsteuer beträgt 11 kr. für jeden Hectoliter und jeden Alcoholgrad (reiner Spiritus wird als 100° gerechnet). Da es nicht möglich ist, jeden erzeugten Branntwein nach Quantität und Gradhältigkeit zu messen, so schreibt das Gesetz (vom 27. Juni 1878 und 19. Mai 1884) verschiedene Arten vor, in welchen aus der Größe der benützten Gefäße oder in anderer Weise auf die Menge des Erzeugnisses geschlossen werden kann (Abfindung, Pauschalirung). Die wichtigste Art der Branntweinsteuerbemessung ist die durch das neue Gesetz von 1884 eingeführte, daß die Menge des erzeugten Branntweines durch einen besonderen Apparat (Controlmeßapparat) genau gemessen, die Gradhältigkeit aber ohne weitere Untersuchung mit 75° angenommen wird. Ist die genaue Messung der Quantität zweifellos ein Vortheil, so hat doch diese Steuer noch den Nachtheil, daß die Brenner, wenn sie einen feineren Spiritus erzeugen, deswegen nicht mehr Steuer zahlen. Dies ist besonders deswegen nachtheilig, weil gerade nur die größten Brennereien in der Lage sind, so feinen Spiritus herzustellen und daher verhältnismäßig weniger zahlen als die kleinen. Dazu kommt noch, daß, wenn Branntwein in's Ausland ausgeführt wird, die Steuer nach der wirklichen Gradhältigkeit zurückerstattet wird, so daß ein solcher Brenner bei der Ausfuhr mehr zurückerhält, als er gezahlt hat. Branntweinerzeugung zum eigenen Hausbedarfe aus selbst erzeugten Stoffen ist unter gewissen Beschränkungen frei, landwirtschaftliche Brennereien genießen Ermäßigungen.

Von der Branntweinsteuer zu unterscheiden ist die sogenannte **Schanksteuer** (Abgabe vom Handel, Ausschank und Kleinverschleiß mit gebrannten geistigen Getränken. Gesetz vom 23. Juni 1881). Dieselbe wird von jedem Schanklocal in halbjährigen Sätzen von 5—50 fl. erhoben, und soll dazu dienen, die Branntweinschänken zu vermindern, und so der Trunksucht entgegenzuwirken. (Ertrag: Voranschlag 1885 1·2 Mill. fl. Eine vortheilhafte Einwirkung ist nur in geringem Maße wahrzunehmen. Das einzige und wirksame Mittel gegen den übermäßigen Branntweingenuß der Arbeiter ist die Hebung ihrer wirtschaftlichen Lage, insbesondere die Verbesserung ihrer Wohnverhältnisse. Mögen auch Einzelne in leichtsinniger Weise ihre Verhältnisse durch den Branntweingenuß zerrütten, so darf man doch nicht im Allgemeinen sagen, daß die Arbeiter so schlecht leben, weil sie zu viel Branntwein trinken, sondern umgekehrt, daß sie zu viel Branntwein trinken, weil sie keine genügende Nahrung und keine auch nur halbwegs anständige Wohnung haben. Auch ist die Schanksteuer für die kleinen Wirte, welche nur hie und da ein Glas Branntwein verabreichen, drückend, während Gemischtwarenhändler unter dem Deckmantel des „Kleinverschleißes" oft massenhaft Kartoffelschnaps bei geringer Steuer ausschänken.

e) Zucker. Der Maßstab für die Besteuerung der Rübenzuckerfabrication ist, daß für jeden Centner frischer Rübe 80 kr. und für getrocknete Rüben 4 fl. zu bezahlen sind (Gesetz vom 18. Juni 1880). Aehnliche Schwierigkeiten wie jene, welche bei der Branntweinerzeugung der Messung des Productes entgegenstehen, begegnet hier die Messung des Rohstoffes, weshalb auch hier nur nach ungefähren Maßstäben vorgegangen werden kann. Aber auch die daraus entstehenden Folgen sind ähnliche: Indem die Zuckerfabrikanten durch Vervollkommnung ihrer Apparate mehr Rüben verarbeiten, als nach dem Gesetze angenommen wird, entfällt auf den Centner fertigen Zuckers **weniger Steuer als das Gesetz annimmt.** Da nun bei der Ausfuhr die Steuer in dem nach dem Gesetze entfallenden Maßstabe zurückvergütet wird, erhalten die Exporteure mehr zurück, als sie bezahlt haben, mit anderen Worten sie erhalten eine Exportprämie.

In der Mitte der 70ger Jahre ist dieses Mißverhältnis so arg geworden, daß der Staat dem Gesammtbetrage nach mehr zurückerstattete, als er eingenommen hatte, so daß die Zuckersteuer gar keinen Ertrag abwarf. In dem gegenwärtigen Gesetze (ähnlich schon seit 1878) ist diesem Uebel dadurch abgeholfen, daß die Zuckersteuer für das Betriebsjahr 1880—81 mindestens 10 Millionen, in jedem folgenden Jahre 400.000 fl. mehr bis zu dem Betrage von 12·8 Millionen tragen muß. Bleibt von der bei der Fabrication gezahlten Steuer nach Abzug der Restitutionen nicht so viel übrig, so müssen die Fabrikanten das Fehlende nachzahlen. Im Jahre 1884 sind abermals die Restitutionen im Vergleich zur Steuer so hoch, daß fast der ganze Steuerbetrag (11·6 Millionen fl.) durch Nachzahlungen aufgebracht werden muß. Dieser Zustand ist ein sehr bedenklicher, weil er einerseits die Fabriken zu einer wirtschaftlich unzweckmäßigen Benützung des Rohmaterials, andererseits zu einem beständigen Drängen nach dem Export veranlaßt, was wiederholt Beschwerden und Repressivmaßregeln anderer Staaten (Frankreich, Belgien, Deutschland) hervorgerufen hat, durch welche unsere Industrie geschädigt wird. Die letzte Zuckerkrisis ist zum großen Theil auf diese ungesunden Verhältnisse zurückzuführen. Auch vom Standpunkte der Vertheilung der Steuerlast ist dieser Zustand vom Uebel, weil gerade die steuerfähigsten Concurrenten sich die Steuerfast am meisten erleichtern. Die möglichste Annäherung zur Fabricatsteuer, d. i. zur Bemessung der Steuer nach dem wirklichen Product, ist als Ziel der Reform aufzustellen.

Sowohl die Reform der Bier= als der Branntwein= und Zucker= steuer ist dadurch wesentlich erschwert, daß die mehrfach erwähnten Resti= tutionen aus den Zolleinnahmen, welche zu den Oesterreich mit Ungarn g e m e i n s a m e n Einnahmen gehören, geleistet werden. In Folge dessen können Aenderungen in diesen Steuern nur im Einverständnisse mit Ungarn durchgeführt werden, welches bei seinen wesentlich verschiedenen wirtschaftlichen Verhältnissen ganz andere Interessen hat als Oesterreich. Schon bei den Ausgleichsverhandlungen 1878 ergaben sich daraus un= gemein große Schwierigkeiten; bei der 1888 bevorstehenden Erneuerung des Ausgleichs wird es wesentlich darauf ankommen, auf diesem Gebiete die Interessen Cisleithaniens zur Geltung zu bringen.

Volksschule. Bis zu der durch die Gesetze vom 25. Mai 1868 und 14. Mai 1869 bewirkten Veränderung war die Volksschule eine confessionelle Anstalt; die Aufsicht führte der Ortsseelsorger, die Ober= aufsicht der Dechant als Schuldistrictsaufseher. Leitende Schulbehörden waren rücksichtlich der Unterrichtsaufgaben die bischöflichen Consistorien, rücksichtlich der ökonomischen Verhältnisse die politischen Behörden. Die Schullehrer wurden von dem Schulpatrone dem Consistorium präsentirt. Die Einkünfte der Lehrer bestanden in dem Ertrage des etwa gestifteten Vermögens, in dem Schulgeld, in den Einnahmen aus dem Organisten= und Meßnerdienste und in sonstigen Natural= oder Geldleistungen der Schulgemeinde oder einzelner Personen. Die Dauer des Schulbesuchs war sechsjährig. Die erwähnten Gesetze und die ergänzenden Landes= gesetze haben diesen Zustand gründlich geändert, den Lehrer durch höhere Anforderungen bezüglich des Befähigungsnachweises gehoben, ihn von Geistlichkeit und Patron unabhängig gemacht und ihn in materieller Beziehung zwar kärglich, aber doch anständig versorgt; der Kreis der Lehrgegenstände wurde durch Aufnahme des Wissenwertesten aus der Naturgeschichte, Naturlehre, Geographie und Geschichte mit besonderer Rücksichtnahme auf das Vaterland und dessen Verfassung, durch Zeich= nen, Gesang und Turnen, und für Mädchen weibliche Handarbeiten erweitert und der Lehrstoff methodisch auf die einzelnen Jahrgänge ver= theilt; durch Vorschriften bezüglich der Anzahl der Lehrkräfte im Ver= hältnisse zur Schülerzahl wurde die Erreichung des Lehrzieles nach Möglichkeit gesichert und die Schulpflicht auf acht Jahre ausgedehnt; die Aufsicht führen Ortsschulrath, Bezirksschulrath und Landesschulrath. Durch diese Reformen wurde das österreichische Schulwesen auf eine Höhe gebracht, welche den Verhältnissen und Anforderungen civilisirter Länder entspricht.

Gegen den Gesammtbestand unseres Volksschulwesens richtet sich die Agitation der Clericalen. Diesen handelt es sich durchaus nicht etwa um eine Vermehrung der Lehrstunden des Religionsunter= richtes oder um eine Vermehrung der religiösen Uebungen, sondern um den Uebergang des Volksschulwesens aus der Macht des Staates in die Hände der Kirche, um die Wiederherstellung der confessionel=

len Schule unter kirchlicher Aufsicht und Leitung, um die Beschränkung des Unterrichtes sowohl im Umfange des Lehrstoffes als in der Dauer der Schulpflicht und um die Beherrschung der Lehrerschaft. Mit großem Geschicke hat diese Agitation dort eingegriffen, wo sie auf eine theilweise Zustimmung der Bevölkerung rechnen konnte. Es läßt sich nämlich nicht verkennen, daß die traurigen ökonomischen Verhältnisse des Bauernstandes, besonders in den Alpenländern, die achtjährige Schulpflicht vielfach als eine Last empfinden lassen. Wenn der Knabe oder das Mädchen von 12—14 Jahren bei der landwirtschaftlichen Arbeit mithilft und dadurch der Wirtschaft einen kostspieligen Dienstboten erspart, so bedeutet eine solche Ersparniß für den Bauer sehr viel. Ebenso muß zugestanden werden, daß in einer einclassigen Landschule, in welcher Kinder von acht Jahrgängen beisammensitzen, in den letzten zwei Jahrgängen nicht sonderlich viel erlernt und daher durch Schulerleichterungen nicht viel verloren wird. Diese praktische Erwägung hat denn auch immer, wo die Behörden nach dem Geiste der Schulgesetze vorgingen, zu Erleichterungen geführt, und es wäre im Interesse der Sache gewesen, diese Erleichterungen in ein System zu bringen, zwischen Stadt und Land, zwischen ein- und mehrclassigen Schulen einen Unterschied zu machen und auf diese Weise eine Vermittlung zwischen den Principien der Schulgesetzgebung und den thatsächlichen Verhältnissen zu finden. In dieser Beziehung haben Principienreiterei und Doctrinarismus viel geschadet und es den Clericalen ermöglicht, sich als Anwälte des Bauernstandes aufzuspielen. Die auf Andrängen der Clericalen und diesen zu Liebe eingebrachte Gesetzesnovelle vom 2. Mai 1883 geht weit über das Maß des Nothwendigen hinaus. Darnach ist die Dauer der Schulpflicht nur mehr principiell eine achtjährige; es wird festgesetzt, daß nach vollendetem sechsjährigem Schulbesuche den Kindern auf dem Lande und den Kindern der unbemittelten Volksclassen in den Städten und Märkten über Ansuchen der Eltern aus rücksichtswürdigen Gründen Erleichterungen insofern zu gewähren sind, als der Schulbesuch auf einen Theil des Jahres, oder auf halbtägigen Unterricht, oder auf einzelne Wochentage zu beschränken ist. Diese Erleichterung muß auf dem Lande insbesondere auch den Kindern ganzer Schulgemeinden bewilligt werden, wenn die Vertretungen der sämmtlichen eingeschulten Gemeinden darum ansuchen. Hiedurch hat die thatsächliche Schulbesuchsdauer auf dem Lande eine bedeutende Beschränkung erfahren. Gleichzeitig wurde auch das confessionelle Element wieder eingeführt. Während nach dem Gesetze vom 25. Mai 1868 die Lehrämter allen Staatsbürgern ohne Unterschied des Religionsbekenntnisses unbeschränkt zugänglich waren, wurde durch die Schulnovelle bestimmt, daß als Schulleiter nur solche Lehrpersonen bestellt werden können, welche die Befähigung zum Religionsunterrichte jenes Glaubensbekenntnisses nachweisen, welchem die Mehrzahl der Schüler der betreffenden Schule nach dem Durchschnitte der vorausgegangenen fünf Schuljahre angehört. Durch diese Bestimmung werden die Protestanten fast durchaus vom Schulleiteramte fern gehalten, anderseits diese Stellen an manchen Orten, wie im Wiener II. Bezirke oder in manchen mährischen

Städten, ausschließlich an jüdische Lehrer vergeben. Die Bedeutung dieser Bestimmung liegt übrigens weniger in ihren unmittelbaren praktischen Folgen, als darin, daß hiedurch der confessionelle Grundsatz auf dem Gebiete der Schule wieder anerkannt ist; diesem ersten Schritte sollen dann weitere folgen, um die Schule wieder in die alte Abhängigkeit von Pfarrer, Dechant und Bischof zu bringen.

Nach dem Gesagten handelt es sich darum, den Charakter der Volksschule als Staatsschule auf das strengste festzuhalten und Schule und Lehrer nicht auf eine tiefere Stufe drücken zu lassen, andererseits aber auch darauf Bedacht zu nehmen, daß an die Stelle der Volks= schulgesetz=Novelle vom 2. Mai 1883 solche Bestimmungen treten, welche je nach den örtlichen Verhältnissen nicht über das Maß des Noth= wendigen hinausgehende Erleichterungen gewähren. Das aber muß fest= gehalten werden, daß es nur ein bedenkliches Hilfsmittel ist, wenn man dem Bauer erlaubt, daß seine Kinder weniger lernen; weniger Steuern und Umlagen, weniger Schulden und Zinsen muß das Ziel einer ver= nünftigen Reform sein, und nicht weniger Schule.

———

Währung (Valuta), jene Geldart, welche in einem Staate ge= setzliches Zahlungsmittel ist, in welcher also, wenn nicht besondere Verabredungen bestehen, Zahlungsverbindlichkeiten erfüllt werden müssen. Je nach dem hiezu gewählten Metalle unterscheidet man Gold=, Silber= und Doppelwährung (Bimetallismus). Letztere besteht dann, wenn man seine Zahlungsverpflichtungen nach Wahl in Gold oder Silber erfüllen kann. Goldwährungsländer sind: England (1816), Schweden, Norwegen und Dänemark (sog. skandinavischer Münzverein 1872), Deutsches Reich (1873), Vereinigte Staaten von Amerika (1873), Niederlande (1875). Doppelwährungsländer: Frankreich, Belgien Ita= lien und die Schweiz (sog. lateinischer Münzverein 1865). Silber= währung besteht in Oesterreich gesetzlich seit 1857 (s. Münzfuß), ist aber wegen des Zwangscourses des Papiergeldes (s. Papierwährung) nicht in Geltung. Da bei internationalen Zahlungen das Geld nicht nach dem ihm vom Staate zugeschriebenen Nennwerte, sondern dem Werte des in ihm enthaltenen Metalles genommen wird, schwankt der Wert des Metallgeldes mit den Aenderungen in den Preisen der Edel= metalle. Gegenwärtig befinden wir uns in einer Periode sinkender Silberpreise. Dies bedeutet eine Entwertung des Silbergeldes und Steigen der Preise in den Staaten mit Silbergeldcirculation. Von diesem Nach= theil werden auch die Doppelwährungsstaaten betroffen, indem Jeder= mann im Lande mit dem entwerteten Silbergelde zahlt, das Gold aber für den Verkehr mit dem Auslande zu reserviren sucht. Um der drohenden Verschlechterung des Geldes vorzubeugen, hat der lateinische Münzverein die Ausprägung von Silbermünzen eingestellt, so daß auch hier thatsächlich die Goldwährung besteht. Daher die gesteigerte Nach= frage nach Gold, welche die Differenz zwischen dem Gold= und Silber= preise immer größer macht und allen Ländern, welche sich Gold für ihre Geldcirculation erst verschaffen müssen, es erschwert, ihre Währung auf dieser Grundlage zu errichten. Da beträchtliche Silbergeldmengen auch im Deutschen Reiche und den Vereinigten Staten noch im Umlaufe sind, leiden auch diese mit den Silber- und Doppelwährungsländern an den Nachtheilen der Silberentwertung und es besteht daher eine große Partei, welche eine Wiederherstellung des Silberwertes dadurch zu ermöglichen wünscht, daß alle oder doch die bedeutendsten Staaten sich vertragsmäßig verpflichten, Silber und Gold in gleichem Maße als Zahlungsmittel umlaufen zu lassen (**vertragsmäßige Doppelwährung, internationale Doppelwährung**), so daß also die Nachfrage nach Gold sinken, die nach Silber steigen würde und das so hergestellte Wertverhältnis durch die allgemeine, wenigstens alle oben genannten Staaten außer England umfassende gesetzliche Fixirung desselben erhalten bliebe. Es sind augenblicklich geringe Aussichten auf Verwirklichung dieses Planes, der Oesterreich den Uebergang zur Metallwährung sehr erleichtern würde (s. Valutaregulirung).

Wahlrecht für den Reichsrath. Allgemeine Bedingungen des activen Wahlrechtes sind: die österreichische Staatsbürgerschaft, Eigenberechtigung, Vollstreckung des vierundzwanzigsten Lebensjahres und männliches Geschlecht (mit Ausnahme des Großgrundbesitzes). Ausgeschlossen sind Personen, welche eine Armenversorgung aus öffentlichen oder Gemeindemitteln genießen, ferner solche, über deren Vermögen der Concurs anhängig ist, und solche, welche ihr Wahlrecht in Folge einer Verurtheilung verloren haben. Außer den allgemeinen müssen die besonderen Bedingungen eintreffen, wodurch das Wahlrecht in einer Wählerclasse des Landes erworben wird, sofern nicht die Reichsrathswahlordnung andere Bedingungen festsetzt. So müssen die Wähler in der Classe der Städte und Landgemeinden eine directe landesfürstliche Steuerleistung von mindestens fünf Gulden nachweisen. Zum passiven Wahlrecht sind erforderlich außer allen Voraussetzungen des activen Wahlrechtes: männliches Geschlecht, Zurücklegung des dreißigsten Lebensjahres und Besitz der österreichischen Staatsbürgerschaft seit mindestens drei Jahren. Die Wahlen erfolgen direct, nur in den Landgemeinden indirect durch Wahlmänner. Die zunächst als Uebergang zum allgemeinen, gleichen und directen Wahlrechte zu erstrebenden Reformen bestehen in der Beseitigung der indirecten Wahlen für die Landgemeinden, Aufhebung des Wahlrechtes der Handels- und Gewerbekammern, Herabminderung der Zahl der Vertreter des Großgrundbesitzes und Vertretung des Arbeiterstandes. Den Mißbräuchen bei den Wahlen, die in Oesterreich allerdings weniger hervortreten als z. B. in Ungarn oder England, sollte ehestens durch legislative Bestimmungen entgegengetreten, Einschüchterung und Bestechung strafgerichtlich verfolgt und die Einflußnahme der politischen Beamten vollständig ausgeschlossen werden.

Wanderlager haben im Gegensatze zum Hausierhandel (siehe diesen) eine feste Verkaufsstätte und daher auch einen Betrieb in größerem Umfange zur Voraussetzung, ohne eine dauernde gewerbliche Niederlassung zu begründen. Sie machen dem ansässigen Gewerbsmanne durch den billigeren Preis der Waren, der sich aus der Benützung von Zwangsverkaufen, der Abnahme von Ausschußware von den Fabrikanten, dem raschen Umschlag gegen Barzahlung und der trotz der meist in Scene gesetzten Reclame geringeren Regie ergibt, empfindliche Concurrenz und bergen die Versuchung in sich zu gelegentlichen Uebervortheilungen unerfahrener Käufer, insbesonders wenn hiermit Warenauctionen verbunden sind. Es liegt daher im allgemeinen Interesse, auch das Abhalten von Wanderlagern an besondere einschränkende Bedingungen zu knüpfen und gewisse Warengattungen, wie beim Hausierhandel (siehe diesen), auszuschließen, endlich diese Unternehmungen zur gleichen Steuerleistung wie die ortsansäßigen Kaufleute heranzuziehen (siehe Ausverkäufe).

Wirtschaftskammern. Von der Anschauung ausgehend, daß die Information der Verwaltung und Legislative über die wirtschaftlichen Interessen des Landes nur von sachverständigen Stellen ertheilt werden kann und daß dieselben dauernd organisirt sein, mit dem praktischen Leben innige und stete Fühlung haben und thunlichst alle wirtschaftlichen Interessen umfassen müssen, wird in Deutschland vielfach die Frage angeregt, die bereits bestehenden Handels- und Gewerbekammern (s. diese) zu Wirtschaftskammern umzugestalten, in welchen Industrie, Kleingewerbe, Landwirtschaft und Handel ihre Vertretung finden sollen. An die Spitze dieser localen Organisation, in welcher die einzelnen Gruppen eine ihrer Bedeutung für den Bezirk entsprechende Vertretung haben müßten, soll dann für das ganze Reich ein Volkswirtschaftsrath treten, dessen Mitglieder zum Theil aus diesen Corporationen, zum Theil durch Ernennung, zum Theil aus den officiellen Vertretern der einschlägigen Ressorts der Verwaltung und Gesetzgebung zu berufen wären. Der vom deutschen Reichskanzler in's Leben gerufene Volkswirtschaftsrath entspricht schon seiner Organisation nach diesen Forderungen nicht, dann fehlt die Vorbedingung, die Gründung von localen Wirtschaftskammern, und ist ihm kein gesetzlicher Wirkungskreis eingeräumt. In Oesterreich geht begreiflicher Weise das Verständnis für einheitliche Organisationen immer mehr verloren. Es taucht hier seit den Gewerbetagen (s. diese), recte Kleingewerbetagen, von 1880 und 1881 vielmehr die Forderung der Errichtung besonderer, mit den Handelskammern gleichzustellender Gewerbekammern auf, sowie die nach Errichtung von Ackerbaukammern und Arbeiterkammern. Die Bildung von Wirtschaftskammern mit besonderen Sectionen für Handel, Großindustrie (Bergbau), Gewerbe und Landwirtschaft würde die praktische Lösung dieser Fragen gewähren.

Wucher. Früher bestand in Oesterreich ein gesetzliches Zinsmaximum; eine Ueberschreitung desselben machte den Vertrag ungiltig und zog überdies Strafen nach sich. Seit 1868 herrscht volle Zinsfreiheit; die ungünstigen Erfahrungen, die seither gemacht wurden, insbesondere das ungescheute Auftreten des gewerbsmäßigen Wuchers führten 1881 zu einer Beschränkung. Es wurde zwar kein Zinsmaximum festgesetzt, aber ausgesprochen, daß eine wucherische Ausbeutung in einzelnen Fällen strafbar mache und dem Richter das Recht einräume, das Geschäft für ungiltig zu erklären. Es ist nicht zu leugnen, daß dieses Gesetz wohlthätig wirkt, die Furcht vor Strafe verscheucht die gewerbsmäßige Bewucherung der kleinen Leute. Den Groß=Wucher trifft jedoch dies Gesetz nicht, namentlich die sog. Creditoperationen der Banken und einzelner Unternehmer, wobei der Zins die Gestalt der Provision, Gründungs=, Sanirungskosten u. s. w. hat. Aber auch für den kleinen Mann ist von einer Organisation des Credits, insbes. des Pfandleihwesens, der Genossenschaften und dgl. mehr Schutz gegen Bewucherung zu erwarten, als von dem Wuchergesetz selbst.

Zölle. Die Zollpolitik ist seit jeher ein Gebiet, auf dem sich staatsmännische Weisheit und Unweisheit mit Vorliebe bewegt hat. Von wirklicher Bedeutung sind heute nur mehr die **Einfuhrzölle**, indem die **Durchfuhrzölle** ganz, die **Ausfuhrzölle** fast ganz abgekommen sind. Man denkt daher auch, wenn man von Zöllen schlechthin spricht, gewöhnlich nur an die Einfuhrzölle. Sind solche Zölle auf Waaren gelegt, die im Inlande nicht hergestellt werden (z. B. Colonialproducte) oder deren Erzeugung einer speciellen Aufwandsteuer unterliegt, so tragen sie (als sogenannte **Finanzzölle**) lediglich den Charakter einer Steuer an sich und sind auch darnach zu beurtheilen, demnach zu verwerfen, wenn sie, wie beispielsweise der seit 1882 so enorm erhöhte Petroleumzoll, einen ungebührlichen Druck auf die ärmeren und ärmsten Schichten der Bevölkerung ausüben. Ein anderes Ansehen gewinnen die Zölle, wofern sie für Waren zu entrichten sind, die auch im Inlande erzeugt werden und die daher geeignet, meist auch ausdrücklich dazu bestimmt sind, die Concurrenz des Auslandes auf dem einheimischen Markte zu erschweren oder ganz abzuhalten. Sie werden dann zu **Schutz=, beziehungsweise Prohibitivzöllen**. Die Frage: „Schutzzoll oder Freihandel?" gehört zu den brennendsten, am häufigsten besprochenen der Wirtschaftspolitik unseres Jahrhunderts; sie wurde auf dem Continente vorwiegend mit Rücksicht auf die Industrie und montanistische Production behandelt, in den letzten Jahren hat sich aber auch die Frage der Agrarzölle zu großer Bedeutung emporgeschwungen. Man sehe hierüber den Artikel „Getreidezölle". Was nun die Spaltung der Wirtschaftsparteien in Anhänger des Schutzzolls und Anhänger des Freihandels betrifft, so ist zu bemerken, daß von allen Seiten zugestanden wird, daß die Schutzzölle zunächst ein Opfer für die Gesammtheit bedeuten, das namentlich dann von Bedeutung ist, wenn die durch Zölle hervorgerufene Vertheuerung Gegenstände des Massenconsums betrifft. Die Schutzzollpartei hält aber dafür, daß Zölle unter Umständen eine nothwendige Bedingung für die Entwicklung der einheimischen Production sind, während die **Freihandelspartei** in dem Streben nach Schutzzöllen Monopolgeist und Sucht nach übermäßigen Gewinnen erblickt und die ausländische Concurrenz nicht als ein Hemmnis, sondern als eine mächtige Triebfeder für den Fortschritt des inländischen Gewerbefleißes ansieht. Das Freihandelsystem ist aber fast überall ein frommer Wunsch geblieben: thatsächlich hat sich denn doch das Bedürfnis geltend gemacht, die minder entwickelten Industriezweige gegen eine übermächtige ausländische Concurrenz zu schützen, der einheimischen Production ein gesichertes Absatzgebiet im Inlande zu verschaffen, damit die nationale Selbstständigkeit und Vielseitigkeit im productiven Schaffen zu wahren und dem eigenen Arbeiterstande Arbeitsgelegenheit zu bieten. Man darf aber nicht übersehen, daß unsere heutige Praxis den großen nationalen und socialpolitischen Ideen, auf welche das Schutzsystem sich stützt, nicht im Entferntesten entspricht. Die heutigen Zolltarife gehen eben nicht hervor aus unparteiischer staatsmännischer Erwägung, welche mit klarem Blicke das verwickelte Getriebe des Wirtschaftslebens durchdringt, aus der Vergangenheit lernt, die Zukunft erfaßt und den sich kreuzenden Interessen maßvoll Rechnung zu tragen weiß — sie sind vielmehr zumeist das Resultat von Markten und Feilschen zwischen den einzelnen Interessentengruppen, wobei schließlich und endlich durchaus nicht die reelle Schutzbedürftigkeit, sondern Macht und Einflüsse verschiedenster Art den Ausschlag geben. In den meisten größeren Staaten haben gegenwärtig die schutzzöllnerischen Tendenzen der gekennzeichneten Art die Oberhand erlangt, mächtig unterstützt durch die Finanzbedürfnisse der Regierungen; in die auswärtige Handelspolitik, welche eben deshalb bei den meisten Ländern nicht auf einem großen einheitlichen Plane aufgebaut ist, sondern auf Bedürfnissen des Moments, Concessionen an Parteien von wechselnder Macht, Retorsionsmaßregeln u. dgl., ist dadurch eine nervöse Unruhe gekommen, welche die internationalen Verkehrsbeziehungen einer steten Erschütterung aussetzt. Fast überall sind einschneidende Aenderungen bei den Zollsätzen in Permanenz, und hat man es damit glücklich zu Stande gebracht, daß vom Schutzsystem fast nur die üblen, nicht aber die guten Seiten hervortreten. Die ruhige Entwicklung der einzelnen Industriezweige ist durch den steten Wechsel in den Ein- und Ausfuhrbedingungen zur Unmöglichkeit geworden; sie sind in einem rastlosen und oft die besten Kräfte im politischen Leben verzehrenden Kampfe gegen einander begriffen, da fast jeder Zoll auf der einen Seite schützt, auf der anderen benachtheiligt (z. B. der Zoll auf Eisen alle Jene, die Eisen verarbeiten), und nicht nationale Rücksichten, sondern das Aufeinanderplatzen egoistischer Interessen entscheidet, wobei Jeder nur die Vortheile des Schutzsystems einheimsen, nicht aber die durch dasselbe bedingten Opfer tragen will; die „Geschützten" sind ferner nie zufrieden, da ihnen persönlich nicht so sehr das Bestehen eines Schutzzolles, als die Einführung, bez. Erhöhung Vortheil bringt, wo sie dann gewöhnlich in die Lage kommen, all' den alten aufgespeicherten Trödel nicht ohne Gewinn im Inlande anzubringen (wie vielfach in der Textilbranche nach den Zollerhöhungen des Jahres 1882 in Oesterreich). Die maßlose Ausdehnung des Schutzzollsystems, nicht mehr darauf gerichtet, die geeigneten Industriezweige zu heben, sondern die Einfuhr aus dem Auslande einfach abzuschneiden, führt ferner mit Nothwendigkeit zu Gegenmaßregeln seitens der fremden Mächte und damit zur Untergrabung des eigenen Exportes und zu Verwicklungen mit jenen Staaten, sog. Zollkriegen, wie wir ganz artige Beispiele in der Gegenwart erleben. Angesichts dieser Thatsachen ist es eine gewiß berechtigte Forderung, wenn man verlangt, daß die Schutzzollpolitik sich in maßvollen Bahnen bewege und von jener Uebertreibung fern halte, welche nicht der nationalen Entwicklung und

Selbstständigkeit der einzelnen Völker dient, sondern der Absperrung gegen einander. Nur auf diese Weise wird sie die allgemeinen Interessen fördern. — Ueber die österreichischen Zollverhältnisse sind noch die Artikel: Zolltarif, Gemeinsame Angelegenheiten, Dualismus, Differenzialzölle, Handelsverträge zu vergleichen.

Zolltarif, Zolltarif-Novelle. Gegenwärtig ist für das österreichisch-ungarische Zollgebiet der Zolltarif vom 25. Mai 1882 in Kraft, welcher den vom Jahre 1878 abgelöst hat. Dieser Zolltarif ist im Wesentlichen autonom, d. h. Oesterreich-Ungarn ist bei Bestimmung der Höhe der Zollsätze durch Verträge nicht eingeschränkt, sondern ist nur durch die Meistbegünstigungs-Verträge genöthigt, diese Zollsätze gleichmäßig in Anwendung zu bringen. Die österreichische Zollpolitik hat seit jeher eine Vorliebe für Prohibitiv- und Schutzzölle bekundet und ist auch heute auf dieses System aufgebaut. Der Zolltarif vom Jahre 1882 hat namhafte Erhöhungen gebracht; durch die gegenwärtigen zollpolitischen Maßnahmen in Deutschland und Frankreich, welche insbesondere die Einfuhr österreichisch-ungarischer Agrarproducte bedrohen, sah sich die Regierung jüngstens veranlaßt eine Novelle zum Zolltarife vorzulegen, welche neuerdings Erhöhungen enthält, namentlich für solche Waren, die aus jenen Ländern nach Oesterreich importirt werden, und manches Andere. Von besonderer Bedeutung ist die von der Regierung vorgeschlagene Abänderung der Zollsätze für Getreide, Hülsenfrüchte, Mehl- und Mahlproducte und Brot bis zur Höhe der in Deutschland zur Feststellung gelangenden Zollsätze. Diese Bestimmung ist vollkommen dazu geeignet, Retorsionen in den östlichen Ländern, welche von uns Industrieproducte beziehen, hervorzurufen; sie entspricht vor Allem den Interessen Ungarns, ohne daß der österreichischen Industrie ein genügendes Aequivalent in anderer Hinsicht eingeräumt wäre. Die Zolltarif-Novelle wird dadurch, abgesehen von ihren Mängeln in Einzelnheiten, zu einem Acte von sehr zweifelhaften Werte für West-Oesterreich. — Das Fortschreiten wechselseitiger Absperrung unter den verschiedenen Staaten, sogar den national verwandten wie Oesterreich und Deutschland, ist überhaupt zu bedauern; sollten indessen die üblen Erfahrungen, die man damit machen wird, dazu beitragen, ein innigeres Verhältnis auf fester staatsrechtlicher Basis zwischen Oesterreich und Deutschland hervorzurufen, so wäre diese Errungenschaft in nationaler Hinsicht um jenen Preis nicht zu theuer erkauft. Vorläufig muß man aber sich mit einer schwachen, sehr schwachen Hoffnung für die nächste Zeit begnügen und die neuen Zollerhöhungen mit jener Geduld hinnehmen, die bei einem Staatsbürger, der keine großen Ländereien, keine Fabrik besitzt, von jeher sehr nöthig ist.

Die Zollunion zwischen Oesterreich und dem Deutschen Reiche ist einer der wichtigsten Programmpunkte der deutschnationalen Partei in Oesterreich. Wie durch Gründung des deutschen Zollvereins die Einigung Deutschlands angebahnt wurde, so muß ein wirtschaftliches Bündnis der beiden deutschen Kaiserreiche die Grundlage bilden für die innige politische Vereinigung der beiden Monarchien. Wohl ist die vollständige Durchführung der Zollunion mit den außerordentlichsten Schwierigkeiten verbunden; aber deshalb ist es nothwendig, in der Gesetzgebung Schritt für Schritt diesem Ziele entgegen zu arbeiten und den **allmäligen Uebergang zur definitiven Einigung** durch Gleichstellung der Münze und der Währung, ferner der indirecten Besteuerung und der Monopole vorzubereiten.

Die Folgen einer solchen Zollunion sind für die verschiedenen Zweige der österreichischen Wirtschaft verschieden. Die Leinenerzeugung am Fuße des Riesengebirges z. B. empfindet die durch den deutschen Zolltarif v. J. 1879 bewirkte Absperrung sehr schwer und würde sich durch Freiheit des Verkehrs wieder erholen. Die böhmische Glasindustrie braucht keinerlei Wettbewerb zu fürchten, auf dem Gebiete der Wollindustrie verlangt der Spinner und Drucker Zollschutz, der Weber nicht. Günstig wäre ein Fallen der Zollschranken für alle Zweige des Kunstgewerbes, sowie für die Wein-, Bier-, Spiritus- und Zuckerproduction, speziell auch für Wiener Artikel (Papier-, Seiden-, Leder- und Kurzwarenindustrie). Das Haupthindernis für die Zollunion aber wären alle Gattungen der Eisen- und Maschinenindustrie. Dieses Hindernis wird jedoch bei weitem aufgehoben durch die Förderung, welche die Landwirtschaft aus dem freien Absatze aller ihrer Producte nach Deutschland erfahren würde, namentlich für Ungarn ist es eine Lebensfrage, daß ihm der deutsche Markt wieder eröffnet werde.

Zur Ueberwindung der Hindernisse einer vollständigen Zollunion muß die deutschnationale Partei in Oesterreich insbesondere ins Auge fassen: die Herstellung der Gleichheit der Münze und der Währung mit dem Deutschen Reiche und die Annäherung des Systems der indirekten Steuern in den beiden Reichen. Denn beim Fallen der Zollschranken würden sonst alle verzehrungssteuerpflichtigen Industrien (Zucker, Bier, Spiritus) sich in jenem Theile ansiedeln, wo niedrigere Steuern bestünden. Indessen könnte auch dieses Hindernis überwunden werden durch Bestehenlassen einer Verzehrungssteuerlinie, wie ja eine solche noch aufrecht gehalten wird von Baiern gegen das übrige Reich, da Baiern die höchste, einträglichste Biersteuer unter allen continentalen Staaten besitzt. Andererseits müßte Deutschland das Tabakmonopol einführen, was ja auch Fürst Bismarck anstrebt. Ein wesentliches Hindernis der Zollunion ist auch der Artikel VII des Frankfurter Friedens zwischen Deutschland und Frankreich, in welchem sich beide Staaten das Recht der Meistbegünstigung in allen Zöllen gewähren; doch ist sehr die Frage, ob Frankreich auf Grund dieses Vertrages das Recht der Einsprache hätte gegen eine Erweiterung des deutschen Zollgebietes überhaupt, wie eine solche durch den Eintritt Oesterreichs stattfände. Der Gang der künftigen Ereignisse, wie ihn die deutschnationale Partei beeinflussen müßte, ist bereits von einsichtigen Kennern des Gegenstandes vorgezeichnet. Aufschluß darüber gibt eine Denkschrift aus den Kreisen der böhmischen Großindustrie, auf deren Abfassung Dr. Alexander Peez, der umsichtigste und besonnenste Förderer dieser Ideen in Oesterreich, maßgebenden Einfluß übte. Darnach müßten die beiden deutschen Kaiserreiche vorerst einen Vertrag abschließen, durch welchen sie sich verpflichten, ihre Zölle **allen übrigen Staaten gegenüber für eine bestimmte Zeit**

auf der gegenwärtigen Höhe zu belassen. Unter einander aber
könnten sie sich schrittweise und unter Vertheilung auf eine Reihe
von Jahren differentielle Zollermäßigungen zugestehen. Dadurch
würde die übermächtige Concurrenz Englands und Belgiens in der
Textil- und Eisenindustrie abgewehrt, Deutschland und Oesterreich
untereinander aber könnten, wie es ja schon Freiherr von Bruck
seinerzeit anstrebte, den ungefähren Zeitpunkt festsetzen, innerhalb
dessen sie in allmäligen Uebergängen bis zur Aufhebung der Zolllinie fortschritten. Dieser Weg ist dadurch sehr erleichtert, daß
Deutschland durch den Zolltarif von 1879 die freihändlerische Richtung
total verlassen hat; und unter Bruck und Schmerling waren ja eben
die niedrigeren Zollsätze des Zollvereins das einzige entscheidende
Hinderniß des Eintrittes Oesterreichs gewesen. Zumal die österreichisch-
ungarische Landwirtschaft würde geradezu aufjubeln, wenn dieser mitteleuropäische Zollbund dadurch die Concurrenz des amerikanischen und
australischen Getreides abwehrte. Die Concurrenz macht sich für Oesterreich-Ungarn dadurch fühlbar, daß der Import unseres Getreides nach
Deutschland — auch vor der Erhöhung der deutschen Getreidezölle —
aufhört, lohnend zu sein. Weizen erster Qualität war noch vor 3 Jahren
12 bis 13 Gulden per 100 Kilo wert; sein Preis sank an der Wiener
Fruchtbörse am 1. October 1884 bis 8 fl. 70 kr. einfach deswegen,
weil amerikanischer Weizen in den Weststaaten Amerikas um 6 fl. 44 kr.
producirt und um 8 fl. 54 kr. nach Liverpool fertig gestellt wurde. Und
doch haben genaue Erhebungen in Frankreich — ähnliche Verhältnisse
herrschen auch in Oesterreich — gezeigt, daß der Bauer nur bei einem
Weizenpreise von 20—22 Francs = 9 fl. 80 bis 10 fl. 80 bestehen
könne. Die gemeinsame Noth muß Oesterreich und das Deutsche Reich
zur Abhilfe drängen. Denn wie Fürst Bismarck sagte: „Wir sind ein
Volk von Bauern." Diesen Wünschen gab ein Antrag Ausdruck, den
Abgeordneter Richter am 20. Jänner 1885 im österreichischen Parlamente
einbrachte und der lautete: „Die k. k. Regierung wird aufgefordert,
dahin zu wirken, daß zwischen Oesterreich-Ungarn und Deutschland in Bezug auf die Einführung von Schutzmaßregeln gegen
die überseeische und russische Concurrenz in Bodenprodukten
eine Einigung erzielt und in gemeinsamer Weise vorgegangen werde." Es
ist die erste derartige Action im österreichischen Parlamente und hoffentlich
ein vielbedeutender Anfang. Aber offenbar liegt der Schwerpunkt der Ereignisse nicht in den stets zögernden Parlamenten, sondern in den Ent-
schlüssen des Fürsten Bismarck. Ueber den Inhalt dieser Entschlüsse
hat aber der deutsche Reichskanzler keinen Zweifel gelassen, indem er in
einem Schreiben vom 5. März 1880 an den siebenbürgisch-sächsischen
Abgeordneten Guido v. Baußnern „eine die beiden Reiche umfassende Zolleinigung als das ideale Ziel" erklärte und
in seiner Reichstagsrede vom 14. März 1885 ausführte, daß er „schon
vor Jahren Oesterreich den Vorschlag machte oder es angeregt habe,
ob es nicht möglich sein würde, pragmatische Einrichtungen,
sei es auf dem Zollgebiete, sei es auf anderen Gebieten,
zu treffen, und dadurch die Lücke zu verdecken, von welcher der

Abg. Windthorst bedauert, daß sie durch die Ereignisse von 1866 entstanden sei."

Zuschläge. Staats-, Landes-, Gemeinde-Zuschläge. Zuschlag ist ein Steuerbetrag, der noch außer dem ursprünglich festgesetzten (Ordinarium) entrichtet werden muß, regelmäßig in Procenten des Ordinariums ausgedrückt. Die Staatszuschläge sind das Resultat der im Laufe der Zeit eingetretenen Erhöhung des Steuerfußes. Sie sind bei der Grund- und Gebäudesteuer zum Glück beseitigt. Bei der Erwerb- und Einkommensteuer bestehen sie noch (mit 70 und 100%) und bilden einen wesentlichen Uebelstand dieser ohnehin reformbedürftigen Steuern (s. directe Steuern). Von viel größerer Wichtigkeit sind die Landes- und Communalzuschläge. Nicht nur in Oesterreich, sondern auch in anderen Staaten (Frankreich, von wo wir die Einrichtung überkommen haben — Deutschland) hat die geschichtliche Entwicklung dahin geführt, daß die Selbstverwaltungskörper (Land- und Bezirksvertretung, Gemeinde) ihren Bedarf hauptsächlich durch Zuschläge, namentlich zu den directen Staatssteuern (auch Verzehrungsliniensteuer 2c.) bedecken. Die immer größeren Lasten, welche die Staatsverwaltung den Gemeinden übertrug, insbesondere die Sorge für das Schulwesen und die damit verbundene außerordentliche Erhöhung der Gemeindeausgaben hat nun namentlich die Gemeinde-Zuschläge zu ungeheurer Höhe emporwachsen lassen; die gesetzlichen Beschränkungen, daß Zuschläge über eine bestimmte Höhe höherer Genehmigung bedürfen, vermochte gegenüber dem dringenden Bedürfnisse nicht zu verhindern, daß die Zuschläge die Grenze weit überschritten und häufig mehrere 100% der Staatssteuer betragen. Dazu kommen noch Zuschläge für bestimmte Zwecke: Bezirksschulfonds, Straßenfonds, Flußregulirung, Handelskammer 2c. Der dadurch geschaffene Zustand ist als ein in hohem Grade bedenklicher zu bezeichnen. Die Verrechnung der Steuern wird dadurch außerordentlich erschwert und oft verwirrt (die vielen, meist berechtigten Klagen über die steuerämtliche Buchung sind zum großen Theile aus diesem Grunde zu erklären), der Steuerpflichtige ist selbst, wenn er den staatlichen Steueranschlag in Händen hat, außer Stande zu berechnen, wie viel er wirklich zu zahlen haben wird. Die Gleichmäßigkeit der Besteuerung, selbst wenn sie im staatlichen Steuersysteme annähernd erreicht wäre, wird illusorisch, weil thatsächlich jede Gemeinde andere Steuern zahlt, was gerade bei den directen Steuern umso bedenklicher ist, als hier complicirte Ueberwälzungen und Preisveränderungen im Werte der Gebäude und Grundstücke entstehen. Die Reform der Staatssteuern wird erschwert, weil mit ihnen so zahlreiche Gemeinde-Interessen eng verwachsen sind. So dringend nothwendig demnach eine Aenderung in dieser Beziehung erstrebt werden muß, so schwierig ist es, einen Weg dazu zu finden. Jedenfalls wird eine Besserung der Verhältnisse nur sehr allmälig zu erreichen sein. Erleichterung der übermäßigen der Gemeinde aufgebürdeten Lasten, Einführung passender selbstständiger Gemeindeabgaben (in größeren Gemeinden Luxussteuern auf Wagen, Pferde, Hunde 2c.), Uebernahme ertragsfähiger öffentlicher Anstalten (Gaswerke, Tramways und ähnl.), durch welche den Gemeinden die sonst von monopolistischen Gesellschaften bezogenen Renten zufließen, sind die Mittel, welche eine angemessene Reform anzubahnen vermögen. Ganz eigenthümliche Verhältnisse, die zur Illustration der oben geschilderten Uebelstände dienen mögen, ergeben sich aus der Zuschlagswirtschaft im Falle der Verstaatlichung der Eisenbahnen. Die Zuschläge auf die Erwerbs- und Einkommensteuer der Eisenbahnen werden auf die von den betreffenden Bahnen durchzogenen Länder nach der Kilometerlänge repartirt, und darnach von den einzelnen Ländern die Zuschläge erhoben. Dem analog werden von den betreffenden Landeshauptstädten die Gemeinde-Zuschläge eingehoben. Von der Gebäudesteuer werden die Zuschläge in den betreffenden Orten erhoben. — Durch die Verstaatlichung der Bahnen kommen nun, da dieselben als Staatsbahnen keine Steuer zahlen, mit der Hauptsteuer auch diese Zuschläge in Wegfall, wodurch namentlich Wien schwer getroffen wurde. Es wäre nur billig, wenn den betreffenden Communen seitens der Staatsbahn-Verwaltung ein Aequivalent geboten würde. Am meisten dürfte sich hiezu das preußische System empfehlen, nach welchem sowohl Staats- als Privatbahnen an die Gemeinden eine im Verhältnisse zum Verkehre der betreffenden Station festgesetzte Abgabe bezahlen.

Inhalts-Verzeichnis.

	Seite		Seite
Abgeordnetenhaus	1	Brotfrage	21
Abstinenz	2	Budget	22
Actiengesellschaft	2	Bündnis mit dem Deutschen Reiche	23
Agio (s. Papierwährung)	99		
Agrarpolitik (s. Grundvertheilung)	60	Canäle	25
Altersversorgung (s. Arbeiterver-		Cartelle	25
sicherung)	8	Centralismus	26
Altliberale	4	Classensteuer (s. directe Steuern)	37
Amerikanische Concurrenz	4	Clericale	26
Anerbenrecht (s. Bäuerliches Erbrecht)	14	Coalitionsrecht	26
Antisemitismus (s. Juden)	75	Concurrenz	27
Arbeiterkammern	4	Concurs	29
Arbeiterschutzgesetzgebung	5	Conservativ	29
Arbeiterversicherung	8	Consulatswesen	29
Armee (s. Heerwesen)	70	Consumvereine	30
Aristocratie	9		
Ausfuhr (s. Handelsbilanz)	64	Dalmatien	30
Ausgleich	9	Deficit	31
Ausnahmsgesetz	11	Delegationen	32
Ausverkäufe	11	Demokratie	33
Auswanderung	12	Deutschböhmen	33
Autonomie	12	Deutscher Schulverein	34
		Deutschösterreich	35
Bank	13	Differenzialtarife	36
Bank, Best.-ung	14	Differenzialzölle	37
Banknoten (s. Papierwährung)	99	Directe Steuern	37
Bäuerliches Erbrecht	14	Donau-Dampfschiffahrts-Gesellschaft	38
Bauunternehmer	16	Donau-Elbe-Canal (s. Canäle)	25
Befähigungsnachweis	17	Donau-Oder-Canal (s Canäle)	25
Bestiftungszwang (s. Freitheilbarkeit)	48	Doppelwährung (s. Währung)	151
Bevölkerung	18	Dualismus	39
Bezirksausschuß (s. Verwaltungs-			
Organisation)	145	Checonsens	39
Bezirkshauptmannschaft (s. Verwal-		Einfuhr (s. Handelsbilanz)	64
tungs-Organisation)	145	Einkommensteuer	40
Bezirksumlagen (s. Zuschläge)	159	Eisenbahnen	41
Bezirksvertretung (s. Verwaltungs-		Eisenbahnrath	42
Organisation)	145	Eisenbahntarife	42
Biersteuer (s. Indirecte Steuern und		Entrepôts (s. Freihäfen)	47
Verzehrungssteuer)	146	Erbgüter (s Freitheilbarkeit)	48
Bimetallismus (s. Währung)	151	Erbsteuer	43
Börse	19	Erwerbsteuer (s. directe Steuern)	37
Börsensteuer	20	Erwerbs- und Wirtschaftsgenossen-	
Branntweinsteuer (s. Indirecte		schaften	44
Steuern und Verzehrungssteuer)	144	Execution	45

Existenzminimum (f. Heimstätten und Steuerfreiheit)	130
Feudalismus	45
Fideicommisse	46
Finanzgesetz	46
Fleischsteuer (f. Indirecte Steuern und Verzehrungssteuer)	146
Föderalismus	46
Fortschrittspartei	47
Freihäfen	47
Freihändler (f. Zölle)	154
Freitheilbarkeit	48
Garantie	48
Gebäudesteuer (f. directe Steuern)	37
Gebühren	49
Gefällsstrafen (f. Steuerstrafen)	132
Gemeinde (f. Verwaltungs-Organisation)	145
Gemeindesteuern	51
Gemeindewald, Gemeindeweide	51
Gemeindezuschläge (f. Gemeindesteuern und Zuschläge)	159
Gemeinsame Angelegenheiten	51
Genossenschaften	53
Geschwornengericht	54
Gesindewesen	55
Getreidezölle	56
Gewerbefreiheit (f. Gewerbeordnung und Befähigungsnachweis)	17
Gewerbegenossenschaften (f. Genossenschaften)	53
Gewerbe-Inspectoren	56
Gewerbeordnung	57
Gewerbetage	58
Gewerbliches Unterrichtswesen	60
Goldwährung (f. Währung)	151
Grenzsperre (f. Getreidezölle)	56
Grundeigenthums-Vertheilung	60
Grundentlastung	61
Grundsteuer (f. directe Steuern)	37
Grundverschuldung	61
Gründungsschwindel	62
Haftpflicht, Haftpflichtgesetze	63
Handelsbilanz	64
Handelsfreiheit (f. Zölle)	154
Handels- und Gewerbekammer	66
Handelsverträge	68
Handwerk (f. Gewerbeordnung und Gewerbetage)	57
Hausclassensteuer (f. directe Steuern)	37
Hausierhandel	69
Hausindustrie	69
Hauszinssteuer (f. directe Steuern)	37
Heerwesen	70
Heimatsrecht	71
Heimstätten	72
Herrenhaus	72
Höferecht (f. Bäuerliches Erbrecht)	14
Incompatibilität	73
Indirecte Steuern	73
Innungen (f. Genossenschaften)	53
Inseratenwesen	74
Interessen-Vertretung	75
Invaliditätsversorgung (f. Arbeiterversicherung)	8
Juden	75
Kaminski-Affaire (f. Bauunternehmer)	16
Kaufmannstag	78
Kinderarbeit	78
Kleingewerbe (f. Gewerbeordnung und Gewerbetage)	57
Kosmopoliten	79
Krankenversicherung	79
Landesausschuß (f. Verwaltungs-Organisation)	145
Landesbehörden (f. Verwaltungs-Organisation)	145
Landeszuschläge (f. Zuschläge)	159
Länderbank	81
Landtage	82
Landwirtschaftliche Genossenschaften	83
Landwirtschaftlicher Credit	83
Lebensbedarf	84
Lebensmittelverfälschung	84
Lehrlingswesen	85
Liberalismus	86
Lloyd	87
Localbahnen	88
Lotterie	88
Luxussteuer (f. Indirecte Steuern)	73
Manchestertheorie	88
Markenschutz	89
Maximalarbeitstag	90
Maut	91
Militär (f. Heerwesen)	70
Militärtage (f. Tagen)	134
Ministerien	91
Monopole	92
Münzfuß	93
Musterschutz	93
Nationalität	93
Neubauten (f. Steuerfreiheit)	130
Nordbahnfrage	96
Oeffentliche Meinung	98
Officiöse Presse	98
Papierwährung	99
Parteien	100
Particularismus	102

	Seite
Patent-(Privilegien-)schutz	103
Personaleinkommensteuer (s. Steuern und Einkommensteuer)	40
Pfandbrief	103
Plutokratie	104
Polen	104
Postsparcasse	106
Presse	106
Preßgesetzgebung	110
Prioritätsobligation	111
Privatbahnen (s. Eisenbahnen)	41
Privatrechtspflege	111
Productivgenossenschaften	112
Progressive Steuer	112
Radical	113
Reaction	113
Rechnungsabschluß, Central-	113
Rechnungshof, Oberster	114
Refactien	114
Reichsgericht	114
Reichsrath	114
Renten (s. Staatsschuld)	125
Rentensteuer (s. directe Steuern, Steuern und Einkommensteuer)	40
Sächsische Nation in Siebenbürgen	116
Salz (s. Monopole)	92
Schanksteuer (s. Indirecte Steuern und Verzehrungssteuer)	146
Schutzzölle (s. Zölle)	156
Schwebende Schuld (s. Staatsschuld)	125
Silberwährung (s. Währung)	151
Slovenen	116
Socialismus	118
Sparcasse	120
Speculation (s. Börse)	19
Sprachenverordnung (s. Tschechen)	135
Statthalterei (s. Verwaltungs-Organisation)	146
Staatsausgaben	120
Staatsbahnen (s. Eisenbahnen)	41
Staatseinnahmen	122
Staatscredit	123
Staatsgrundgesetze	123
Staatslotterie (s. Lotterie u. Staatsschulden)	125
Staatssprache	124
Staatsschuld	125
Staatsschuldenverwaltung	127
Staatsvoranschlag	128
Staatszuschläge (s. Zuschläge)	159
Stempel (s. Gebühren)	49
Steuern	129

	Seite
Steuer von steuerfreiem Zins (s. directe Steuern)	37
Steuerfreiheit, Steuerbegünstigung, Steuernachsicht	130
Steuerstrafen, Gefällsstrafen	132
Strafhausarbeit	132
Straßenbahnen	133
Strike	133
Subventionen (s. Garantie)	48
Tabak (s. Monopole)	92
Tarif	134
Taxen	134
Tramway (s. Straßenbahnen)	133
Transportsteuer	134
Tschechen	135
Umlagen (s. Gemeindesteuern und Zuschläge)	159
Unfallversicherung	137
Ungarn	138
Vagabundenwesen	140
Valuta (s. Währung)	151
Valutaregulirung	141
Vereinsrecht	142
Versammlungsrecht	143
Verstaatlichung (s. Eisenbahnen)	41
Verwaltungsgerichtshof	144
Verwaltungsorganisation	145
Verzehrungssteuern	146
Volksschule	149
Währung	151
Wahlrecht	152
Wanderlager	152
Wehrpflicht (s. Heerwesen)	70
Weinsteuer (s. Indirecte Steuern und Verzehrungssteuer)	146
Wirtschaftskammern	153
Wucher	153
Zeitungsstempel (s. Presse)	106
Zeitungswesen (s. Presse)	106
Zinskreuzer (s. Gemeindesteuern)	51
Zölle	154
Zolltarif, Zolltarif-Novelle	156
Zollunion zwischen Oesterreich und dem Deutschen Reiche	156
Zuckersteuer (s. Indirecte Steuern und Verzehrungssteuer)	146
Zuschläge	159
Zweitheilung Böhmens (s. Tschechen)	135

978-3-74366-273-5

Politisches Wörterbuch für die Deutschen in Österreich ist ein unveränderter hochwertiger Nachdruck der Originalausgabe aus dem Jahr 1885. Hansebooks ist Herausgeber von Literatur zu unterschiedlichen Themengebieten wie Forschung und Wissenschaft, Reisen und Expeditionen, Kochen und Ernährung, Medizin und weiteren Genres. Der Schwerpunkt des Verlages liegt auf dem Erhalt historischer Literatur. Viele Werke historischer Schriftsteller und Wissenschaftler sind heute nur noch als Antiquitäten erhältlich. Hansebooks verlegt diese Bücher neu und trägt damit zum Erhalt selten gewordener Literatur und historischem Wissen auch für die Zukunft bei.

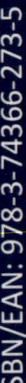

ISBN/EAN: 978-3-74366-273-5

hanse

Gustav Legerlotz, Jakob Wychgram

Nibelungenlied und Gudrun